GUÍA DEL **LÍDER**

# EL CURSO DE LA GRACIA

## MINISTERIO LIBERTAD EN CRISTO

STEVE GOSS, RICH MILLER
Y JUDE GRAHAM

**UN CURSO DE DISCIPULADO DE 6 SEMANAS** PARA TODO CRISTIANO

PERMITE QUE LA GRACIA DE DIOS TE LIBERE
**PARA SER AUTÉNTICO Y PARA DAR MUCHO FRUTO**

PRÓLOGO POR EL DR. NEIL T. ANDERSON

EL CURSO DE LA GRACIA – Guía del Líder
© 2017 Libertad en Cristo Internacional
4 Beacon Tree Plaza, RG2 9RT Reading Berks, United Kingdom
www.libertadencristo.org

Originalmente publicado en inglés con el título:
The Grace Course – Leader's Guide
Steve Goss, Rich Miller & Jude Graham
© 2012 Copyright Freedom in Christ Ministries

Todos los derechos reservados. Se prohíbe la reproducción de cualquier parte de este libro, el almacenamiento en cualquier sistema, o su transmisión en cualquier forma, ya sea electrónica, mecánica, por fotocopias, grabación u otros medios, sin el permiso por escrito de la editorial.

Traductoras: Nancy J. Maldonado Araque y Lourdes Gallardo
Editores: Loida Fernández y Roberto Reed
Maquetación: Jemima Taltavull
Diseño e ilustraciones: Ezekiel Design, Manchester.

Textos bíblicos tomados de La Santa Biblia, Nueva Versión Internacional® NVI® Copyright © 1999 de Bíblica, Inc.® Usado con permiso. Todos los derechos reservados.

ISBN: 978-1-913082-57-4

# Comentarios sobre el Curso de la Gracia:

«Este magnífico material es comprensible para aquellas personas que se encuentran en las primeras etapas de la vida con Cristo, así como también puede ser estimulante y desafiante para creyentes maduros. Lo recomiendo como una herramienta clave para el discipulado de toda la iglesia. Es un material estupendo para grupos pequeños, y es ideal para todo equipo de discipulado».
**Lynn Chetcuti**
Network Vineyard Church, Reading, Reino Unido

«Tantos cristianos, incluyéndome a mí mismo en el pasado, hemos hecho de la vida cristiana un asunto de desempeño en lugar de una relación íntima de amor. Si nuestras naciones han de experimentar un avivamiento, deberá comenzar con este mensaje de gracia. ¿Quieres experimentar renovación? Entonces este curso es para ti».
**Dr. Howard Ostendorff**
Líder de Cru (ministerio a universitarios), Little Rock, Arkansas, EEUU

«*El Curso de la Gracia* profundiza en nuestro sentido de identidad en Cristo y nos mueve a mayor amor y fidelidad partiendo de la gracia — no de la obligación ni del legalismo. Impactó poderosamente a las personas de nuestra iglesia, procedentes de distintos sustratos étnicos y distintas situaciones de vida. Lo recomendamos encarecidamente».
**Rvdo. Dr. Rodney Woods**
City Temple, Londres, Reino Unido

«*El Curso de la Gracia* presenta el concepto de la gracia estupendamente, de una manera sencilla, cautivante e incluso divertida. Es directo y va al grano — toma un concepto teológico sumamente profundo y lo hace muy práctico y fácil de asimilar».
**Dr. Jeff Stam**
Set Free Ministries, Grand Rapids, Michigan, EEUU

«Varias veces durante *el Curso de la Gracia* experimentamos momentos de revelación, como si de repente se hubiesen encendido las luces. Yo mismo obtuve una nueva visión del asombroso amor de Dios. Prepárate para un encuentro con Dios que te transformará, y para que pasajes bíblicos conocidos, como la historia del hijo pródigo, te hablen de nuevo con poder. Un curso verdaderamente apasionante».
**Reverendo Charles McMullen**
West Church Presbyterian, Bangor, Irlanda del Norte

«Steve Goss y Rich Miller combinan ingenio y sabiduría para dar a la iglesia del siglo XXI esta enseñanza fundamental sobre la madurez espiritual basada en la gracia. *El Curso de la Gracia* te inspirará, te motivará y te llevará a un entendimiento más profundo del amor de Dios».
**Chris Campbell**
Especialista en juventud y director de Generation Freedom, Bridgeport, West Virginia, EEUU

«*El Curso de la Gracia* nos ha desafiado a revisar nuestra comprensión de la gracia. Ha provocado una transformación del corazón y ha desatado una frescura espiritual en todas las áreas de nuestro discipulado».
**Comandante Jackie Leswell**
Viewpoint Community Church (Ejército de Salvación), Parkstone, Reino Unido

# Agradecimientos

Crear un recurso como *el Curso de la Gracia* conlleva una gran tarea y no habría sido posible llevarla a cabo sin la ayuda de muchas personas. Queremos agradecer en particular a:

- Los miembros del equipo de Libertad en Cristo alrededor del mundo, que constantemente dan de sí para ayudar a las iglesias a transmitir este mensaje transformador de libertad y gracia, en particular a nuestros intercesores, los cuales nos han apoyado durante su proceso de desarrollo. Sin su apoyo, nada de esto hubiera sido posible.

- Tony Collins, Jenny Ward y el excelente equipo de Monarch, por hacer posible *el Curso de la Gracia* y por darnos tanta libertad en el proceso creativo.

- El equipo que revisó el contenido durante muchos meses e hizo sugerencias de mucho valor. Especialmente a Craig Milward, Tim Baynes Clarke, Mike Benford, Bart Gavigan, Gareth Burgess, Jackie Leswell, Charles McMullen, Steve Prince, Derek Frank y Rod Woods.

- Las iglesias que confiaron en nosotros y permitieron que probásemos el material con ellos para poder refinarlo: las iglesias de LEAF (Local Evangelical Alliance in the New Forest, UK); La Iglesia Evangélica Bautista de Ginebra, Suiza; West Church, Bangor, Irlanda del Norte, UK; City Temple, Londres, UK; Network Vineyard, Reading, UK; Iglesia Metodista Emmanuel, Chennai, India; Ejército de Salvación Viewpoint, Poole, UK; Réunions Évangéliques, Mulhouse, Francia.

- Jon Smethurst de Ezekiel Design por sus maravillosas ilustraciones y diseño.

*El Curso de la Gracia está dedicado:*

Al Dr. Neil T. Anderson y Joanne Anderson, Fundadores del Ministerio de Libertad en Cristo,

en el año en que celebran 40 años en el ministerio así como el setenta cumpleaños de Neil, y en el cual han transferido el liderazgo internacional de Libertad en Cristo a Steve Goss.

Les agradecemos por todo lo que han hecho para propagar el mensaje de libertad alrededor del mundo, con un espíritu de humildad, gracia y compasión. Les estimamos mucho más de lo que las palabras pueden expresar.

«Señor, tú estableces la paz a favor nuestro, porque tú eres quien realiza todas nuestras obras».

Isaías 26:12

EL CURSO DE LA GRACIA

# Índice

**Prólogo del Dr. Neil T. Anderson**     8

**Bienvenida**     9

Cómo impartir el Curso de la Gracia     11

Detalles técnicos     21

El entrenamiento y otros recursos     23

Sesión 1: ¡Libre!     25

Sesión 2: ¡Libre de culpa!     55

Sesión 3: ¡Libre de vergüenza!     83

Sesión 4: ¡Valiente!     113

Sesión 5: ¡Humilde!     147

Los Pasos para experimentar la Gracia de Dios     177

Sesión 6: ¡Fructífero!     195

Libertad en Cristo alrededor del mundo     222

El Curso de Discipulado     223

# Prólogo

## Del Dr. Neil T. Anderson
## Fundador y presidente emérito de Libertad en Cristo

Un niño recién adoptado entró en una gran mansión. Su nuevo Padre le susurró al oído: «todo esto es tuyo y tienes pleno derecho de vivir aquí. Te he hecho coheredero con mi único Hijo. Fue él quien pagó el precio para librarte de tu antiguo amo, un amo cruel y severo. He comprado esta mansión para ti, porque te amo». El niño no podía hacer nada más que preguntarse: «esto es demasiado bueno para ser cierto, ¿qué he hecho yo para merecerlo? He sido esclavo toda mi vida y ¡no he hecho nada para recibir un regalo semejante!»

Profundamente agradecido, procedió a explorar las estancias de la mansión. Otra gente que también había sido adoptada vivía en la mansión, y empezó a relacionarse con sus hermanas y hermanos adoptivos. Uno de sus lugares favoritos era la mesa del banquete, donde podía comer abundantemente. Fue ahí donde sucedió. Al levantarse de la mesa, rozó con una jarra de cristal muy valiosa. Ésta cayó al suelo y se rompió en mil pedazos. Temeroso, pensó: «¡qué tonto y torpe soy! ¿Qué derecho tengo de estar aquí? Mejor me escondo antes de que alguien se entere, porque seguro que me echan de la casa».

Al principio había estado anonadado con la mansión, su nueva familia, un Padre amoroso, pero ahora estaba confundido. Las mismas voces que había oído de pequeño empezaron a dar vueltas por su mente. «¿Quién te crees que eres? ¿Quieres privilegios? ¡Pero si tu sitio está en el sótano!»

Lleno de culpa y vergüenza, pensó: «mi antiguo amo tenía razón, este no es mi lugar». Y bajó al sótano de la desesperanza.

El sótano era un lugar triste y oscuro. La única luz provenía de la pequeña puerta al fondo de las escaleras. Oyó a su Padre llamándole, pero la vergüenza le impidió responder. Se sorprendió al encontrar a otros en el sótano. Arriba, todos se hablaban y cooperaban en los proyectos diarios con ánimo e ilusión. Abajo, en el sótano, nadie se hablaba. Avergonzados, todos sentían que el sótano era el lugar que merecían. Las voces de antaño cuestionaban el amor del nuevo Padre, y el niño terminó preguntándose si en verdad había sido adoptado.

Hizo algún que otro intento de regresar a la luz, pero terminó encontrando una esquina oscura donde acostarse. Un día, un haz de luz penetró su mente y regresó en sí. «¿Por qué no salgo y pido misericordia a esta persona que se hace llamar mi Padre? ¿Qué puedo perder? Si me deja ser un sirviente que come las sobras de la mesa, eso ya será mejor que esto». Entonces decidió arriesgarse a subir las escaleras y enfrentarse a su Padre con la verdad de lo que había hecho. «Señor» —le dijo: «tiré una jarra y la rompí». Sin responder, su Padre le tomó de la mano y le llevó a la mesa del banquete que tenía preparado para él. «Bienvenido seas, Hijo mío» —dijo su Padre. «Ya no hay ninguna condenación para los que están unidos a Cristo Jesús» (Romanos 8:1).

¡Oh, la profundidad del amor de Jesús, y la incomparable gracia de Dios! La puerta está siempre abierta para quienes se rinden ante la misericordia de Dios. «Nos predestinó para ser adoptados como hijos suyos por medio de Jesucristo, según el buen propósito de su voluntad, para alabanza de su gloriosa gracia, que nos concedió en su Amado». (Efesios 1:5-6). Él no quiere que vivamos vidas de auto condenación en el sótano de la culpa, la vergüenza, el temor y el legalismo. Él quiere que sepamos que hemos sido adoptados, perdonados; que nos ha dado vida en Cristo, para que vivamos cada día como sus hijos amados. Te exhorto a tomar seriamente este curso, el cual te ayudará a vivir una vida de libertad bajo la gracia de Dios, para que así des mucho fruto, fruto que permanezca para siempre — y para que prepares a otros para esta misma labor.

# Bienvenida

**¡Bienvenidos al Curso de la Gracia!**

Estas enseñanzas han tenido un impacto profundo en nuestras propias vidas y ministerio, y es por eso que las compartimos con emoción y humildad, reconociendo el privilegio de poder hacerlo.

Nuestra intención es entregarte una herramienta que te permita ayudar a los cristianos de tu iglesia a dar más fruto del que jamás imaginaron, a medida que permiten que la gracia de Dios penetre en sus vidas.

Esta Guía del Líder está diseñada para proveerte de todo lo que necesitas para dar el curso con impacto. Nuestra sugerencia es que empieces por:

- Leer estas páginas introductorias — te ayudarán a entender la magnitud e intención del curso, y cómo impartirlo de la mejor manera.
- Leer a fondo las notas de las sesiones en esta Guía del Líder.
- Asegurarte de que te has esforzado por asimilar los principios en tu propia vida, y que tú has hecho el componente de ministerio (*Los Pasos para experimentar la Gracia de Dios*) antes de guiar a otros.

Recuerda que en Libertad en Cristo estamos a tu disposición para responder cualquier duda que te pueda surgir a ti o a los líderes de las iglesias. No dudes en contactarnos.

Que Dios te bendiga en esta experiencia de guiar a otros hacia su asombrosa gracia.

**Steve Goss, Rich Miller & Jude Graham.**

# Cómo impartir *el Curso de la Gracia*

## ¿De qué trata *el Curso de la Gracia*?

Jesús dijo que la gente reconocerá a sus discípulos por el amor que se tienen (Juan 13:35). Pablo dijo: «El amor de Cristo nos obliga» (2 Corintios 5:14). *El Curso de la Gracia* es una herramienta para las iglesias — para que ayuden a los cristianos a recobrar su primer amor por Dios (Apocalipsis 2:4), para que ellos compartan ese amor con otros y tengan un gran impacto en el mundo. Para que la motivación de los cristianos sea puramente amor, hay que ayudarles a deshacerse de falsas motivaciones tales como:

**La culpa**
Sabemos, al menos en teoría, que la salvación es por gracia por medio de la fe, y que no la podemos ganar por nuestros méritos. Pero muchos de nosotros inconscientemente caemos en la trampa de creer que, en efecto, mantenemos la aceptación de Dios al esforzarnos y «al hacer lo que es correcto». La culpa nos condiciona a creer que la aceptación de Dios es producto de nuestro buen comportamiento, y nos lleva a actuar como si nuestro crecimiento en Cristo dependiese primordialmente de nosotros. Terminamos estresados, agobiados o hartos.

**La vergüenza**
Nuestro concepto de nosotros mismos determina cómo vivimos. Mentalmente estamos de acuerdo con la verdad que dice que somos «una nueva creación» en Cristo (2 Corintios 5:17). Pero en la práctica la vergüenza nos desvía y permitimos que sea nuestro pasado — en lugar de la obra de Jesús en la cruz — lo que determina nuestra identidad. Muchos de nosotros sentimos que decepcionamos a Dios y a los demás, que en realidad no damos la talla. Esto empeora cuando luchamos con pecados de los cuales no vemos salida.

**El temor**
Algunas personas son muy conscientes de que viven bajo la opresión del temor, pero han perdido toda esperanza de resolver este problema. Otros no ven sus temores porque han aprendido a vivir con ellos y piensan: «así soy yo». En ambos casos, el temor nos impide avanzar hacia lo que Dios nos tiene preparado y nos impide compartir con otros las maravillosas noticias de Jesús y su salvación.

**El orgullo**
El orgullo nos lleva a intercambiar una relación dinámica con Jesús por una religión estéril. La gente religiosa hace más énfasis en las normas y las reglas que en la relación; ponen la ley por encima del amor y les preocupa más ser correctos que ser auténticos. La meta de la persona religiosa es conocer la Palabra de Dios en lugar de conocer al Dios de la Palabra. Cuando en realidad es la humildad la que nos abre las puertas a la unidad entre el pueblo de Dios, y es la unidad lo que muestra al mundo que el Padre envió a Jesús (Juan 17:21).

Una comprensión profunda de la gracia de Dios nos provee con el antídoto para estas falsas motivaciones. *El Curso de la Gracia* está diseñado para ayudar a los cristianos a entender los beneficios extraordinarios de ser hijos de Dios; que, independientemente de nuestro pasado, Dios se complace en nosotros; que no tenemos que esforzarnos por «comportarnos como debe comportarse un cristiano»; que podemos simplemente vivir desde la verdad de quienes somos en Cristo — libres, libres de culpa, libres de vergüenza, valientes, humildes y ¡listos para dar mucho fruto!

# ¿Cómo se estructura el curso?

Hay 6 sesiones de enseñanza y un componente de ministerio que sucede entre las Sesiones 5 y 6.

## Sesión 1: ¡Libre!

Todos sabemos que somos salvos por gracia por medio de la fe. Pero cuando nos toca vivirlo como cristianos, caemos fácilmente en el error de pensar que la salvación tiene que ver con obedecer leyes o vivir bajo ciertas normas. Pero Dios no está buscando esclavos que le obedezcan porque no tienen otra opción. Al contrario, él quiere que descansemos en su gracia para que le sirvamos porque queremos hacerlo.

## Sesión 2: ¡Libre de culpa!

En el pueblo de Dios muchos sufrimos de una jaqueca de culpa — leve pero constante — que nos lleva a «actuar como creemos que debe hacerlo un cristiano». Comprender que hemos sido declarados libres de culpa de una vez por todas nos permite regresar a una relación cercana con Dios, donde podemos ser auténticos y actuar en base al amor. ¡En Cristo damos la talla en cuanto a las expectativas de Dios!

## Sesión 3: ¡Libre de vergüenza!

Las experiencias del pasado, las críticas de otros y nuestras luchas con el pecado pueden hacernos sentir que somos un desastre y que no tenemos remedio. La verdad es que somos nuevas criaturas y que podemos romper el ciclo para no regresar vez tras vez a lidiar con el mismo pecado. ¡En Cristo somos nuevas criaturas en el fondo de nuestro ser!

## Sesión 4: ¡Valiente!

Nuestro Dios es imponente, pero sus hijos podemos entrar con confianza en su presencia — sin temor, ya que estamos seguros y a salvo. Y si Dios está a nuestro favor, ¿quién podrá estar en contra nuestra? No necesitamos temer a nada ni a nadie excepto a Dios mismo. Y el temor de Dios no es miedo ni recelo, sino un profundo asombro frente a su majestad y santidad.

## Sesión 5: ¡Humilde!

En el Antiguo Testamento Dios entregó la ley a su pueblo. Cuando Jesús vino, dijo claramente que él no había venido a anular la ley, sino a darle cumplimiento. Si entendemos cómo funciona esto, resistiremos la tentación de convertirnos en «guardianes de la verdad» y la ley que ahora está escrita en nuestros corazones será nuestra guía. Seremos humildes ante Dios y ante nuestro prójimo.

## Componente de ministerio: *Los Pasos para experimentar la Gracia de Dios*

Esta es una sesión de ministerio tranquila y respetuosa, que nos ayudará a lidiar con aquellas cosas que nos impiden experimentar la gracia de Dios. Está diseñada para tomar lugar en un día de retiro entre las Sesiones 5 y 6, o en una cita individual.

## Sesión 6: ¡Fructífero!

Cuando estamos cansados y cargados, Jesús nos hace una oferta sorprendente: un yugo fácil y una carga ligera. ¡Y va en serio! Parece una paradoja, pero solamente cuando entramos en ese descanso por la puerta del quebranto y aprendemos a depender completamente de él, es cuando damos el fruto que tiene valor eterno.

# ¿Cómo encaja *el Curso de la Gracia* con el *Curso de Discipulado* de Libertad en Cristo?

*El Curso de Discipulado* es un curso de 13 sesiones, más el componente de ministerio que son *Los Pasos hacia la Libertad en Cristo*. El formato y la presentación del *Curso de la Gracia* siguen el modelo del *Curso de Discipulado*, y les será familiar a quienes lo han usado.

*El Curso de la Gracia* puede hacerse solo, pero está diseñado para encajar bien en conjunto con *el Curso de Discipulado*. Se complementan estupendamente.

El tema principal, el cual es una constante en ambos cursos, puede resumirse en la siguiente frase: «conoce la verdad y la verdad te hará libre». Ambos cursos tienen énfasis similares: conocer quién eres en Cristo y la importancia de renovar la mente.

Con 13 sesiones, el *Curso de Discipulado* es más exhaustivo. En particular, cubre temas importantes como la necesidad de perdonar, la batalla de la mente, reconocer nuestra predisposición a una cosmovisión, y comprender cómo alinear nuestras metas con las metas de Dios para nuestras vidas. Se basa más en las enseñanzas de las epístolas que en los evangelios. *El Curso de la Gracia*, por otro lado, cubre algunas áreas clave más profundamente que el *Curso de Discipulado*: la culpa, la vergüenza, el temor, el orgullo, y ministrar desde el descanso. Se basa más en los evangelios que en las epístolas.

Hemos enseñado el *Curso de la Gracia* a varios líderes experimentados en el uso del *Curso de Discipulado* y todos nos han dicho que los dos cursos encajan de maravilla. Creen que después de experimentar un curso, la gente estará más que dispuesta a continuar con el otro y les será de mucho provecho.

A casi todos les gustaría usar ambos cursos. Por ejemplo, usar uno en invierno, seguido del otro en verano, para permitir que los participantes realicen ambos. Sin embargo, no están de acuerdo en qué curso ofrecer primero – unos opinan que éste y otros que el otro.

Por lo que, si quieres ofrecer ambos cursos, recomendamos que no te preocupes demasiado por cuál usar primero. Sin embargo, recomendamos que si ofreces el *Curso de la Gracia* primero, des la oportunidad a los participantes de hacer *Los Pasos hacia la Libertad en Cristo* (el componente ministerial del *Curso de Discipulado*) antes de hacer *Los Pasos para experimentar la Gracia de Dios* (el componente ministerial del *Curso de la Gracia*). En caso de que sólo se pudiese hacer uno de ellos, recomendamos *Los Pasos hacia la Libertad en Cristo*. Merecería la pena repasar el contenido de la Sesión 9 —«Perdonar de corazón» — del *Curso de Discipulado* durante el día de retiro para el *Curso de la Gracia*, porque el perdón es una parte integral del componente ministerial en ambos cursos, y se cubre de modo más exhaustivo en el *Curso de Discipulado*.

Para resumir:
- Cada curso es independiente y puede ofrecerse sin el otro
- Hay beneficios reales para los participantes que hacen ambos cursos
- Si los participantes hacen *El Curso de la Gracia* antes de o sin el *Curso de Discipulado*, busca la manera de que hagan *Los Pasos hacia la Libertad en Cristo* y la Sesión 9 —«Perdonar de corazón»— del *Curso de Discipulado*.

Para más información sobre *Los Pasos hacia la Libertad en Cristo* ver la página 18.

## ¿Cómo puede usarse *el Curso de la Gracia*?

*El Curso de la Gracia* favorece tanto a quienes acaban de entregarse a Cristo como a aquellos que han sido cristianos durante mucho tiempo, ya que este curso ha sido diseñado para adaptarse a la diversidad de situaciones en una iglesia:

**En grupos pequeños**

Así es como la mayoría de las iglesias utilizan nuestros recursos de discipulado. Recomendamos que utilices las «Pausas para la reflexión» para que las sesiones incluyan el diálogo grupal. Cada sesión está diseñada para durar 2 horas y encontrarás un horario detallado para cada sesión en esta Guía del Líder.

**Predicación sistemática y seguimiento en grupos pequeños**

Cada una de las secciones de Palabra se pueden ofrecer como sermón. Podrías, por lo tanto, utilizarlos como una serie de enseñanzas para la reunión del domingo o para la escuela dominical de los adultos. El seguimiento y el diálogo en grupos pequeños ocurriría durante la semana.

**La reunión de entre semana**

En una reunión entre semana donde no hay grupos pequeños establecidos, puedes dar toda la charla al grupo entero y luego dividir a la gente en grupos pequeños para el diálogo. O puedes dar la charla por secciones, permitiendo que los grupos pequeños discutan las preguntas en las Pausas para la Reflexión cuando corresponda.

**Paralelamente con un curso evangelístico**

Es posible combinarlo con otro curso tal como el *Curso Alpha*. Toda la gente puede compartir la comida antes de guiar a los pre-cristianos al curso evangelístico y a los nuevos cristianos al *Curso de la Gracia*. Incluso si la persona no se ha convertido en el curso evangelístico, no es un obstáculo para que continúe con el *Curso de la Gracia*. Éste les mostrará claramente en las tres primeras sesiones los cambios que suceden cuando alguien se entrega a Cristo.

**Discipulado personal**

Dar el curso a una sola persona requiere una gran inversión de tiempo, pero funciona bien. Es un buen medio para discipular a un nuevo creyente o para darle seguimiento a alguien que lleva tiempo como cristiano. Si el discípulo es metódico, puede leer el contenido de una sesión (de la Guía del Líder) por semana, para discutirlo y traer sus preguntas a la cita semanal.

## ¿Cuál de éstos recomiendas?

*Libertad en Cristo* lleva desde 1988 produciendo recursos para las iglesias alrededor del mundo, todos diseñados para ayudar a los cristianos a convertirse en discípulos que dan fruto. Hemos visto que la manera más efectiva de aprender en un ambiente de iglesia es en grupos pequeños, donde la gente puede dialogar sobre la enseñanza. Al preparar el *Curso de la Gracia*, nuestro enfoque primordial ha sido crear un recurso para grupos pequeños, pero encontrarás que funciona bien en cualquiera de los modelos de presentación detallados anteriormente.

## ¿Qué materiales se requieren?

Recomendamos que todo líder de grupo pequeño tenga su propia copia de la *Guía del Líder*. Cada participante necesitará una copia de la *Guía del Participante* que contiene notas para cada sesión, las preguntas para las Pausas para la reflexión, y *Los Pasos para experimentar la Gracia de Dios*.

## ¿Cómo se estructura una sesión de enseñanza?

Cada sesión sigue el mismo formato con los siguientes elementos:

### Notas para el Líder
Una introducción para ayudarte en la preparación.

### Bienvenida
Para usarse en grupos pequeños – una pregunta inicial diseñada para ayudar a los participantes a desarrollar relaciones más profundas y, generalmente, para ayudar a introducir el tema. Durante esta parte de la sesión es más importante animar la interacción y la participación del grupo que impartir una enseñanza. El objetivo principal es promover la interacción.

### Alabanza
Para usarse con grupos pequeños. Proponemos un tema, pero esto sólo es una sugerencia. Lo más importante es que se le dé a Jesús el protagonismo en cada sesión.

### Oración y declaración
Para usarse con grupos pequeños. Es una oportunidad para animar a la gente a que ore en voz alta y a continuación haga una declaración. Una oración se dirige a Dios mientras que una declaración se proclama al mundo espiritual. Anima a la gente a declararlo con la audacia de los que son Hijos de Dios, ¡porque lo son!

### Palabra
Esta es la parte principal de cada sesión. Cada charla dura entre 60 y 70 minutos (sin contar las Pausas para la reflexión), pero está dividida en tres o cuatro segmentos que duran entre 2 y 25 minutos, separadas por las discusiones en grupo pequeño.

El guión completo para dar la charla está incluido en esta Guía del Líder, junto con otro material adicional. Te recomendamos ceñirte a las notas para no perder contenido importante (aunque sin recitarlo como un loro) y que añadas ilustraciones de tu propia experiencia para remplazar las de los autores (sobre todo en la Sesión 6). Los que han comprado el libro tienen derecho a descargar las diapositivas de PowerPoint en www.......... Las diapositivas acompañan cada charla y *Los Pasos para experimentar la Gracia de Dios*. Los puedes utilizar con el ordenador (computadora) y un proyector, cañón o pantalla.

Las notas muestran las diapositivas de PowerPoint en su posición correcta e indican cuándo avanzar al siguiente punto o a la siguiente diapositiva.

### Pausa para la reflexión
La sección de la Palabra contiene dos o tres Pausas para la reflexión con dos o tres preguntas. Si cuentas con grupos pequeños, te sugerimos que pares ante cada Pausa para la reflexión y des tiempo para el diálogo. Cada sesión se construye sobre la anterior y es importante que la gente tenga la oportunidad de afianzar los puntos principales de cada una. Al inicio de cada sesión sugerimos un tiempo para cada parte de la misma, incluyendo las Pausas para la reflexión.

### Testimonio
El propósito de esta pregunta es animar al grupo pequeño a aplicar lo que han aprendido al pensar: ¿Cómo puede esto impactar a quienes aún no son cristianos? En la práctica es una pregunta adicional y se puede usar como complemento a las preguntas existentes o en lugar de alguna de ellas. La pregunta de la sección de Testimonio no está incluida en el horario como un elemento separado.

### Esta semana
Son una o dos actividades que los participantes llevan a cabo antes de la siguiente sesión. Sobre todo queremos animar a la gente a conectar con Dios a través de este material. Asegúrate, sin embargo, de que los participantes comprendan que las sugerencias son opcionales y que no se sientan presionados a seguirlas.

# ¿Qué consejo me das para dirigir un grupo pequeño?

Aquí tienes un modelo para una velada:

### Para comenzar
Comienza sirviendo café y anima a la gente a conversar relajadamente durante un rato. Si te parece bien, puedes utilizar la pregunta de bienvenida en este momento.

### Bienvenida
La pregunta de bienvenida funciona como un rompehielos y está diseñada para dar un toque de humor y promover la interacción entre las personas al comenzar la sesión. Puedes dividir a la gente en grupos de dos o tres personas para responderla. No sientas que debes impartir enseñanza en este momento. Puedes invitar a la gente a dar su opinión sobre la sesión anterior. ¿Qué les impactó? ¿Les ha sido útil en su día a día de esta semana algo de lo que aprendieron en la última sesión?

### Alabanza
Para grupos pequeños – recomendamos que sea una persona distinta a la que da la charla la que dirija este tiempo corto de alabanza. Incluye canciones, y si no tienes un músico, puedes utilizar canciones grabadas. Considera leer los versículos bíblicos en voz alta como grupo.

### Oración y declaración
Anima a todos a hacerlo en voz alta y con confianza. A algunos les parecerá un poco extraño pero llegarán a disfrutarlo con el tiempo. Mediante esta sección queremos animar a la gente a tomar autoridad y responsabilidad espiritual de manera activa.

### Versículo central y verdad clave
Presenta el versículo central y la verdad clave de la sesión. No es necesario añadir más de lo que está escrito en la Guía del Líder. A continuación entra directamente en la sección de la Palabra.

### Palabra
Comienza con la charla, pausando para el diálogo donde indica Pausa para la reflexión. No pierdas la noción del tiempo y resiste la tentación de desviarte mucho de las notas para no perder los puntos principales. El horario sugerido te ayudará con la distribución del tiempo.

### Pausa para la reflexión – Diálogo
Si en tu grupo hay más de ocho personas, subdivide a la gente en grupos más pequeños — de no más de siete u ocho personas — para el diálogo, y mezcla estos grupos de semana a semana. De vez en cuando puedes dividirlos en grupos de hombres y mujeres. También puedes considerar el crear grupos más pequeños, de tres a cuatro personas, para animar a los más callados o tímidos a hablar. Como líder de un grupo pequeño de diálogo, tu rol principal es animar a otros a hablar en lugar de hablar tú. Permite momentos de silencio, no los evites.

Además de las preguntas dadas, puedes iniciar el diálogo con cualquiera de estas preguntas:

- ¿Qué opinas de lo que acabas de escuchar?
- ¿Hay algo que no has entendido o que necesita aclaración?
- ¿Cómo crees que lo que hemos escuchado se aplica a ti?

Intenta que la conversación no se desvíe demasiado de los puntos principales y no pierdas la noción del tiempo (sugerimos un tiempo para cada sección de diálogo al inicio de cada sesión).

Cierra la discusión en el tiempo previsto mediante un breve resumen. Los objetivos para el diálogo en la Guía del Líder te serán útiles para el resumen.

**Al final**

Se puede dialogar sobre la pregunta de Testimonio. Señala la sugerencia de «Para la próxima semana» (pero recuérdales que es completamente opcional) y haz cualquier otro anuncio, tal como los detalles del día de retiro.

## ¿Tienes otras sugerencias?

- Líderes de iglesia — para comunicar el mensaje de que «esto es para todos», primero tendrás que experimentar la enseñanza y el componente de ministerio tú, y ejercitarte en el «Demoledor de Fortalezas» (pág 17-18).
- Envuelve el curso en oración — ver pág 19.
- Enfatiza que cada participante necesita esforzarse continuamente para mantener la libertad lograda y para continuar su crecimiento como discípulo.
- Tómalo con calma — nuestros cursos no suelen ofrecerse una sola vez, sino que se suelen convertir en parte habitual de la vida de la iglesia. Merece la pena tomar el tiempo y hacer el esfuerzo necesario al inicio para que el curso se desarrolle de la mejor manera posible.
- Mantente alerta a posibles ataques del enemigo — frecuentemente a través de quien menos te lo esperas.
- Al inicio del curso, decide cómo vas a impartir *Los Pasos para experimentar la Gracia de Dios*. Si te decides por el día de retiro, asegúrate de reservar el sitio con tiempo y de anunciar las fechas a todos tan pronto como puedas. Explica a los participantes que esta es una parte integral del curso y que ¡no se la deben perder!
- No pares de recalcar que esto es un discipulado para TODOS — no sólo para casos extremos o difíciles, o para algún grupo particular de la iglesia.
- «Las vidas transformadas transforman vidas» — prepárate para que el curso tenga un impacto positivo en tu iglesia y más allá a medida que la gente renueve su comprensión de la gracia de Dios. Imagínate el impacto en tu comunidad cuando los cristianos redescubran que Jesús es la solución a los problemas del mundo.
- Recuerda que *Libertad en Cristo* existe para equipar a los líderes. No dudes en contactarnos si tienes preguntas o necesitas consejo.

## La renovación de la mente — «Demoledor de Fortalezas»

Durante el curso queremos recordar a la gente que, como nuevas criaturas en Cristo, tienen la habilidad y la responsabilidad de mantenerse activos en su vida cristiana. Es por eso, por ejemplo, por lo que hemos incluido una declaración al inicio de cada sesión — queremos que los participantes se acostumbren a ejercer el poder y la autoridad que tienen en Cristo. Queremos que sean transformados en su caminar cristiano. En el Nuevo Testamento, la palabra «transformado» es una expresión fuerte. Literalmente significa «metamorfosis» — el cambio que experimenta una oruga para convertirse en mariposa. En Romanos 12:2, Pablo nos dice lo que causa esta transformación en nosotros: «sed transformados mediante la renovación de vuestra mente».

La mayoría de la gente vendrá al *Curso de la Gracia* esperando «recibir». Y por supuesto que queremos que reciban una enseñanza verdaderamente útil, pero es poco probable que sean transformados si lo único que hacen es «recibir» pasivamente. Para ser transformados, necesitan trabajar en la renovación de su mente, descartando sus antiguas maneras de pensar, basadas en mentiras que han creído, y reemplazándolas por lo que Dios nos dice que es verdad en su Palabra.

Nuestras experiencias del pasado nos han condicionado a todos a creer cosas que no concuerdan completamente con la Palabra de Dios. Dado que la Palabra de Dios es verdad, podemos ciertamente etiquetar estas creencias como «mentiras». Una mentira arraigada profundamente se convierte en una «fortaleza» — una manera de pensar que se ha convertido en un hábito y que no concuerda con lo que Dios dice en su Palabra. Es como tener una pared impenetrable en tu mente que te impide ir en la dirección que Dios quiere.

En las sesiones 3 y 4 y durante la sesión de *Los Pasos para experimentar la Gracia de Dios*, presentamos una estrategia llamada «Demoledor de Fortalezas». Este es un proceso de 40 días que reemplaza las mentiras por verdades – ver las pág 139-141. ¿Por qué 40 días? Los psicólogos afirman que se requieren aproximadamente 6 semanas para romper o formar un hábito. Una vez que has eliminado todo punto de apoyo del enemigo, una fortaleza mental es simplemente una manera de pensar que se ha convertido en hábito. No hay palabras para expresar la diferencia que marca el «Demoledor de Fortalezas» en aquellos que lo utilizan. Son transformados profundamente en el centro de su ser. El desafío es ayudar a la gente a creer que esta transformación es posible para que puedan perseverar en el proceso.

Para ayudar a los participantes a tomar consciencia de sus pensamientos erróneos, tomamos una pausa al final de cada sesión y pedimos al Espíritu Santo que traiga a su mente cualquier mentira que han creído. Sugerimos algunas posibilidades pero puede haber otras. A continuación les animamos a apuntar esas mentiras en la *Lista de Mentiras* al final de su *Guía del Participante*. Para algunos, el espacio provisto no bastará y necesitarán utilizar otras hojas o un cuaderno aparte. Asegúrate de apartar suficiente tiempo al final de cada sesión para que la gente complete este ejercicio.

Una vez que los participantes han identificado los pensamientos erróneos, necesitarán ánimo para buscar la verdad en las Escrituras. Esto puede ser difícil porque, por definición, la mentira se siente tan cierta como la realidad para quien la cree. Prepárate para pasar tiempo con la gente, ayudándoles a encontrar versículos apropiados y procesarlo con ellos. A continuación, los participantes necesitarán mucho ánimo para sentarse y escribir su «Demoledor de Fortalezas» y, especialmente, para perseverar 40 días ejercitándolo.

Basándonos en nuestra experiencia, la mejor manera de animar a los participantes es a través de los testimonios de transformación. Y mejor aún son los testimonios de parte de los líderes del curso. Es por eso que nuestra recomendación principal es que los líderes desarrollen su propio «Demoledor de Fortalezas» y lo lleven a cabo antes de impartir el curso. Así puedes compartir tus propias experiencias.

## *Los Pasos hacia la Libertad en Cristo*

*Los Pasos hacia la Libertad en Cristo* — es un proceso estructurado de oración y arrepentimiento escrito por el Dr. Neil T. Anderson (fundador del Ministerio de *Libertad en Cristo*) y utilizado por millones de personas alrededor del mundo. Ha sido publicado en muchos idiomas y formatos y es el componente de ministerio del *Curso de Discipulado* (ver pág 223). La persona que hace los Pasos toma responsabilidad sobre su vida y su crecimiento al pedir al Espíritu Santo que le muestre las áreas de su vida donde hay un problema por resolver. Entonces escoge arrepentirse de todo lo que él le muestra, quitando así cualquier punto de apoyo que el enemigo tuviese en su vida. Es un acercamiento directo que es sumamente efectivo pero tranquilo y respetuoso hacia la persona.

Cada paso comienza con una oración (basada en textos bíblicos) de arrepentimiento que la persona que busca la libertad repite en voz alta como introducción, pidiendo al Espíritu Santo que le traiga a la mente las áreas específicas que debe tratar. A continuación hay una lista de posibilidades y una oración de renuncia que la persona repetirá para renunciar a cualquier área específica que le concierna. Algunas secciones también incluyen afirmaciones doctrinales claras y directas. Con éstas la persona declara que decide aceptar la verdad de las Escrituras.

Son siete *Pasos* que cubren: La participación en religiones falsas, el ocultismo y los ídolos; el engaño, el auto-engaño y los mecanismos de defensa arraigados; El perdón como una decisión, independiente de los sentimientos; La rebelión hacia la familia, los líderes de la iglesia, los jefes y hacia Dios; El orgullo; Los pecados y las actitudes habituales, incluyendo los pecados sexuales y los problemas crónicos; Los pecados generacionales.

Es un proceso que beneficia a todo cristiano, (no sólo a los «casos perdidos») y lo recomendamos como una revisión espiritual anual. Este proceso se puede dar tanto en un contexto de grupo — un día de retiro— como en un contexto individual — una Cita de Libertad— dentro de la iglesia local.

### *Los Pasos hacia la Libertad en Cristo* y *el Curso de la Gracia*

El componente de ministerio del *Curso de la Gracia* (*Los Pasos para experimentar la Gracia de Dios*) está basado en los mismos principios — que el creyente tome responsabilidad por su vida y escoja someterse a Dios y resistir al enemigo (Santiago 4:7). El formato será muy familiar para quienes han hecho *Los Pasos hacia la Libertad en Cristo*, aunque se enfoca en diferentes áreas (coinciden en el área clave del perdón).

Si es posible, recomendamos que los participantes del *Curso de la Gracia* hagan *Los Pasos hacia la Libertad en Cristo* antes de *Los Pasos para experimentar la Gracia de Dios*. Muchos lo habrán hecho ya como parte del *Curso de Discipulado*, pero si tienes un grupo que no ha hecho ese curso, puedes optar por *Los Pasos hacia la Libertad en Cristo* en lugar de *Los Pasos para experimentar la Gracia de Dios* entre las sesiones 5 y 6 y luego hacer *Los Pasos para experimentar la Gracia de Dios* en otro momento. Para ello, necesitarás comprar el libro de *Los Pasos hacia la Libertad en Cristo*.

Sin embargo, no es esencial hacer esto y puedes impartir el *Curso de la Gracia* tal cual y esperar grandes resultados. Siéntete libre de contactarnos si tienes preguntas sobre el mejor acercamiento para tu iglesia.

## Oración por *el Curso de la Gracia*

La oración es un elemento vital en la preparación del curso y no debe parar una vez que se inicia el curso. Si puedes juntar un grupo de gente para orar por tu curso, notarás la diferencia. Esta oración puede ser útil para comenzar.

**Padre del Cielo,**

**Gracias por *el Curso de la Gracia*.**

**Úsalo para dar a Tu pueblo una nueva revelación de quién eres y de cuánto les amas, para que puedan ver cuán bueno es habitar en Tu casa, para que regresen en sí y vuelvan a Ti desde sus «tierras lejanas». En Ti están escondidos TODOS los tesoros de la sabiduría y TODAS las riquezas del conocimiento (Col 2:3). Pedimos que Tu pueblo se adentre en Ti para conocerte tal como eres de verdad.**

**Señor, ¡libera a Tus hijos e hijas de la oscuridad y tráeles a tu maravillosa luz para ser conformados más y más a la imagen de Jesucristo! Limpia a Tu Iglesia hoy de nuestros trapos de inmundicia — aquellas obras de justicia humana (Isaías 64:6), nuestros esfuerzos por ganar tu favor y nuestra dependencia de obras externas, lo cual solamente nos aleja de Ti.**

**Tomamos Tu yugo que es fácil y Tu carga que es ligera, Señor Jesús. Nos sacudimos de otros yugos que nuevamente nos esclavizan (Gálatas 5:1). Renunciamos a la culpa, a la vergüenza, al temor y al orgullo, y declaramos que no son parte de nuestra herencia**

como hijos e hijas de Dios. Padre, rompe el poder que tienen sobre Tu pueblo y desata abundancia de fruto que te glorifica.

Padre, envía Tu Espíritu de sabiduría y revelación sobre quienes lideran el curso para que ellos experimenten libertad de las cargas pesadas del perfeccionismo y del esfuerzo humano, y así, libres, puedan guiar a otros.

Rechazamos toda amenaza espiritual y pedimos que nos llenes del Espíritu de Verdad, que nos traiga luz y libertad mientras hacemos *el Curso de la Gracia*. Declaramos que toda arma que el enemigo forje en contra de este curso no prevalecerá (Isa 54:17).

Dios de Gracia, te damos toda la gloria por lo que Tú vas a hacer a través del *Curso de la Gracia*. Toda alabanza, honor y gratitud sean a Ti, el único Digno.

En el precioso nombre de Jesucristo nuestro Señor, amén.

# Detalles Técnicos

Las presentaciones de PowerPoint están disponibles en la página web:
http://www.ficminternational.org/content/recursos-español
Cuando lo abras, PowerPoint te pedirá una contraseña, porque las presentaciones están protegidas — simplemente selecciona «Sólo lectura». A continuación sigue los pasos del menú.

La presentación funciona usando las teclas estándar de PowerPoint:

- Para adelantar una diapositiva: haz click con el ratón o pulsa **Enter**, **espacio, flecha hacia abajo** o **pg dn**
- Para retroceder: pulsa **flecha hacia arriba** o **pg up**
- Para regresar al inicio: pulsa **Home**
- Para poner la pantalla en blanco: pulsa **B**

Notarás que las presentaciones están protegidas por una contraseña para evitar que sean editadas. El propósito es proteger el contenido de las presentaciones.

Si el texto de las presentaciones no se ve con claridad en la pantalla, probablemente se debe a que la fuente «Arial» no está instalada en tu ordenador (computadora).

¿Tienes alguna sugerencia para dar las charlas usando la Guía del Líder?
Las notas en la Guía del Líder son claras y directas. También hay espacio para que tú escribas tus propias notas.

En el texto encontrarás miniaturas de las diapositivas de la presentación. Cuando te topes con este símbolo ▶, quiere decir que debes continuar con el siguiente punto o diapositiva de la presentación.

Los recuadros en negro contienen notas adicionales y explicaciones que pueden ser de ayuda. Hay notas adicionales para los ponentes dentro de los [paréntesis].

# El Entrenamiento y Otros Recursos

## *El Curso para Hacer Discípulos* de Libertad en Cristo

Este curso de 13 semanas cubre la enseñanza básica de Libertad en Cristo de modo claro y directo. Es una manera fácil y efectiva para cualquier iglesia que quiere implementar un proceso efectivo de hacer discípulos. A menudo se utiliza como seguimiento a El Corazón del Cristianismo y otros cursos introductorios, y tiene una sesión introductoria opcional que sirve de puente. Muchas iglesias lo ofrecen dos o tres veces al año como parte de sus actividades para formar discípulos. Creado en el Reino Unido, el curso puede ayudar a todo cristiano a aferrarse a la verdad de quién es en Cristo, a resolver conflictos personales y espirituales, y a convertirse en un discípulo fructífero. Está diseñado para usarse óptimamente en grupos pequeños, pero se presta también para una serie de enseñanzas dominicales.

## Cómo Resolver Asuntos más Profundos

Libertad en Cristo tiene dos mensajes principales. El primero es que cada cristiano puede beneficiarse de lo que Cristo le ha dado para poder ser un discípulo fructífero. El segundo es que ningún cristiano es un «caso perdido» con problemas demasiado profundos que por medio de Cristo no se puedan resolver. Existen recursos para la iglesia que ayudarán a las personas que luchan con asuntos más profundos como abuso, trastornos alimenticios, depresión, temor, adicción, auto-mutilación, trauma o trastorno de disociación. Queremos animarte, asegurándote que no existen casos perdidos o personas sin esperanza. Todos pueden llegar a ser discípulos fructíferos. Hemos visto cómo personas normales en iglesias normales hacen cosas extraordinarias a través de Cristo.

## Lectura general

La razón por la cual es bueno animar a los participantes a sumergirse en los principios bíblicos de la gracia y la libertad es para que el curso les sea de mayor provecho. Libertad en Cristo tiene varios recursos que beneficiarán a los participantes del *Curso de la Gracia*. Puedes hacer un pedido por adelantado para tener estos recursos disponibles desde el inicio del curso.

Aquí os damos una lista de algunos de ellos:

### *Victoria sobre la Oscuridad* y *Rompiendo las Cadenas* de Neil T. Anderson

Estos dos libros se han convertido en los clásicos de Neil Anderson, fundador de Libertad en Cristo. Se publicaron inicialmente en 1994 y se han vendido millones de copias en diferentes idiomas por todo el mundo. Ayudarán a los participantes a asimilar más profundamente los principios centrales.

El primer libro trata principalmente de la nueva identidad en Cristo, mientras que el segundo muestra cómo ganar la batalla espiritual de la mente, batalla que todo Cristiano experimenta, sea consciente de ello o no.

## Para la sesión 3

***Gana la batalla interior*** **y** ***Libertad en un mundo obsesionado por el sexo***, de Neil T. Anderson

Para muchos, el sexo – maravillosa creación de Dios – se ha convertido en una fuente de esclavitud espiritual en lugar de ser una bendición. Este libro muestra cómo superar la culpabilidad, la ira y el temor asociados a las ataduras sexuales y cómo asumir una perspectiva divina y pura hacia este regalo.

***Controla tu ira*** por Neil T. Anderson y Rich Miller

***Venzamos la depresión*** por Neil T. Anderson

## Para la sesión 4

***Vivamos de día en día***, por Neil T. Anderson y Mike y Julia Quarles

***La Biblia (NVI) de Libertad en Cristo***, por Neil T. Anderson

Dos recursos devocionales diseñados para quienes han hecho *Los Pasos hacia la Libertad en Cristo*, e igualmente útil para quienes han hecho *Los Pasos para experimentar la Gracia de Dios*. Te recomendamos que los tengas disponibles después de haber hecho *Los Pasos*.

# Sesión 1: ¡LIBRE!

## VERSÍCULO CENTRAL:
1 Samuel 16:7b: «La gente se fija en las apariencias, pero yo me fijo en el corazón.»

## OBJETIVO:
Entender que lo que realmente le importa a Dios no es sólo lo que hacemos, sino por qué lo hacemos.

## VERDAD CLAVE:
Cristo nos ama y nos acepta completamente por quienes somos, no por lo que hacemos. Desde esa posición de seguridad, podemos escoger libremente servir a Dios porque le amamos, y desechar cualquier otra motivación falsa.

### Notas del Líder

El tema conductor de esta primera sesión podría resumirse en «hijos frente a esclavos». Nuestra atención se centrará en la historia que contó Jesús, comúnmente conocida como La parábola del Hijo Pródigo. Nosotros preferimos llamarla la parábola de los dos hijos porque el contexto nos revela que el protagonista de la historia no es tanto el hijo pequeño que se desvió sino el hermano mayor. Exteriormente, él parecía hacerlo todo correctamente, pero en su interior estaba muy separado del padre.

La historia aparece en una sucesión de parábolas en Lucas 15, que tratan de cosas que se han perdido: la parábola de la Oveja Perdida, la parábola de la Moneda Perdida, y le sigue esta que fácilmente se podría titular la parábola del Hijo Perdido. La pregunta es, ¿cuáles de estos hijos estaba perdido? ¿El menor, el mayor, o ambos? Al final de la historia, es evidente que el hijo menor, aunque se había perdido, ya ha regresado, pero el hijo mayor sigue perdido.

Aunque el hijo mayor es libre de disfrutar aquí y ahora todo lo que le pertenece al padre, ha sido engañado y cree que necesita trabajar como un esclavo para ganárselo en un futuro. Esta actitud le impide acercarse al padre y le hace comportarse de manera más acorde a un sirviente que trabaja como esclavo que como el hijo que realmente es.

El punto principal que queremos que entiendan los participantes es que no están simplemente en la posición de «pecador perdonado», alguien que ha recibido perdón pero que en esencia es la misma persona desgraciada que era antes. Queremos que sepan que, aunque no lo merecen, han sido hechos «hijos» con toda la autoridad, la responsabilidad y el privilegio que ello implica. Desde su posición de hijos pueden escoger libremente si quieren vivir para su padre o no. Pero cuando entiendes cómo es ese padre y todo lo que ha hecho por ti, ¿no querrías servirle?

Terminamos esta sesión con una paradoja aparente. Habiendo dicho que no necesitamos «trabajar como esclavos» para Dios, observamos que el Nuevo Testamento da una connotación positiva a la palabra «esclavo» o «siervo» (doulos en griego). Por ejemplo, Pablo se considera un «siervo de Cristo Jesús» (Romanos 1:1). Aunque somos libres de servirle o no, cuando entendemos lo bueno y amoroso que es, escogemos libremente convertirnos en sus siervos.

# El Peligro Del Antinomianismo

El antinomianismo es una antigua herejía que ha afligido a la iglesia a través de los siglos. El término significa «anti-ley» y lo concibió Martín Lutero para referirse a la práctica de llevar la doctrina de la justificación por la fe a un extremo, y afirmar que no importa para nada cómo se comporta un cristiano ya que la salvación es únicamente por la fe.

La enseñanza de esta sesión parecería dirigirse en esta dirección pero no es el caso para nada. Si alguien expresa su preocupación al respecto, anímales a que perseveren hasta el final y asegúrales que, a medida que avance el curso, verán el cuadro completo.

D. Martyn Lloyd-Jones, eminente teólogo de mediados del siglo XX, defensor de la teología evangélica y ministro de la Capilla Westminister en Londres, dijo:

> «No hay mejor prueba para constatar si un hombre está realmente predicando el Evangelio del Nuevo Testamento que ésta, que alguna gente lo malinterprete y crea que se reduce a esto: que porque somos salvos únicamente por gracia, no importa para nada lo que hagas y puedes continuar pecando cuanto quieras...»

Toma nota de que no está de acuerdo con esa interpretación errada y extrema. Su punto principal es que, si esto no sucede, el que algunos malinterpreten tu enseñanza de este modo, entonces no estás predicando el verdadero evangelio de la gracia. Continúa con una advertencia directa (y toda en mayúsculas):

> «Exhortaría a todos los predicadores: SI AL PREDICAR LA SALVACIÓN NO TE HAN MALINTERPRETADO DE ESTE MODO, ENTONCES MÁS TE VALE EXAMINAR TUS SERMONES, y más te vale asegurarte que DE VERDAD estás predicando la salvación tal cual la anuncia el Nuevo Testamento».[1]

Nuestro objetivo en este curso es ayudar a la gente a recibir una revelación de la gracia de Dios. Para muchos, esta revelación es sumamente escandalosa. Ante ella, podría parecer que podemos comportarnos como sea, pero quien persiste en esa manera de pensar no ha tenido una revelación genuina de la gracia. Aquellos que la comprenden de verdad van en la dirección opuesta: se enamoran más de Dios y desean servirle con todo lo que son y con todo lo que tienen.

---

1. D. Martyn Lloyd-Jones, Romans, An Exposition of Chapter 6, The New Man, (Grand Rapids: Zondervan, 1973), páginas 9-10.

# Horario para los Grupos Pequeños

El propósito de este horario es ayudar a quienes lideran el curso en el formato de grupos pequeños. Da por sentado que la reunión dura 2 horas, y sugiere la duración de cada parte de la sesión, con un indicador acumulativo del tiempo transcurrido. Encontrarás un horario propuesto para cada sesión.

| | | |
|---|---|---|
| Bienvenida | 10 minutos | 0:10 |
| Alabanza, oración y declaración | 5 minutos | 0:15 |
| Palabra, 1ª parte | 20 minutos | 0:35 |
| Pausa para la reflexión 1 | 20 minutos | 0:55 |
| Palabra 2ª parte | 20 minutos | 1:15 |
| Pausa para la reflexión 2 | 10 minutos | 1:25 |
| Palabra 3ª parte | 20 minutos | 1:45 |
| Pausa para la reflexión 3 | 10 minutos | 1:55 |
| Palabra 4ª parte | 5 minutos | 2:00 |

La sección de Testimonio no está incluida en el horario porque se suele usar en lugar de una Pausa para la Reflexión. Si deseas añadirla por separado necesitarás aumentar de 5 a 10 minutos el tiempo total.

## BIENVENIDA

Una definición de gracia es «obtener lo que no mereces». Cuéntanos de una ocasión en la que recibiste algo que no merecías. ¿Qué merecías? ¿Qué recibiste?

## ALABANZA

Tema sugerido: ¡Perteneces! Ver 1 Juan 3:1

Pide al grupo que reflexione en silencio sobre el asombroso amor de Dios por nosotros, al hacernos sus hijos e hijas. A continuación invítales a dar gracias a Dios en voz alta por alguno de los privilegios que disfrutamos al pertenecer a la familia de Dios.

## ORACIÓN Y DECLARACIÓN

En cada sesión queremos animar a la gente a orar en voz alta y a declarar juntos en voz alta. La oración se dirige a Dios, mientras que la declaración se dirige al mundo espiritual en general. Animamos a la gente a leer su declaración con confianza.

**Padre Dios, gracias por adoptarnos como Tus hijos mediante Jesucristo, y por darnos el privilegio de llamarte «¡Abba, Padre!» Abre los ojos de nuestro corazón para que comprendamos de verdad lo que esto significa para nosotros. Amén.**

**He sido rescatado de la esclavitud por la sangre de Jesús. Escojo someterme a Dios y resistir todo aquello que me arrastre de vuelta a la esclavitud.**

# PALABRA

## Introducción

¡Bienvenidos al *Curso de la Gracia*!

¿Cuál es tu versículo favorito? Cada persona tiene el suyo. Si eres boxeador, seguramente será «es más bienaventurado dar que recibir». Si te apellidas Pérez, recordarás lo que Dios dijo a Adán y Eva «si comes del fruto, perecerás». Si vives en el desierto, «de cierto de cierto te digo». Si eres soltera, «muchos son los llamados pero pocos los escogidos».

En el «Top 10» de los versículos favoritos está Efesios 2:8, que dice «Porque por gracia habéis sido salvados mediante la fe; esto no procede de vosotros, sino que es el regalo de Dios».

La Gracia es el tema central de este curso. Pablo nos dice en Romanos 5:2 que «mediante la fe, tenemos acceso a esta gracia en la cual nos mantenemos firmes». Nada más convertirme, pensé que la gracia tenía que ver principalmente con el amor de Dios cuando envió a Jesús a morir por mí. Pero Pedro nos llama a crecer «en la gracia y en el conocimiento de nuestro Señor y Salvador Jesucristo» (2 Pedro 3:18). La gracia que Dios quiere que experimentemos es para cada momento de cada día, y de eso trata este curso.

El himno centenario de John Newton — Sublime gracia — comienza hablando de la gracia que nos salvó cuando estábamos perdidos, pero continúa diciendo:

> Peligros, luchas y aflicción
> yo he tenido aquí;
> su gracia siempre me libró
> y me guiará hasta el fin.

El objetivo de este curso es ayudarte a experimentar la gracia de Dios a diario para que puedas dar mucho fruto. Esperamos que este objetivo te motive y emocione.

[¿Tienes una historia sobre la gracia de Dios y sobre cuánto ha impactado tu vida que podrías compartir en este momento?]

La gracia es un elemento que brilla por su ausencia en la iglesia. Al prepararnos para escribir un libro sobre la gracia y el legalismo con el Dr. Neil T. Anderson y Paul Travis, contratamos al grupo de investigación George Barna para llevar a cabo una encuesta científica sobre los cristianos en Estados Unidos. Pedimos a los cristianos que respondieran a seis afirmaciones. Una de ellas era «La vida cristiana se resume en esforzarse por obedecer los mandatos de Dios». Para nuestra gran sorpresa, descubrimos que el 82% de los encuestados coincidían con esa afirmación; ¡y 57% coincidían enfáticamente! Bueno, no hay nada malo en esa afirmación, excepto que ¡es totalmente falsa! No hay mención alguna de la gracia... nada sobre la fe... sobre el amor... sobre una relación. ¡No hay mención alguna de Jesús! Nuestra conclusión fue —y sigue siendo— que el vivir por ley en vez de vivir por gracia es algo endémico en la Iglesia.

## Comprendamos lo que es la Gracia

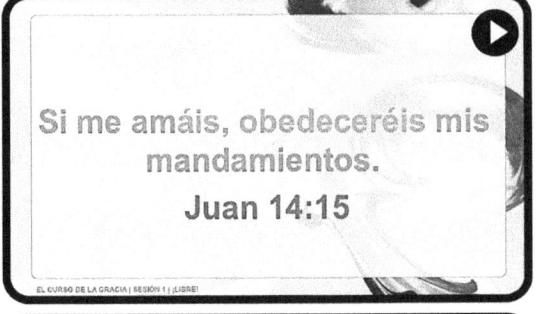

▶ Para comenzar, quiero pedirte que consideres una pregunta: Jesús dijo: «Si me amáis, obedeceréis mis mandamientos» (Juan 14:15). Imagínate que Jesús te lo dice solo a ti. ¿Cómo te lo dice? ¿Cuál es la expresión en su rostro? ▶ ¿Esta...? ▶ ¿O esta...? ¿Cuál es el tono de su voz? Antes de finalizar esta sesión, intentaremos resolver estas preguntas

## La historia de los dos hermanos (Lucas 15:11-32)

Veamos ahora una historia que Jesús contó y que nos ayudará mucho a comprender la gracia de Dios.

### El hermano menor

«Un hombre tenía dos hijos —continuó Jesús—. El menor de ellos le dijo a su padre: ▶ «Papá, dame lo que me toca de herencia.» (Lucas 15:11-12a)

¿Te das cuenta de que bien podía haber dicho: «Ojalá estuvieras muerto?» La herencia de un padre llegaba a sus hijos después de su muerte; pero este hijo no podía esperar.

▶Así que el padre repartió sus bienes entre los dos. Poco

después el hijo menor juntó todo lo que tenía y se fue a un país lejano; ▶ allí vivió desenfrenadamente y derrochó su herencia.

▶ Cuando ya lo había gastado todo, sobrevino una gran escasez en la región, y él comenzó a pasar necesidad. Así que fue y consiguió empleo con un ciudadano de aquel país, quien lo mandó a sus campos a cuidar cerdos. ▶ Tenía tanta hambre que no le habría importado llenar el estómago con la comida que daban a los cerdos, pero aun así nadie le daba nada.

Por fin recapacitó y se dijo: «¡Cuántos jornaleros de mi padre tienen comida de sobra, y yo aquí me muero de hambre! ▶Tengo que volver a mi padre y decirle: Papá, he pecado contra el cielo y contra ti. Ya no merezco que se me llame tu hijo; trátame como si fuera uno de tus jornaleros». Así que emprendió el viaje y se fue a su padre. (Lucas 15:12b -20a)

El joven había dado la espalda a su padre y a la forma de vida en la que se había criado.

Lo que Jesús hace aquí es pintarnos un cuadro de una persona que cae en el comportamiento más bajo al que se podía llegar en su cultura. No ha mostrado el menor respeto hacia su padre. Ha practicado el adulterio, gastando su dinero con prostitutas. Luego, ya sin dinero, se ha rebajado a trabajar cuidando a los animales más impuros para los judíos, los cerdos. Es difícil imaginarse un comportamiento peor, o a alguien menos merecedor del título de hijo. Él mismo se dio cuenta de que lo había

echado a perder todo y decidió regresar a su padre, esperando no ser aceptado como hijo, sino simplemente como jornalero — alguien que tendría que ganarse el sustento.

▶Todavía estaba lejos cuando su padre lo vio y se compadeció de él; salió corriendo a su encuentro, lo abrazó y lo besó. (Lucas 15:20b)

Fíjate que el padre corre — aunque en esa cultura los hombres ricos nunca hacían tal cosa. El amor por su hijo vence a las expectativas sociales.

El joven le dice: «Papá, he pecado contra el cielo y contra ti. Ya no merezco que se me llame tu hijo». (Lucas 15:21)

¿Era eso cierto, que su pecado lo hacía indigno de llamarse hijo? Sin duda, aunque nada podía cambiar el hecho de que era hijo y siempre lo sería. Pero observa cómo reacciona el padre: ¡Es como si ni siquiera hubiese escuchado la confesión que el hijo había preparado! El padre conoce el corazón del hijo, que está arrepentido y ha vuelto. ¡Eso es lo único que le importa!

Pero el padre ordenó a sus siervos: «¡Pronto! Traigan la mejor ropa para vestirle. Pónganle también un anillo en el dedo y sandalias en los pies. ▶ Traigan el ternero más gordo y mátenlo para celebrar un banquete. (Este es el único personaje en la historia para quien la fiesta es una tragedia) 24 Porque este hijo mío estaba muerto, pero ahora ha vuelto a la vida; se había perdido, pero ya le hemos encontrado». Así que empezaron a hacer fiesta. (Lucas 15:20-24)

▶El hijo esperaba ser repudiado o, en el mejor de los casos, esperaba recibir un castigo severo – y hubiera recibido su merecido. ¡Sin embargo, el padre abraza de inmediato a este apestoso, sucio y maltrecho individuo, le pone las mejores ropas y le organiza una gran fiesta!

Además le da tres cosas de gran importancia:

▶Primero, **la ropa** no era cualquier vestidura vieja, sino la mejor ropa de la casa, tal vez la túnica del padre. Simboliza que el hijo goza nuevamente del favor del padre. Siempre ha gozado de su amor, pero ahora ha sido restaurado por completo.

▶Segundo, **el anillo** habría sido del tipo usado para sellar los documentos oficiales, sello que sería reconocido de inmediato como la marca del padre. Sin esa marca o sello, las instrucciones en aquellos documentos no tendrían autoridad alguna. El anillo simboliza el poder y la autoridad para ocuparse de los negocios del padre.

A este joven, el cual había dilapidado la riqueza de su padre en una vida descontrolada, se le otorga nuevamente la confianza de su padre para ir y ocuparse de los negocios del padre y dar instrucciones en su nombre. Y tendrán que obedecerle, porque él lleva el anillo sobre su dedo.

La tercera cosa que ordenó traer fue ▶ **sandalias**. En un hogar judío, las únicas personas autorizadas para usar calzado eran el padre y sus hijos. El padre quería dejar claro, y sin lugar a duda, que el joven seguía siendo su hijo, con todos los derechos de hijo, independientemente de lo que hubiese hecho.

Este es *el Curso de la Gracia*; pero, ¿qué es la gracia? Hagamos una pausa y reflexionemos sobre la escena. Un hijo que se ha comportado de la peor manera regresa. Su padre, sin embargo lo restaura simplemente porque lo ama y quiere tener una relación con él. Eso es la gracia: un hijo completamente despojado de todo que se rinde a la misericordia de su padre, el cual le levanta, le desempolva y le restaura.

A este hijo que lo había echado todo a perder, que no tiene ningún derecho de esperar nada de su padre, excepto lo que le permitiesen ganar con su trabajo, que no merece ningún favor, lo vemos ahí, vestido con un esplendoroso manto, con un anillo de autoridad y con unas sandalias que lo identifican como miembro de la familia. Eso es gracia.

Los que somos cristianos desde hace tiempo, conocemos bien esta historia y tendemos a relacionarla con el momento en que por primera vez vinimos a Dios, le entregamos nuestra vida y recibimos su regalo gratuito de gracia. Pero, ¿y ahora qué? ¿Acaso esta historia tiene algo que decirnos en nuestro caminar cristiano de hoy? ¿O refleja solamente un momento excepcional del pasado?

[Si tienes una anécdota de tu propia vida similar a la que incluimos aquí abajo, por favor, utilízala en su lugar.]

Cuando era niño, anhelaba tener todo tipo de animal que aparecía en la televisión, pero lo que más deseaba era un caballo. No sabía cuánto costaba un caballo, pero sabía que era más de lo que yo tenía. Así que urdí un plan. Una tarde descubrí un montón de billetes de 20$ en la cartera de mi madre. Pensé que no se darían cuenta si sólo faltaba uno y cogí un billete.

Al día siguiente cogí un sobre y el billete de 20$ y fui al bosque donde jugaba con frecuencia. Metí el billete en el sobre y lo restregué en la tierra para que pareciera que llevaba ahí un buen tiempo. Después de una hora, más o menos, corrí a casa gritando «¡Mira, mamá, encontré 20 dólares en el bosque!». Mi madre dijo: «¡Qué bien! puedes guardarlos para tu caballo». Yo pensé que había cometido el crimen del siglo. Pero no contaba con un factor... mi conciencia. Al día siguiente estaba jugando con un balón mientras mi padre me observaba desde una colina cercana. Cuando terminé de jugar me dirigí hacia él; y cuanto más me acercaba, peor me sentía. Cuando llegué a él balbuceé: «Papá, no encontré ese dinero, ¡lo robé!». Mi padre respondió: «Hijo, tu madre y yo ya sabíamos que habías robado el dinero. Solamente esperábamos a que tú mismo nos lo dijeras». Entonces me abrazó y yo lloré desconsolado.

Mi papá aún no era un seguidor de Cristo, pero recuerdo ese suceso como un momento de gracia, donde mi papá reflejó a mi Padre Celestial. Y así es entre nosotros y Dios. Él sabe todo cuanto hemos hecho, y aún así nos ama. Sólo espera que vengamos a hablar de ello con él.

▶ ¿Cuál es la peor cosa que has hecho en tu vida? ¿Ya lo tienes? Muy bien, ahora escríbelo en un papel y dáselo a la persona a tu lado... ¡Es broma!... Pero, ¿qué pasaría si al salir de aquí lo hicieras de nuevo, o incluso hicieras algo peor... y luego sinceramente regresaras a Dios. ¿Cómo crees que te recibiría? La lógica de esta historia indica que te trataría exactamente igual que a este joven.

Esto es gracia. Y es verdaderamente sublime.

¿Te sienta mal esta idea de que como cristiano podrías comportarte de la peor manera imaginable y luego volver a Dios sin que eso ponga en peligro la relación?

## El contexto de la historia

Cobremos perspectiva y veamos por qué Jesús contó esta historia. El contexto es que él se perfilaba como maestro religioso, pero no se comportaba como tal. Continuamente se asociaba con la gente «indebida», los cobradores de impuestos y los «pecadores»; así que la gente religiosa se quejaba diciendo: «este hombre recibe a los pecadores y hasta se sienta a comer con ellos». A modo de respuesta, Jesús les contó varias historias, de las cuales esta es la tercera. Por lo tanto, Jesús contó esta historia como respuesta a la acusación de que su comportamiento estaba mal — que no agradaba a Dios. El mensaje de la historia es que no es nuestro comportamiento lo que restaura nuestra relación con Dios — es su gracia.

## Pero el comportamiento sí importa

Como veremos, no es que el comportamiento del hijo no importara. Sí que importaba. El pecado tiene consecuencias. Pero la ruptura de la relación con su Padre NO es una de esas consecuencias. Eso es lo que significa ser un hijo de Dios. Siempre serás un hijo, una hija de Dios. ▶Incluso si terminas por el suelo y lo echas todo a perder, Dios te da la libertad de fallar. Él está a tu favor y te ha dado todo lo que necesitas para que no tengas que fallar. Pero si lo haces, ▶sus brazos de amor te vuelven a recibir y te levantan, sin importar lo bajo que hayas caído. Esto es realmente escandaloso, ¿no te parece? Pero es exactamente lo que dice la Biblia en 1 Juan 2:1:

> Mis queridos hijos, les escribo estas cosas para que no pequen. Pero si alguno peca, tenemos ante el Padre a un intercesor, a Jesucristo, el Justo.

Hay una antigua herejía — casi tan antigua como el Evangelio — llamada antinomianismo, la cual lleva la verdad bíblica a un extremo y dice que, dado que somos salvos por la gracia de Dios mediante la fe, no hay necesidad de una ley moral, y nuestro comportamiento no tiene importancia. Por si parece que nos dirigimos en esa dirección, te aseguro que no es así. Persevera en este curso y obtendrás la visión completa.

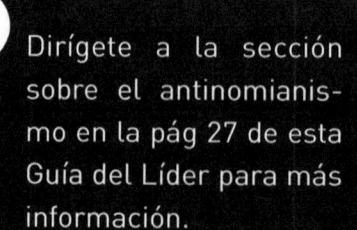

Dirígete a la sección sobre el antinomianismo en la pág 27 de esta Guía del Líder para más información.

# PAUSA PARA LA REFLEXIÓN 1

OBJETIVO:

AYUDAR A LOS PARTICIPANTES A CAPTAR LOS CONCEPTOS ESCANDALOSOS DE LA GRACIA DE DIOS. EN PARTICULAR, SU NUEVA POSICIÓN COMO HIJOS DE DIOS.

▶PREGUNTAS (PÁG 10 DE LA GUÍA DEL PARTICIPANTE):

¿QUÉ SIGNIFICA LA GRACIA PARA TI?

EL PADRE DIO AL HIJO MEJOR TRES REGALOS QUE SIMBOLIZAN COSAS QUE DIOS TE HA DADO A TI. ¿CUÁL DE ELLOS TIENE MÁS VALOR PARA TI? ¿POR QUÉ?

SI TUVIERAS LA CERTEZA DE QUE LA ACEPTACIÓN Y EL AMOR DE DIOS HACIA TI NO DEPENDEN DE TU BUEN COMPORTAMIENTO, ¿CÓMO CAMBIARÍA TU MANERA DE VIVIR?

## El hijo mayor — trabaja como esclavo en lugar de servir

▶Tal vez creas que es tu comportamiento lo que te hace aceptable delante de Dios – como obviamente lo creía la gente religiosa. Si es así, te será difícil entender lo que acabamos de decir. Pero no eres el único, como lo demuestra la segunda parte de la historia.

Mientras tanto, el hijo mayor estaba en el campo. Al volver, cuando se acercó a la casa, oyó la música del baile. Entonces llamó a uno de los siervos y le preguntó qué pasaba. «Ha llegado tu hermano —le respondió—, y tu padre ha matado al ternero más gordo porque ha recobrado a su hijo sano y salvo».

▶Indignado, el hermano mayor se negó a entrar. Así que su padre salió a suplicarle que lo hiciera. Pero él le contestó: «¡Fíjate cuántos años te he servido sin desobedecer jamás tus órdenes, ▶ y ni un cabrito me has dado para celebrar una fiesta con mis amigos! [En alguna parte de la finca, un cabrito levanta la cabeza con expresión de angustia.] ¡Pero ahora llega ese hijo tuyo, [fíjate como el hermano mayor rechaza su relación con el hermano menor] que ha despilfarrado tu fortuna con prostitutas, y tú mandas matar en su honor al ternero más gordo!»

▶ «Hijo mío —le dijo su padre—, tú siempre estás conmigo, y todo lo que tengo es tuyo. Pero teníamos que hacer fiesta y alegrarnos, porque este hermano tuyo estaba muerto, pero ahora ha vuelto a la vida; se había perdido, pero ya lo hemos encontrado». (Lucas 15:25-32)

Hay otro personaje en la historia que a veces pasa desapercibido, pero a quien Jesús quiere dirigirse: El hijo mayor, el que no había despreciado a su padre. El que se había quedado y que trabajaba mucho. El que siempre seguía las reglas y hacía cuanto esperaban de él. Claramente representa a la gente religiosa de aquellos días, quienes pensaban que podían agradar a Dios haciendo lo debido, comportándose correctamente.

El hijo mayor es incapaz de asimilar el concepto de gracia. Para él está claro: te ganas el favor del padre por lo que haces. Cuando su hermano regresa después de haber hecho todo lo que le vino en gana, y en vez de recibir rechazo, o al menos un castigo severo, le organizan una fiesta en su honor, ¡el hermano mayor explota!. Casi podemos oírle balbucear: «Pero, pero, pero... Siempre he hecho todo lo debido. He seguido todas las normas. Y nunca me has organizado una fiesta. ¡No es justo!».

▶Él no entendía que el amor y la aceptación del padre tenían tan poco que ver con su buena conducta como con la mala conducta de su hermano. ▶El amor y la aceptación no dependen de nuestra conducta. Dependen de su gracia.

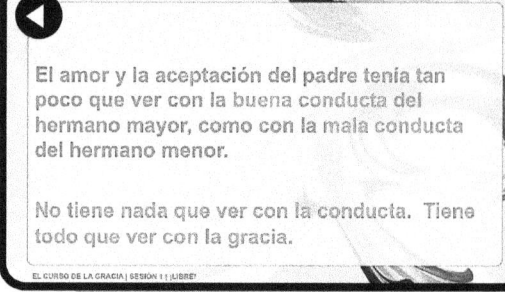

Este hermano mayor tenía echado el ojo a la herencia que un día recibiría como premio por trabajar como un esclavo. ▶Nos podemos imaginar a aquellos padres que recorren sus propiedades con sus hijos diciéndoles: «hijo mío, un día todo esto será tuyo». Eso era lo que pensaba este hijo. Sin embargo, este padre dice: «Todo lo que tengo es tuyo. Mira a tu alrededor. Ya es tuyo. Todo lo que tengo es tuyo».

Él pudo haber disfrutado de todo lo que el padre tenía durante todos esos años... ▶pero, por el contrario, trabajó como un esclavo pensando que tendría que ganarse la aprobación y la herencia del padre. El hecho es que el padre ya lo amaba y la herencia ya estaba ahí para que la

disfrutara. ¡Qué tragedia es ir por la vida esforzándote por ganar algo que ya es tuyo!

Muchos cristianos que conozco son como el hermano mayor. No somos conscientes de lo que ya tenemos –o de lo que ya somos. Aunque desde un punto de vista teológico sabemos que la vida cristiana se vive por gracia y no por obedecer leyes, en la práctica vivimos como si nuestro comportamiento fuese determinante. Sabemos que somos salvos por gracia, pero, aunque nunca lo diríamos así, pensamos que esa salvación la mantenemos mediante buenas obras. Aunque no lo reconozcamos, en la práctica demostramos que creemos que es nuestro comportamiento lo que nos hace justos delante de Dios.

El mensaje de la historia que Jesús cuenta es impactante: que Dios no nos acepta porque nos portemos bien o mal. Nos acepta por su gracia.

Estoy convencido de que bajo otras circunstancias yo sería muy parecido al hijo mayor. Recuerdo que durante mis años de adolescente recién convertido, cuando pecaba – generalmente se trataba de pensamientos lujuriosos – no me percataba de que podía simplemente regresar al Padre como el hijo menor, sino que sentía que debía esforzarme para ganar nuevamente el favor de Dios. No me atrevía a entrar en su presencia porque sentía que le había traicionado, por lo cual me mantenía alejado durante unas semanas. Cuando finalmente me atrevía a regresar con la cola entre las piernas, no me sentía digno hasta que había logrado orar fervientemente y leer mi Biblia al menos tres días seguidos. Dios no quiere eso para nosotros.

## La historia de los labradores en la viña (Mateo 20:1-16)

▶ Jesús contó otra historia, que quizá no te sea tan familiar, sobre unos labradores en una viña (Mateo 20:1-16). Por la mañana temprano, el dueño de una viña contrató a algunos obreros en el mercado de la ciudad y les ofreció el pago acostumbrado de un denario por la jornada de trabajo. El dueño regreso un poco más tarde y contrató a más obreros prometiendo pagarles «lo que sea justo». Salió tres veces más para contratar a más obreros, la última vez cuando solamente quedaba una hora de trabajo.

▶ Cuando llegó la hora de pagarles, todos recibieron la misma paga de un denario, sin importar cuánto tiempo habían estado trabajando. Los jornaleros contratados al inicio se enfurecieron, a pesar de que habían recibido exactamente lo prometido. La respuesta del dueño fue: «¿Es que no tengo derecho a hacer lo que quiera con mi dinero? ¿O te da envidia que yo sea generoso?» (Mateo 20:15)

Nuevamente, el mensaje es que lo que recibimos de Dios lo determina su generosidad, no nuestro trabajo. Eso es gracia.

## ¿Acaso estamos trabajando como esclavos para Dios?

▶ El hermano menor desechó la posición de privilegio en la que había nacido, y escogió dar la espalda al padre. El hermano mayor no hizo eso... ¿o sí?... De hecho, sí lo hizo.

El hermano mayor no fue el único que experimentó una crisis de identidad, que se apartó del lugar de intimidad y gozo que era la casa de su padre. En realidad, ninguno de los dos permaneció en relación con él.

El hermano menor se halló a sí mismo «en un país lejano» con los cerdos. Aunque el hermano mayor nunca dejó la casa físicamente, su corazón también estaba muy lejos.
▶ En la historia, Jesús no lo sitúa dentro de la casa con su padre, disfrutando de su compañía, como podría esperarse. Lo sitúa afuera, en los campos, en compañía de los siervos, trabajando duro, como esclavo.

Ese era un lugar deshonroso para el hijo mayor. En vez de tomar su sitio al lado del padre, disfrutando del favor y de las bendiciones de estar junto a él — y que además eran su derecho — había adoptado la identidad de un jornalero contratado. Identidad hacia la cual apuntaba también el hermano menor, pensando que no podría aspirar a más bajo sus circunstancias.

La presencia del padre por sí sola no sació al hijo mayor. Prefirió esforzarse por ganar lo que podría darle el padre. Intentaba obtener su bendición mediante su servicio y conducta intachable. Pero su corazón se había desviado muy lejos.

El hermano menor se apartó de su identidad como hijo,

pero gozosamente la volvió a recibir por gracia porque escogió regresar al padre. El hermano mayor, que representa a la gente religiosa, también se apartó de su identidad, pero no dio marcha atrás. La gracia del padre estaba disponible tanto para él como para su hermano, pero no llegó a experimentarla porque escogió no abandonar sus ideas erradas y regresar a su padre.

Jesús quería mostrar a la gente religiosa lo equivocados que estaban al pensar que el comportamiento exterior es lo que obtiene el favor de Dios.

## Pero lo que hacemos sí es importante.

Queremos dejar muy claro que lo que hacemos en esta vida es muy importante. Pablo nos indica que, al final de los tiempos, llegará el día en que lo que hayamos hecho... nuestras obras... será probado. Utiliza la imagen de un edificio y dice que Cristo es el fundamento (los cimientos) y que podemos escoger con qué material construimos sobre el fundamento.

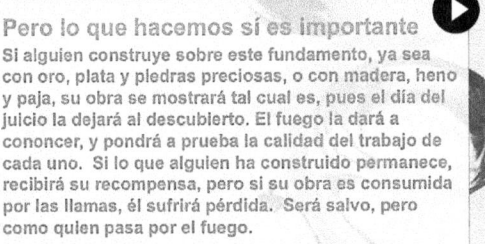

▶ Si alguien construye sobre este fundamento, ya sea con oro, plata y piedras preciosas, o con madera, heno y paja, su obra se mostrará tal cual es, pues el día del juicio la dejará al descubierto. El fuego la dará a conocer, y pondrá a prueba la calidad del trabajo de cada uno. Si lo que alguien ha construido permanece, recibirá su recompensa, pero si su obra es consumida por las llamas, él sufrirá pérdida. Será salvo, pero como quien pasa por el fuego. (1Co 3:12-15).

▶ Es decir, hay un fundamento, que es Cristo, establecido por la gracia de Dios — y nosotros podemos elegir cómo

construimos sobre él. Cuando esas obras sean probadas, el fuego vendrá y todas aquellas obras que no tengan ningún valor... aquellas hechas en nuestras propias fuerzas, creadas por nuestras propias mentes, diseñadas para hacernos parecer «buenos»... la Biblia las llama «madera, heno y paja»... serán quemadas. Mientras que las obras que tienen valor... las que Dios quiere, hechas en su fuerza y para su honra... «oro, plata, piedras preciosas»... esas permanecerán.

No sé tú, pero a mí no me interesa ver cómo gran parte de mi vida se convierte en humo.

▶Ahora bien, Romanos 8:1 nos asegura que no hay condenación para quienes están en Cristo Jesús. Queda claro que, aunque todo tu trabajo se consumiese en el fuego, no afectaría tu salvación. Serás salvo, aunque «como quien pasa por el fuego», presentándote ante Dios sin más daño que unas pestañas quemadas. Entonces la pregunta es ▶¿habrá alguna **recompensa**? ¿Aquello que hacemos en esta vida, tendrá acaso algún valor eterno? La gente religiosa pensaba que sus obras piadosas tenían un valor innato, pero Jesús les dice que, como lo hacían para impresionar a otros, ya habían recibido su recompensa: la aprobación del hombre. Pero no habría recompensa por parte de Dios.

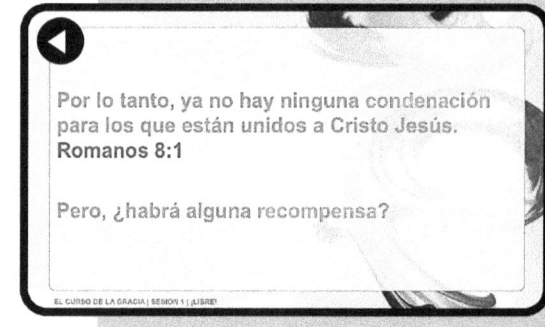

Por lo tanto, ya no hay ninguna condenación para los que están unidos a Cristo Jesús.
Romanos 8:1

Pero, ¿habrá alguna recompensa?

Así que es crucial que entendamos cómo edificar con oro, plata y piedras preciosas.

¿Crees que puedes ver lo que otro está haciendo y saber si le agrada a Dios o no? Algunas veces podrás, pero desde luego que no siempre será posible. Jesús nos dijo que algunos vendrán y le dirán: «Señor, Señor, ¿no profetizamos en tu nombre, y en tu nombre expulsamos demonios e hicimos muchos milagros?» Entonces les diré claramente: «Jamás os conocí. ¡Alejaos de mí, hacedores de maldad!» (Mateo 7:22-23).

Dos personas pueden hacer exactamente lo mismo –tal vez dan de comer a los pobres, o pasan una hora leyendo su Palabra y orando. Uno complacerá a Dios, y el otro no. ¿Qué les diferencia?

## No es qué, sino por qué

Cuando Dios escogió a David para ser rey de Israel, su familia no podía creerlo, ya que él era el menor, el más pequeño. Su hermano mayor le consideraba una molestia. Pero Dios dijo: ▶«La gente se fija en las apariencias, pero yo me fijo en el corazón.» (1 Samuel 16:7b). Hacia el final del Antiguo Testamento, Dios promete que escribirá su ley no en tablas de piedra, sino en nuestros corazones (Jeremías 31:33).

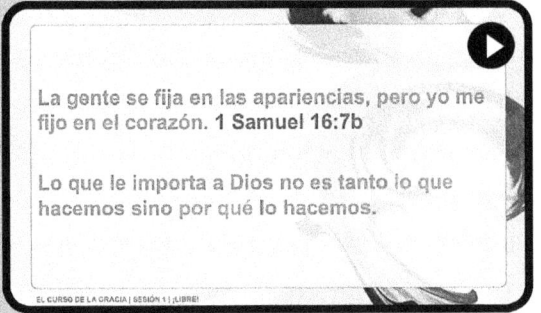

▶Lo que le importa a Dios no es tanto **lo que hacemos**, sino **por qué lo hacemos**. A Dios nunca le ha complacido que la gente obedezca externamente un conjunto de leyes si no lo hacen de corazón.

▶ Ese es precisamente el mensaje de 1 Corintios: 13, el gran «capítulo del amor»

«Si hablo en lenguas humanas y angélicas, pero no tengo amor, no soy más que un metal que resuena o un platillo que hace ruido. Si tengo el don de profecía y entiendo todos los misterios y poseo todo conocimiento, y si tengo una fe que logra trasladar montañas, pero me falta amor, no soy nada. Si reparto entre los pobres todo lo que poseo, y si entrego mi cuerpo para que lo consuman las llamas, pero no tengo amor, nada gano con eso».

La diferencia reside en nuestro interior. Dios juzga los pensamientos y las actitudes de nuestro corazón. No tiene que ver con nuestro comportamiento en sí, sino con nuestra motivación. Y si nuestra motivación no es el amor, entonces lo que hagamos, sin importar lo bien que quede, no vale nada. Es madera, heno o paja.

▶En 2 Corintios 5:14, Pablo dice: «El amor de Cristo nos obliga». Dios quiere que nuestra motivación sea el amor y solamente el amor. Pero fácilmente terminamos adoptando otras motivaciones:

▶La culpa — no quiero que Dios se enfade conmigo, así que me esfuerzo por evitar hacer el mal. Pero actúo mal de todas formas, y termino sintiéndome aún más culpable y atrapado en un ciclo de auto-condenación que me roba el gozo.

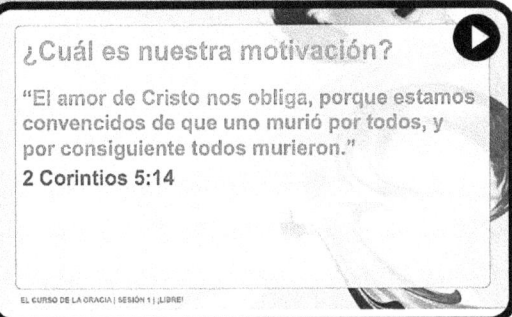

▶La vergüenza — sé que decepciono a Dios y a los demás, pero quizá, si logro ser mejor persona, él me considerará digno de su amor.

▶ El temor — temo que Dios se enfade conmigo. Conozco sus promesas, pero no parecen aplicarse a mí. Tal vez ni siquiera soy salvo; tal vez he cometido un pecado imperdonable.

▶ El orgullo –El orgullo es como el mal aliento: todos saben que lo tienes, excepto tú mismo. Puede ser algo así... Sé que no doy la talla en cuanto a lo que Dios espera de mí, pero no soy el único. Me siento mucho mejor si me comparo con otras personas. He estudiado doctrina y teología a fondo para asegurarme de estar en lo correcto. Desde esta posición evalúo lo que otros dicen.

En sesiones futuras veremos cada uno de estos problemas y tendremos la oportunidad de erradicar estas falsas motivaciones. Queremos asegurarnos de que es el amor de Cristo lo que nos obliga y nada más.

## PAUSA PARA LA REFLEXIÓN 2

**OBJETIVO:**

EXPLORAR EL CONCEPTO DE QUE LO QUE LE IMPORTA A DIOS NO ES TANTO LO QUE HACEMOS SINO POR QUÉ LO HACEMOS Y DESCUBRIR ALGUNAS MOTIVACIONES FALSAS.

PREGUNTAS (PÁGINA 13 DE LA GUÍA DEL PARTICIPANTE):

AL FINAL DE LA HISTORIA, EL HERMANO MENOR ES ACOGIDO NUEVAMENTE COMO HIJO, PERO EL HIJO MAYOR SIGUE COMPORTÁNDOSE COMO SIERVO. ¿CÓMO CONTRASTAN SUS ACTITUDES HACIA EL TRABAJO QUE EFECTÚAN PARA EL PADRE?

DIOS QUIERE QUE NUESTRO SERVICIO SEA MOTIVADO ÚNICAMENTE POR EL AMOR, ¿QUÉ OTRAS MOTIVACIONES PUEDEN TOMAR SU LUGAR? SI PUEDES, COMPARTE CÓMO HAS SIDO AFECTADO POR ALGUNA DE ELLAS.

SI NOS DAMOS CUENTA DE QUE NUESTRA MOTIVACIÓN NO HA SIDO EL AMOR, ¿CÓMO PODEMOS CAMBIAR?

## Lo que hacemos proviene de quienes somos.

▶ Entendamos el concepto central: Lo que hacemos proviene de quienes somos. Te invito a considerar estas dos imágenes:

▶ La primera imagen presenta al hijo menor en el momento en que se derrumba en los brazos de su padre y se rinde a su misericordia. Apenas puede creer la gracia de su padre pues, aunque definitivamente se lo merece, no le va a castigar. Es consciente del perdón y la aceptación que ha recibido, pero también es consciente de su suciedad, su peste y sus heridas. Comprende su fracaso y le da vergüenza la persona en la que se ha convertido. Este es el concepto que muchos cristianos tienen de sí mismos: han recibido perdón, pero creen que en el fondo siguen siendo la misma mala persona que siempre fueron.

Es como si nuestra comprensión del Evangelio se hubiera detenido en el Viernes Santo: Jesús murió por mis pecados, y cuando muera iré al cielo. Pero ahora mismo, todo sigue prácticamente igual.

Pero el padre de la historia no deja a su hijo ahí.

▶ Aquí va la segunda imagen. Unos minutos después, vemos a este mismo hijo vestido con el mejor manto, con el anillo en su dedo y las sandalias en sus pies, deleitándose con la mejor comida. Aún es consciente de su fracaso del pasado, pero está asimilando que no sólo ha recibido perdón sino restauración de su posición como hijo. Tiene libre acceso a todo lo que su padre posee, además de gran poder y autoridad. Es consciente de que no se lo merece para nada y que depende absolutamente del padre. Es increíble, pero es verdad.

¿Cuál de las dos imágenes representa mejor cómo te ves a ti mismo en relación a Dios? En mi experiencia, la mayoría de los cristianos se han atascado en la primera imagen — saben que han sido perdonados, pero aún se sienten pecadores miserables, que fallan a Dios constantemente.

Te animamos a avanzar hacia la segunda imagen. Debemos pasar del Viernes Santo al Domingo de Pascua. Seguramente celebras el domingo de Pascua. Pero, ¿qué celebras? Que Jesús se levantó de entre los muertos.

Desde luego, eso hizo, pero la maravilla es que nosotros resucitamos con él y fuimos hechos nuevas criaturas. Debemos saber que ahora somos santos, que compartimos la mismísima naturaleza divina (2 Pedro 1:4). Y eso no es todo, hemos ascendido con Cristo a la diestra del Padre, el lugar más alto de poder y autoridad en todo el universo. Como al hijo menor, el padre nos ha restaurado al lugar de autoridad y honor.

Necesitamos ser libres para que el amor sea nuestra motivación. Necesitamos la certeza de que hemos obtenido más que el perdón; hemos obtenido restauración y aceptación profunda; que Dios se deleita en nosotros. Podemos permanecer en ese lugar de asombro ante la gracia y la bondad de Dios, y mantener la sana convicción de que sin él no podemos hacer nada de valor eterno.

Ese concepto — que la aceptación de Dios y nuestra nueva identidad no dependen de nuestro comportamiento — va en contra de lo que crees que debería ser, ¿verdad? No es lo que muchos de nosotros hemos aprendido en nuestra trayectoria como cristianos. Hemos aprendido a ser como el hermano mayor, actuando como si lo que hacemos fuera lo más importante:

«¿Qué debo hacer para que Dios me acepte?»

«Si eres cristiano, ¡Dios ya te acepta!»

«Bueno, sí, pero... ¿qué debo HACER?»

Muchas iglesias han desarrollado con gusto una lista de deberes: lee tu Biblia diariamente, ven a la iglesia cada semana... ¿Eso está mal? ¡Claro que no! El problema es que el discipulado a menudo termina siendo un montón de normas y leyes. Nos esforzamos por obedecerlas porque hemos entendido las cosas al revés. Creemos que Dios se preocupa por las leyes, cuando él se preocupa más por su relación contigo.

Como parte de la investigación hecha por el grupo Barna, pedimos a la gente que opinara sobre la siguiente afirmación: «Una parte importante de la vida y la enseñanza de nuestra iglesia son las reglas rígidas y los estándares estrictos». Incluso usamos palabras fuertes, como «rígidas» y «estrictos», que podrían espantar a la gente. Con todo, ¿sabes qué porcentaje declaró estar de acuerdo con esa afirmación? ¡66%! ¡Dos terceras partes! A ver, soy consciente de que algunas iglesias enseñan sobre la gracia, pero desgraciadamente la gente sigue escuchando «ley» a través de sus filtros personales. Sin embargo, son muchas las iglesias que enseñan que debes esforzarte mucho y bajar la cerviz para que Dios te sonría.

Pero la verdad es que lo que hacemos proviene de quienes somos, y no a la inversa. Primero necesitamos saber quiénes somos en Cristo... hijos de Dios amados, aprobados y seguros.

Lee las cartas de Pablo a las iglesias y observa cuánto avanza antes de dar una sola instrucción sobre qué hacer o cómo comportarse. Llegarás al menos a la mitad. La primera mitad trata de lo que ya tienes, de quien ya eres en Cristo. Pablo sabe que si comprendes esto, lo demás fluirá naturalmente. ▶Si me amáis, obedeceréis mis mandamientos. (Juan 14:15)

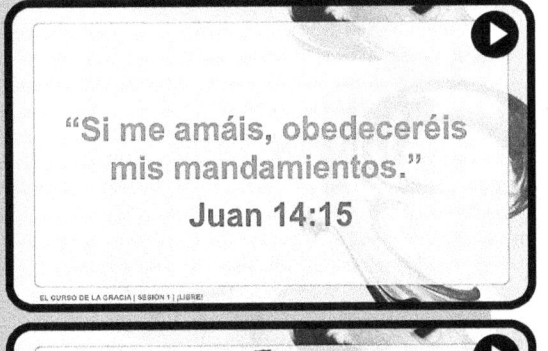

▶Regresa a la imagen del hermano menor, con todos sus derechos y privilegios de hijo, y sin embargo consciente de que no se lo merece para nada. ¿Cómo crees que actuará de ahí en adelante? ¿No crees que querrá dar lo mejor de sí mismo a su padre? ¿Sentirá que está trabajando como esclavo? ¡No! Se sentirá agradecido por el solo hecho de estar en esa posición de honor y por tener un padre que le ama tanto.

El amor y la aceptación de Dios no dependen —¡para nada!— de tu comportamiento. Y la historia sigue así: Cuando dejas de intentar «comportarte como debería hacerlo un cristiano», y simplemente vives desde la verdad de quién eres ahora... ¿sabes qué? ¡Encontrarás que buscas hacer lo correcto, y lo harás! Obedecer a Dios te saldrá de forma natural... o mejor dicho, de forma SOBREnatural.

Steve Goss nos cuenta: «He hablado por teléfono varias veces con un hombre que había sido diagnosticado con esquizofrenia paranoica, pero que recobró su libertad con sólo escuchar nuestra enseñanza y haciendo él solo *Los Pasos hacia la Libertad en Cristo*. Pasó de ser una persona inestable que frecuentaba instituciones mentales y consumía una gran cantidad de medicamentos, a ser alguien que lleva a la gente al Señor. Aparentemente ha perdido más de 45 kilos, aunque nunca lo he visto en persona. La última vez que me llamó fue porque se había involucrado sexualmente con una chica. Ya había resuelto que Dios seguía amándole y había lidiado con las voces condenatorias. También había roto con la chica para asegurarse de no recaer en pecado y me dijo: «Solía pensar que Dios era un tipo con un látigo; pero ahora sé que me ama. La razón por la que quiero dejar de pecar es porque no quiero herir a alguien que me ama tanto».

> Puede que necesites explicar lo que son *Los Pasos hacia la Libertad en Cristo*. Ver pág 18. También recomienda a los participantes que lo hagan regularmente, tal vez una vez al año, como una revisión espiritual anual.

Paradójicamente, el comprender este concepto es clave para comportarnos de la manera que realmente honra a Dios.

## Esclavos

▶ La palabra que el hijo mayor usa al decir «te he servido» tiene la connotación de un esclavo sin derecho alguno, que obedece a su amo por la fuerza. A pesar de que era un hijo, el hermano mayor actuaba como un esclavo.

Curiosamente, esta palabra griega que significa «esclavo» (a menudo se traduce como «siervo») toma una connotación positiva en la iglesia primitiva. Pablo se describe a sí mismo como «siervo de Cristo» (Romanos 1:1); en Marcos 10:44 los discípulos son llamados a ser «esclavos de todos». ¿Cómo es que ser esclavo puede ser algo bueno?

En la época del Nuevo Testamento, era muy común que los amos romanos liberaran a sus esclavos. Tal vez habrían

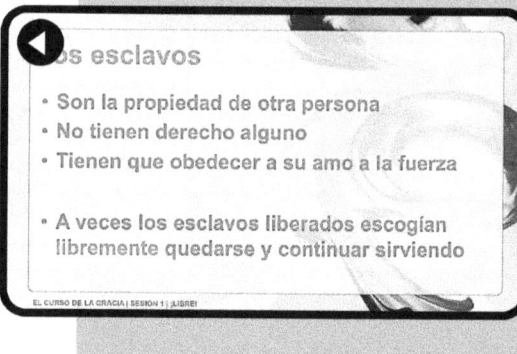

Los esclavos
- Son la propiedad de otra persona
- No tienen derecho alguno
- Tienen que obedecer a su amo a la fuerza
- A veces los esclavos liberados escogían libremente quedarse y continuar sirviendo

completado el servicio requerido, o simplemente sus amos estaban siendo generosos. Estos esclavos se convertían entonces en ciudadanos romanos con todos los derechos y a muchos les iba muy bien por su cuenta.

▶Tenían libertad completa para marcharse — pero algunas veces escogían quedarse libremente y continuar sirviendo en la casa, por amor a su amo. Desde fuera, quizá no se percibiera cambio alguno en el trabajo cotidiano. Pero la realidad es que hay una diferencia abismal entre hacer lo que haces a la fuerza y escoger hacerlo por amor.

▶Amamos porque él nos amó primero (1 Juan 4:19).

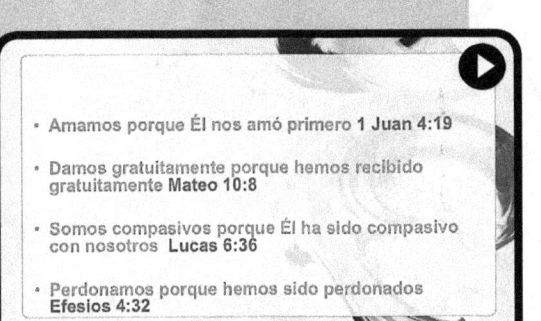

Damos gratuitamente porque hemos recibido gratuitamente (Mateo 10:8b).

Somos compasivos porque él ha sido compasivo con nosotros (Lucas 6:36).

Perdonamos porque hemos sido perdonados (Efesios 4:32).

En Cristo eres libre. Pero cuando descubres su amor, es muy probable que decidas libremente convertirte en su esclavo. Aunque esto no podemos hacerlo si no hemos comprendido lo que significa su gracia.

## Dios el Padre — busca una relación

▶Jesús dijo, «Si me amáis, obedeceréis mis mandamientos». (Juan 14:15) ▶¿Con qué tono de voz le escuchas diciéndote eso? ¿Qué expresión tiene en su rostro? Espero que te des cuenta de que sólo está expresando un hecho: «Si me amáis, obedeceréis mis mandamientos». No nos está amenazando: «SI ME AMÁIS, ¡MÁS OS VALE OBEDECER!». ▶Estoy seguro de que lo dice con una sonrisa. Todo empieza por conocer realmente a Aquel que es Amor. Todo fluye de esa íntima relación.

Al comienzo de nuestra experiencia con Jesús, sabemos que somos el hijo menor. Sabemos que le necesitamos.

A partir de ahí se supone que iniciamos el peregrinaje que nos lleva a parecernos al padre, pero, de hecho, la mayoría de nosotros acaba convirtiéndose en el hermano mayor... sirviendo a Dios como esclavos.

Sí, somos esclavos y tenemos un amo. Pero considera este amo. ¿Es bueno? ¡Definitivamente! ¡Es un amo EXCELENTE!

Él tiene obras importantes preparadas de antemano para ti, pero no te obliga a hacerlas. Él te ama sin importar lo que hagas.

Sin embargo, si escoges servirle porque le amas, verás que trabajar para él se convierte en un verdadero placer. Pero todo comienza con conocer y crecer en el entendimiento del Dios de Gracia.

## PAUSA PARA LA REFLEXIÓN 3

**OBJETIVO:**

ENTENDER QUE PODEMOS ESCOGER CONVERTIRNOS EN ESCLAVOS DE DIOS PORQUE ÉL ES EL AMO PERFECTO — BUENO Y AMOROSO.

▶ PREGUNTAS (PÁG 16 DE LA GUÍA DEL PARTICIPANTE):

¿POR QUÉ CREES QUE UN ESCLAVO, A QUIEN SE LE HA OTORGADO LA LIBERTAD, ESCOGE PERMANECER EN SU SITUACIÓN ANTERIOR, COMO PROPIEDAD DE SU AMO, EL CUAL TIENE CONTROL ABSOLUTO SOBRE ÉL?

¿ESTÁS LISTO PARA COMPROMETERTE CON DIOS A SER SU ESCLAVO; A SERVIRLE, NO PORQUE ESTÉS OBLIGADO, SINO SIMPLEMENTE PORQUE LE AMAS?

## Pensamiento erróneo al descubierto

▶Jesús dijo que conocer la verdad nos hará libres (Juan 8:32). Si esto es cierto, entonces creer mentiras es lo que nos mantiene atados. Cuando el Espíritu de Dios toca nuestras vidas, él suele revelarnos cualquier pensamiento errado que hemos adoptado.

Al final de cada sesión, haremos una pausa y permitiremos que el Espíritu Santo nos revele las áreas en las cuales nuestras creencias no concuerdan con lo que Dios nos dice que es verdad en su Palabra. Al final de la *Guía del*

*Participante*, hay una sección llamada *Lista de Mentiras*. Ahí puedes apuntar lo que Dios te muestre en cada una de las sesiones. Cuando lleguemos a *Los Pasos para experimentar la Gracia de Dios*, entre las sesiones 5 y 6, tendrás la oportunidad de lidiar con ellas y formular una estrategia a largo plazo para renovar tu mente.

Oremos: Señor, hemos meditado en esta maravillosa ilustración que nos diste de los dos hermanos y su amoroso padre. ¿Puedes ahora revelarnos aquellas áreas en las que nos cuesta creer la verdad de quién eres Tú y de nuestra relación contigo? Te lo pedimos en el nombre de Jesús, quien hizo posible que regresáramos a Tus brazos. Amén.

A medida que Dios te revele alguna mentira que hayas creído, anótala en la columna izquierda de la *Lista de Mentiras* al final de la *Guía del Participante*.

Tal vez esta sesión haya resaltado mentiras como:

- Lo que he hecho es demasiado malo como para que Dios me perdone o para que me acepte nuevamente.
- Dios ama a otras personas, pero a mí no..
- Tengo que dar la talla para agradar a Dios.
- Dios me ama más cuando trabajo duro para él.

Antes de comenzar la próxima sesión, intenta rellenar la columna derecha de la *Lista de Mentiras* con uno o más versículos de la Biblia que contradigan esa mentira.

Imagínate el cambio en tu vida y en tu relación con Dios si no creyeras todas esas mentiras, sino que fueses capaz de aferrarte a la verdad de Dios en tu corazón – no solo en tu mente. Nuestra oración es que, al avanzar en este curso, eso sea exactamente lo que suceda.

# TESTIMONIO

Las personas que no conocen a Dios como su Padre son como huérfanos espirituales. ¿Qué necesitan los huérfanos? ¿Cómo puedo yo ayudar a llenar esa necesidad?

##  PARA LA PRÓXIMA SEMANA

La historia de los dos hijos realza el personaje del padre, el cual, desde luego, representa a Dios. Él no es una figura tipo sargento-mayor a la espera de que tropecemos. Jesús retrató un padre que anhela relacionarse con sus hijos. Corre para alcanzar al hijo menor; sale para suplicarle al hijo mayor.

Puede que nuestro padre terrenal nos haya fallado y herido. Tal vez nunca conocimos a nuestro padre. Eso dificulta que conozcamos a Dios como el Padre perfecto que es, pues tendemos a proyectar nuestras experiencias sobre él. Utiliza los enunciados de Mi Padre Dios cada día esta semana (y las veces que haga falta después de eso) para renunciar a las mentiras que hayas podido creer y afirmar con gozo lo que es verdad acerca de él.

> La sección «Para la próxima Semana» está diseñada para ayudar a la gente a asentar las verdades que han aprendido. Anímales a intentar hacer esta sección (pero evita que suene como una tarea obligatoria). Algunas personas podrán beneficiarse mucho de este ejercicio semanal.

# Mi Padre Dios

| RENUNCIO A LA MENTIRA DE QUE MI PADRE DIOS... | ACEPTO CON GOZO LA VERDAD DE QUE MI PADRE DIOS... |
|---|---|
| es distante e indiferente hacia mí. | se involucra íntimamente en mi vida [Salmo 139:1-18]. |
| es insensible, no se preocupa por mí. | es amable y compasivo [Salmo 103:8-14]. |
| es severo y exigente. | me acepta con gozo y amor [Sofonías 3:17; Romanos 15:7]. |
| es frío y pasivo. | es cariñoso y afectuoso [Isaías 40:11; Oseas 11:3,4]. |
| es ausente y está demasiado ocupado para mí. | está siempre conmigo y se interesa por mí [Jeremías 31:20; Ezequiel 34:11-16; Hebreos 13:5] |
| es impaciente, está siempre enfadado y nunca está satisfecho con lo que hago. | es paciente y tardo para la ira, se deleita con los que esperan en su amor constante [Éxodo 34:6; 2 Pedro 3:9; Salmo 147:11]. |
| es cruel y abusivo. | es cariñoso, amable y protector [Jeremías 31:3; Isaías 42:3; Salmo 18:2]. |
| es un aguafiestas – que no me permite disfrutar de la vida. | es digno de confianza y quiere darme una vida plena. Su voluntad es buena, perfecta y aceptable para mí [Lamentaciones 3:22-23; Juan 10:10; Romanos 12:1,2]. |
| me quiere controlar o manipular. | está lleno de gracia y misericordia. Me da libertad incluso para fallarle [Lucas 15:11-16, 22-24; Hebreos 4:15,16]. |
| me condena, no quiere perdonarme. | es compasivo y perdonador. Su corazón y sus brazos están siempre abiertos [Salmo 130:1-4; Lucas 15:17-24]. |
| exige la perfección en todos los detalles. | se preocupa por mi desarrollo. Está orgulloso de mí. Me trata como a un hijo en crecimiento [Romanos 8:28,29; Hebreos 12:5-11; 2 Corintios 7:14]. |

# Sesión 2:
# ¡LIBRE DE CULPA!

# Sesión 2: ¡LIBRE DE CULPA!

## VERSÍCULO CENTRAL:

Colosenses 2:13-14: «Antes de recibir esa circuncisión, estabais muertos en vuestros pecados. Sin embargo, Dios nos dio vida en unión con Cristo, al perdonarnos todos los pecados y anular la deuda que teníamos pendiente por los requisitos de la ley. Él anuló esa deuda que nos era adversa, clavándola en la cruz».

## OBJETIVO:

Entender que nuestra culpa genuina delante de Dios fue completamente anulada en la cruz y que todo sentimiento de culpa remanente no se basa en la realidad.

## VERDAD CLAVE:

Sin importar lo que hayamos hecho (incluso como cristianos) y sin importar lo culpables que nos sintamos, la verdad es que nuestra culpa ha sido completa y absolutamente saldada por la muerte de Cristo en la cruz para que podamos presentarnos con confianza delante de Dios, que es puro y santo.

### Notas del Líder

Puede que te sorprenda que muy poca gente entienda que el pecado de un hombre, Adán, hizo a muchos culpables. El concepto de que éramos culpables aún antes de haber pecado será nuevo para algunas personas. Y para otros, les será difícil asimilar la verdad que dice que un Hombre, Jesús, trajo gracia y perdón. Este es un buen momento en el curso para asegurarte de que las personas tienen la seguridad de su salvación, y para invitar a quienes aún no son cristianos a dar ese paso.

En esta sesión puede surgir la pregunta de qué es lo que sucede a los bebés que mueren antes de nacer. Te aconsejamos que no seas tú quien haga esta pregunta, ya que puede dar lugar a largos debates infructuosos. Pero, si alguien hace la pregunta, puedes mencionar que la Biblia no aclara este tema con certeza absoluta y que los cristianos han llegado a diferentes puntos de vista. La mayoría — pero no todos — concluyen que Dios es capaz de salvar a los que están por nacer por medio del sacrificio de Jesús, a través de algún mecanismo que no entendemos. Pero en realidad no sabemos la respuesta. Lo que sí sabemos es que Dios es amor y que él es un Dios de justicia perfecta. Él no va a hacer nada injusto ni cruel. Aconseja a aquellos a quienes les preocupa este asunto que se enfoquen en el amor de Dios y su justicia perfecta, y que puedan confiar en que él hará lo correcto.

Esta sesión trata una verdad fundamental del Evangelio que muchos cristianos creen que ya conocen bastante bien. Pero no importa lo bien que conozcan la teología, en la práctica, la mayoría de los cristianos lucha con algún sentimiento de culpa. Queremos que los participantes salgan de la sesión habiendo resuelto esa lucha.

## HORARIO PARA GRUPO PEQUEÑO

| | | |
|---|---|---|
| Bienvenida | 5 minutos | 0:05 |
| Alabanza, oración y declaración | 10 minutos | 0:15 |
| Palabra, 1ª parte | 20 minutos | 0:35 |
| Pausa para la reflexión 1 | 20 minutos | 0:55 |
| Palabra 2ª parte | 25 minutos | 1:20 |
| Pausa para la reflexión 2 | 15 minutos | 1:35 |
| Palabra 3ª parte | 20 minutos | 1:55 |
| Pausa para la reflexión 3 | 4 minutos | 1:59 |
| Palabra 4ª parte | 1 minutos | 2:00 |

 # BIENVENIDA

¿Qué señal de tráfico describiría mejor tu situación actual en tu peregrinaje con Dios? (p.ej. alto, desvío, cuesta empinada, cruce de caminos)

 # ALABANZA

Tema sugerido: Gracias por la cruz. Ver Juan 14:6.

Toma unos minutos para hacer una pausa frente a otra «señal» — la cruz de Jesucristo, un evento que marca la historia y en especial nuestra historia de vida. La cruz abrió el camino de vuelta a Dios.

A medida que la gente recuerda el inmenso alcance de la cruz, invítales a adorar a Jesús.

 # ORACIÓN Y DECLARACIÓN

> Nuevamente anima a la gente a leer la declaración en voz alta y con confianza. Recuérdales que en Cristo tienen poder y autoridad porque están sentados con él a la diestra del Padre, por encima de todo poder y autoridad (Efesios 1:18-21, 2:6).

**Padre, a través de tu Espíritu, muéstranos las verdades que nos harán libres para experimentar Tu regalo de vida en toda su plenitud. Amén.**

**Cristo me perdona y me declara libre de culpa de todos los cargos acumulados en mi contra. Así que, por la autoridad del Señor Jesucristo, echo fuera todo pensamiento acusador y condenatorio en mi mente ahora mismo.**

#  PALABRA

## Introducción

Me encanta leer las lápidas del cementerio. Estos son algunos ejemplos.

Dedicado a una madre querida: «Recuerdo de todos tus hijos (menos Ricardo, que no dio nada)». Sobre la lápida de un ladrón: «Ahora está con el Señor. Señor, cuidado con la cartera». Para el amigo dormilón: «Pedro, por fin no te tienes que levantar». Grabado en la tumba de un padre: «Buen marido, buen padre, mal electricista casero». Sobre la tumba de un minero de carbón: «Descendió bajo tierra por última vez».

Un pastor tuvo un sueño. ▶En el sueño vio su lápida con la inscripción: «No supo vivir a la altura de las expectativas». Eso le hizo darse cuenta de cuán condicionado estaba a intentar llenar las expectativas de los demás, en lugar de servir por gracia y por amor a Dios. Le costó esfuerzo deshacerse de esa manera de pensar, pero cuando lo hizo, nos cuenta que fue «una dulce liberación».

«No supo vivir a la altura de las expectativas». Muchos de nosotros nos sentimos un fracaso absoluto como hijos de Dios. Nos esforzamos por vivir a la altura de las expectativas, pero a menudo nos quedamos cortos. Por lo que terminamos en un estado casi permanente de derrota. Nos resulta imposible sentirnos bien, a menos que funcionemos perfectamente... lo cual, por supuesto, nunca logramos.

El estilo de vida de Dios es totalmente opuesto a lo que nosotros pensamos. Así que, si todo este asunto de la gracia te suena extraño, no te preocupes. Te irás acostumbrando a él y encontrarás que es una manera formidable de vivir.

[La siguiente historia es de Rich Miller. Puedes compartir una historia propia para ilustrar el mismo punto].

«En mi primera visita al Reino Unido, tuve que acostumbrarme al hecho de que el conductor se sienta del lado derecho y los coches se conducen por el lado izquierdo de la carretera. Al principio, recuerdo haber visto un coche que venía hacia mí con un gran perro sentado en el asiento delantero izquierdo. "¡Dios mío!" grité: "¡los británicos han conseguido que sus perros conduzcan!" Conducir era realmente aterrador. Recuerdo que todo era contrario a lo que yo esperaba. Yo estaba sentado en el asiento delantero derecho en lugar del izquierdo. Cambiaba las marchas con la mano izquierda en lugar de la derecha. Estaba conduciendo en el lado equivocado de la carretera... de acuerdo, en el lado izquierdo de la carretera... en vez del derecho. Y para girar en una esquina había que hacer lo contrario a lo que yo estaba acostumbrado. Además, traía seis niños despistados que contaban conmigo para transportarles de forma segura. ¡Yo estaba hecho un hato de nervios! Tenía que pensar dos veces antes de hacer la más mínima maniobra. Pero con el tiempo, me acostumbré».

Si te sientes así con respecto a la gracia, no estás solo. A muchas personas les resulta difícil asimilar el amor y la aceptación incondicional de Dios. Vivir con gracia puede parecer tan extraño, exactamente lo contrario a lo que estamos acostumbrados, mientras que vivir con culpa puede parecer... normal.

En el estudio que mencionamos anteriormente, casi el 60% de los cristianos encuestados admitió creer que no vive a la altura de las expectativas de Dios para ellos. En otras palabras, se han acostumbrado a vivir bajo una nube constante de culpa.

El problema con una vida llena de culpabilidad es que puedes acabar convirtiéndote en el hermano menor o en el hermano mayor. Terminas con una vida cada vez más disipada o te esfuerzas cada vez más intentando superar la culpa. Tus esfuerzos para evitar el pecado y hacer el bien son inútiles para ganar o mantener el amor de Dios. Cuando en realidad podrías descansar en el amor incondicional de Dios y luego ser motivado por ese amor para servir.

En su carta a los Gálatas, el apóstol Pablo pregunta al pueblo de Dios, «¿qué pasó con todo ese entusiasmo?» (Gálatas 4:15). Quizás tú te planteas la misma pregunta.

[¿Puedes compartir una historia propia en lugar de esta de Rich Miller?]

Recuerdo una ocasión, algún tiempo después de mi conversión, en la que me sentí realmente culpable. Era mi 19 cumpleaños. A pesar de que sabía que estaba mal, me estaba emborrachando. A mis amigos no les importaba. De repente, un amigo entró corriendo al dormitorio donde estábamos bebiendo. «¡Viene tu hermano!» ¡Oh no! Era como si el mismísimo apóstol Pablo se hubiera aparecido. Cuando entró, vio de inmediato lo que estaba pasando y en su rostro se dibujó una expresión de profunda desilusión. Me sentí tan pequeño. Entonces me dio un regalo. Era un libro: *El Plan Maestro del Evangelismo* por Robert Coleman. Yo quería desaparecer.

Steve Goss dice: «Yo **siempre** me sentía culpable. De recién convertido me sentía como un gusano arrastrándose ante la presencia de Dios. Tenía muy poco gozo».

## ▶ ¿Qué es la culpa?

▶ Solemos pensar que la culpa es principalmente un sentimiento («Me siento realmente culpable por haber dicho eso»), cuando en realidad la culpa genuina no tiene nada que ver con los sentimientos. Tiene que ver con hechos reales.

▶ «Culpable» es un término legal que se utiliza en una sala de justicia. El juez escucha los hechos del caso para llegar a una decisión. Si determina que los cargos en contra del acusado son ciertos, le declara culpable.

La culpa se define en relación con la autoridad legal que ha establecido las leyes. Si rompemos las leyes de esa autoridad legal, somos culpables. Si no lo hacemos, somos inocentes. ¿Recuerdas los dos ladrones, crucificados uno a cada lado del Señor Jesús?

¿Qué es la culpa?
No tiene que ver con sentimientos, tiene que ver con hechos reales

Es un término legal

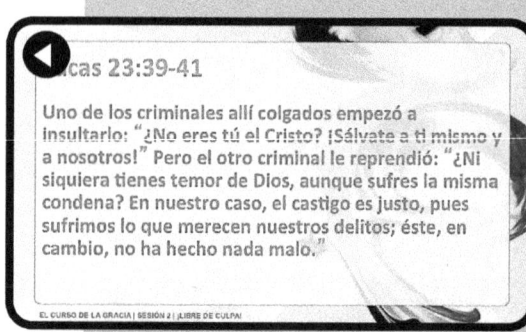

Lucas 23:39-41
Uno de los criminales allí colgados empezó a insultarlo: "¿No eres tú el Cristo? ¡Sálvate a ti mismo y a nosotros!" Pero el otro criminal le reprendió: "¿Ni siquiera tienes temor de Dios, aunque sufres la misma condena? En nuestro caso, el castigo es justo, pues sufrimos lo que merecen nuestros delitos; éste, en cambio, no ha hecho nada malo."

> Uno de los criminales allí colgados empezó a insultarlo: «¿No eres tú el Cristo? ¡Sálvate a ti mismo y a nosotros!» Pero el otro criminal le reprendió: «¿Ni siquiera tienes temor de Dios, aunque sufres la misma condena? En nuestro caso, el castigo es justo, pues sufrimos lo que merecen nuestros delitos; éste, en cambio, no ha hecho nada malo». (Lucas 23:39-41)

El segundo ladrón sabía que tanto él como el primer ladrón eran culpables ante la ley civil y que la ley exigía la muerte física por crucifixión para los crímenes que habían cometido. Ellos estaban recibiendo lo que se merecían.

Pero eso no es todo. Hay una autoridad legal superior, Dios mismo, ante quien todos daremos cuentas en algún momento. Sabemos que los dos ladrones habían roto por lo menos uno de los Diez Mandamientos, «No robarás», por lo que eran culpables también delante de Dios.

Ahora bien, el acusado puede no sentirse culpable, y su familia puede sentir que él no es culpable, incluso el público puede sentir que él no es culpable. Pero si ha cometido un delito, es culpable.

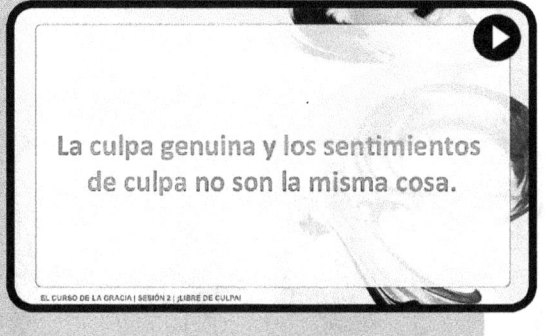

> Así que hay culpa genuina y hay sentimientos de culpa, y los dos no son la misma cosa. La culpabilidad genuina no es una cuestión de sentimientos, sino de hechos. Nuestros sentimientos de culpa (o la ausencia de ellos) no son una medida fiable de nuestra verdadera culpabilidad.

## ¿Eres culpable?

> ¿Y, qué de nosotros? ¿Somos culpables? ¿Tenemos culpa GENUINA? Puede que seamos ciudadanos respetuosos de la ley, inocentes ante las leyes civiles. Pero, ¿cuál es nuestra posición ante el Juez celestial?

> Para poder responder, debemos recordar quién es Dios. No se puede apreciar la gracia de Dios sin antes comprender la santidad de Dios.

## La santidad de Dios

Dios es santo. El Antiguo Testamento a menudo se refiere a él como «Santo, Santo, Santo». La palabra se repite tres veces para enfatizar el alcance inconcebible de su santidad. Espero que te gusten las atractivas ilustraciones de PowerPoint que tenemos para este curso. En este punto, al ilustrador se le pidió que concibiera una ilustración de la santidad de Dios. No pudo hacerlo, ¡así que acabamos con una pantalla en blanco! El problema es que nuestras mentes son demasiado limitadas para entender la santidad de Dios. A.W. Tozer dice:

> ▶«No podemos comprender el verdadero significado de la santidad divina pensando en alguien o algo muy puro para luego elevar ese concepto al grado más alto que podamos imaginar. La santidad de Dios no es simplemente lo mejor que conocemos, mejorado infinitamente. No conocemos nada parecido a la santidad divina. Ésta se distingue, es única, inaccesible, incomprensible e inalcanzable». (A.W. Tozer, The Knowledge of the Holy).

Una cosa sí sabemos sobre la santidad de Dios. Es tal, que le sería imposible tolerar el pecado, ignorarlo, esconderlo, o decir que no pasa nada. Sería contrario a su ser.

Cuando Dios creó el universo, la tierra y los seres humanos, la gran pregunta fue: ▶¿Nos haría como robots que tienen que obedecer, y él tendría en su mano el control remoto de modo que nos fuera imposible hacer el mal, ▶o nos daría la capacidad de tomar decisiones, arriesgándose a que podamos pecar y por lo tanto no pudiésemos permanecer en su presencia?

Dios escogió darnos voluntad propia. Así pues, nuestro antepasado Adán fue creado perfecto e inocente, pero con la capacidad de elegir el bien o el mal. Dios no le cargó con un montón de reglas, sólo le dijo que podía hacer lo que quisiera, excepto aquello que Dios sabía que le haría daño a él y a otros: no debía comer de cierto árbol.

## La consecuencia del pecado

El enemigo de Dios, Satanás, engañó a Eva y ella comió del árbol, y su esposo, Adán, escogió desobedecer a Dios. Esa desobediencia es la esencia de lo que la Biblia llama pecado. ▶Pablo nos indica la consecuencia de esa desobediencia: «La paga del pecado es muerte» (Romanos 6:23). Adán contrajo una culpa genuina delante de Dios porque quebrantó la ley de Dios. Hubo enormes consecuencias: su relación con Dios se cortó, y fue echado de su presencia; perdió la vida espiritual que había recibido.

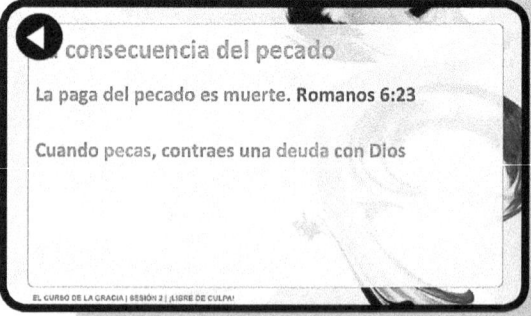

▶En muchos idiomas la palabra «pecado» y «deuda» son la misma. En griego es así. Por eso algunos oran el Padre Nuestro diciendo: «perdona nuestros pecados», mientras que otros prefieren «perdona nuestras deudas». Esto es útil para entender que cuando pecamos, contraemos una deuda con Dios.

Si un tribunal humano te halla culpable, también incurres en una deuda. El pago por violar la ley es, generalmente, una sanción monetaria (una multa) o un cierto tiempo en prisión. Una vez que saldas la deuda... ya sea multa o prisión... te declaran libre.

▶Comúnmente, para simbolizar la justicia se utiliza una balanza. En las cortes celestiales de justicia, el pecado se coloca en un lado de la balanza y el pago debe colocarse en el otro lado, hasta que ambos lados se nivelen.

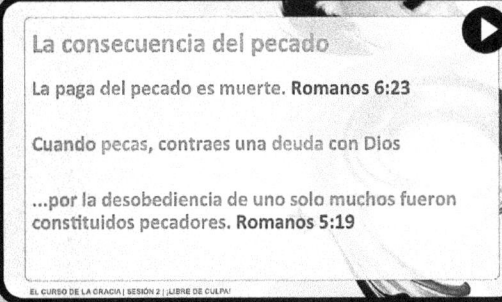

Pero Adán no tenía recursos para pagar la deuda que había contraído con Dios, por lo que pasó a la siguiente generación, que tampoco podía pagar. Y ahora ha llegado hasta nosotros. Hablando de Adán, ▶Pablo dice: «Porque así como por la desobediencia de uno solo muchos fueron constituidos pecadores, también por la obediencia de uno solo muchos serán constituidos justos» (Romanos 5:19). En otras palabras, cuando Adán pecó, una de las consecuencias fue que tú y yo y todos los demás descendientes de Adán fuimos hechos culpables también ante Dios.

No es fácil asimilar este concepto. A modo de ejemplo, piensa en la deuda nacional de tu país. El día en que se anunció que la deuda nacional del Reino Unido había superado el trillón de dólares, los medios de comunicación británicos calcularon que cada ciudadano británico debía

más de 26.000$. Imaginemos a un bebé que nació ese día. Por causas ajenas a él, simplemente por haber nacido británico, y por el excesivo gasto de las generaciones anteriores, tenía ya una deuda de 26.000$.

## PAUSA PARA LA REFLEXIÓN 1

OBJETIVO:

CONSOLIDAR LA ENSEÑANZA SOBRE LAS CONSECUENCIAS DEL PECADO DE ADÁN Y AYUDAR A LA GENTE A DISTINGUIR ENTRE LA CULPA GENUINA Y LOS SENTIMIENTOS DE CULPA.

▶ PREGUNTAS (PÁG 23 DE LA GUÍA DEL PARTICIPANTE):

¿QUÉ SUSCITA EN TI LA PALABRA «DEUDA»? ¿ALGUNA VEZ HAS TENIDO UNA DEUDA QUE NO HAS PODIDO PAGAR?

¿CUÁL FUE LA CAUSA DE QUE COMENZÁRAMOS NUESTRA VIDA DEBIENDO UNA DEUDA ENORME A DIOS QUE NO PODEMOS PAGAR?, ¿CÓMO TE SIENTES AL RESPECTO?

¿RECUERDAS ALGUNA OCASIÓN EN LA QUE TÚ (O ALGUIEN QUE CONOZCAS) HICISTE ALGO MALO PERO NO TE SENTISTE CULPABLE, O POR EL CONTRARIO, TE SENTISTE CULPABLE POR ALGO QUE NO HABÍAS HECHO MAL?

¿Te has dado cuenta de que hay que enseñar a un niño a compartir pero no es necesario enseñarle a ser egoísta?

▶Encontramos este gran ejemplo de ello. Son las leyes de propiedad de un niño preescolar:

1. Si me gusta, es mío.

2. Si está en mi mano, es mío.

3. Si te lo puedo quitar, es mío.

4. Si yo lo tenía hace un momento, es mío.

5. Si es mío, de ninguna manera debe parecer ser tuyo.

6. Si se parece al mío, es mío.

7. Si yo lo vi primero, es mío.

8. Si estás jugando con algo y lo sueltas, es mío.

9. Si está roto... ¡es tuyo!

En realidad, hay tres maneras en que la raza humana apartada de Cristo llega a ser culpable. La primera es lo que hemos estado tratando... nuestra inclinación natural a hacer el mal. La maldad del corazón humano que hemos heredado desde Adán y que se presenta de diferentes maneras en diferentes familias. La segunda es nuestra rebelión descarada... hacer el mal intencionalmente, desafiando a Dios y su ley, por así decirlo. La tercera es cuando erramos el blanco; es decir, cuando intentamos hacer el bien y nos esforzamos en ello, pero no lo logramos. Estas tres nos llevan a la culpa genuina a todos, apartados de Cristo.

Sea cual sea la forma en la que se manifieste nuestra independencia de Dios, no hay un sistema por el cual podamos... por nosotros mismos... librarnos de nuestra culpa. Es ahí donde entra en juego la gracia.

## Cómo deshacernos de la culpa

▶ En la época romana, si alguien era declarado culpable de violar la ley y era enviado a prisión, se hacía una lista detallada de todo lo que esa persona había hecho mal y el tiempo que debía servir para pagar la deuda. A esta lista la llamaban «Certificado de Deuda» y se clavaba en la puerta de la celda.

Cada persona después de Adán ha nacido con un Certificado de Deuda hacia Dios. Por supuesto, no somos conscientes de ello. Pero gradualmente tomamos conciencia de una sensación de culpabilidad, de no dar la talla. No nos gusta esa sensación, e intentamos deshacernos de ella y sentir que estamos bien. Solemos intentar alguna de las siguientes tres estrategias para deshacernos de los sentimientos negativos.

No lo diríamos así, pero en realidad buscamos ser declarados no culpables o, para usar el término legal, ser «justificados».

# Estrategias infructuosas para librarse de culpa

## Justificación por buenas obras

▶Probablemente la estrategia más popular es intentar justificarse ante Dios mediante buenas obras. Tratamos de sentirnos bien por lo que hacemos. Estamos, en realidad, intentando demostrar nuestra inocencia ante Dios haciendo el bien, quizás guardando los mandamientos, leyendo la Biblia, asistiendo a la iglesia fielmente, dando dinero a la iglesia o a los pobres, dando de comer a los hambrientos, y cosas así.

Ahora, todas estas buenas obras (que la Biblia llama «obras de la ley» son... buenas. No son malas. Pero, ¿acaso cargar un lado de la balanza de nuestras vidas con buenas obras logra superar el peso de los pecados acumulados en el otro lado? Quizás muchos de nosotros solíamos pensar que Dios tiene un gran balanza y en un lado pone nuestros pecado y en el otro nuestras buenas obras. Si al final de nuestra vida nuestras buenas obras superan nuestras malas acciones, entonces iremos al Cielo. ▶Pablo, en su carta a los Gálatas, dice claramente que «nadie es justificado por las obras que demanda la ley» y de nuevo, «no por las obras de la ley; porque por éstas nadie será justificado». (Gálatas 2:16)

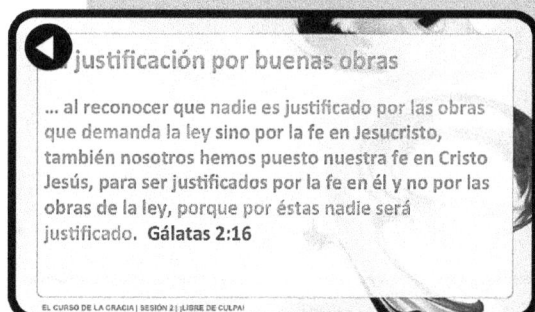

¡Queda claro! Las buenas obras no borran nuestra culpa. Ni un poquito. Pero eso ya lo sabías. ¿O no....?

Bueno, intenta responder a estas preguntas:

- ¿Tienes la sensación de que Dios anhela bendecirte y tienes plena confianza en su amor sólo cuando crees que te estás portando bien como cristiano?

- ¿Qué sucede cuando no logras completar todos los componentes de tu lista espiritual, o cuando fallas y haces algo que no deberías? ¿Cambian entonces tus sentimientos?

- ¿Te atormenta una sensación persistente de que Dios es distante y que desaprueba de ti?

- ¿Sueles prometerte a ti mismo y a Dios que «mañana seré mejor», e intentas esforzarte el doble al día siguiente para agradarle?

Todos sabemos que no somos salvos por buenas obras — pero en el día a día es fácil pensar que Dios cambia las reglas. Sutilmente podemos llegar a pensar que para permanecer en la buena voluntad de Dios... para estar seguros de su amor por nosotros... tenemos que cumplir espiritualmente.

¡Es como si confundiésemos a Jesús con Los Reyes Magos! Ya sabes, ellos te están observando... y si te portas mal, en lugar de regalos, te traerán carbón. Así que nos esforzamos mucho por hacer lo correcto y complacer a Dios, temerosos de que si no lo hacemos bien, él nos ignorará o rechazará, o incluso traerá alguna tragedia horrible a nuestras vidas.

## La justificación por trasfondo religioso

▶Otra estrategia que no funciona es intentar justificarte ante Dios por tu trasfondo religioso, pensando que Dios te aceptará por la formación religiosa que recibiste, o por las actividades religiosas en las que participas.

Los líderes judíos utilizaron esta estrategia con Juan el Bautista y con Jesús, escudándose en ser «hijos de Abraham». En otras palabras, estaban declarando tener una especie de inmunidad diplomática que les protegía de cualquier culpa, por ser parte del pueblo elegido, la nación judía. Juan les dijo que ¡aún de las piedras Dios podía darle hijos a Abraham! (Mateo 3:9)

El apóstol Pablo admitió que en otro tiempo él también puso su confianza en su trasfondo religioso:

> ▶Si cualquier otro cree tener motivos para confiar en esfuerzos humanos, yo más: circuncidado al octavo día, del pueblo de Israel, de la tribu de Benjamín, hebreo de pura cepa; en cuanto a la interpretación de la ley, fariseo; en cuanto al celo, perseguidor de la iglesia; en cuanto a la justicia que la ley exige, intachable. (Filipenses 3:4-6)

Tal vez tú has sido un buen bautista, metodista, o lo que sea, toda tu vida. Has cumplido con todos los requisitos. Incluso puede que seas un «pilar de la iglesia», un factor de estabilidad.

Pero nuestro pedigrí religioso no vale nada para Dios sin Cristo, y no tiene poder para eliminar nuestra culpa. El mismo Pablo se dio cuenta: ▶«Sin embargo, todo aquello que para mí era ganancia, ahora lo considero pérdida por causa de Cristo» (Filipenses 3:7). Y a continuación utiliza una palabra traducida generalmente como «basura» para describir todo aquello en lo que se apoyaba para sentirse justo, es decir, su trasfondo religioso.

Los traductores de nuestras Biblias a menudo no han tenido el valor de traducir literalmente la palabra griega utilizada, porque mucha gente lo consideraría tosco. Literalmente pone: «*Por él lo he perdido todo, y lo tengo por estiércol, a fin de ganar a Cristo*». Así de insignificante es nuestro activismo religioso para intentar eliminar nuestra culpa.

## Justificación por comparación

▶He aquí el tercer acercamiento: intentar justificarse ante Dios al compararse con otras personas en peor estado. Esto se manifiesta en pensamientos como, «bueno, al menos no hago _____ como fulano». Y rellenamos el espacio con algún tipo de pecado que consideramos peor que cualquier cosa que hayamos hecho, y nos sentimos mejor. En Lucas 18:10-14, Jesús dio una parábola:

> ▶«Dos hombres subieron al templo a orar; uno era fariseo, y el otro, recaudador de impuestos. El fariseo se puso a orar consigo mismo: "Oh Dios, te doy gracias porque no soy como otros hombres —ladrones, malhechores, adúlteros— ni mucho menos como ese recaudador de impuestos. Ayuno dos veces a la semana y doy la décima parte de todo lo que recibo." En cambio, el recaudador de impuestos, que se había quedado a cierta distancia, ni siquiera se atrevía a alzar la vista al cielo, sino que se golpeaba el pecho y decía: "¡Oh Dios, ten compasión de mí, que soy pecador!" "Les digo que éste, y no aquél, volvió a su casa justificado ante Dios. Pues todo el

que a sí mismo se enaltece será humillado, y el que se humilla será enaltecido».

Entonces, si todas nuestras buenas obras no quitan nuestra culpa, y si toda nuestra actividad religiosa no elimina nuestra culpa; y si a Dios no le impresiona que seamos mejores que fulano o mengano, ¿cómo podremos librarnos de esta culpa mortal?

## El remedio de Dios para la culpa

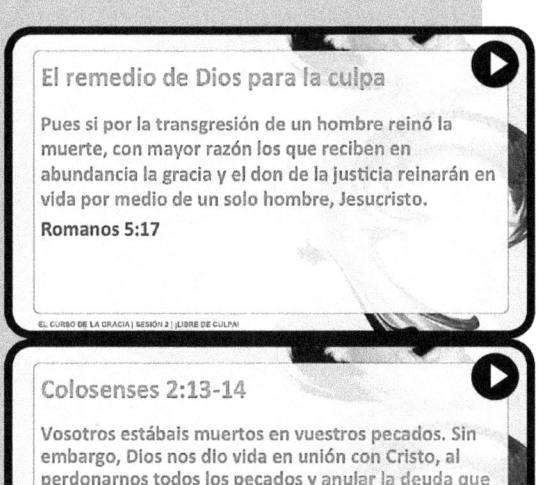

▶Puede que te sea difícil asimilar el concepto de que un solo hombre nos haya hecho culpables a todos, pero gracias a Dios, lo contrario también es cierto:

▶Pues si por la transgresión de un solo hombre [Adán] reinó la muerte, con mayor razón los que reciben en abundancia la gracia y el don de la justicia reinarán en vida por medio de un solo hombre, Jesucristo. (Romanos 5:17 — los paréntesis cuadrados los añadimos para mayor claridad)

▶Todos nacimos con un Certificado de Deuda. Pero Colosenses 2:13-14 dice:

Antes de recibir esa circuncisión, vosotros estabais muertos en vuestros pecados. Sin embargo, Dios nos dio vida en unión con Cristo, al perdonarnos todos los pecados y anular la deuda que teníamos pendiente por los requisitos de la ley. Él anuló esa deuda que nos era adversa, clavándola en la cruz.

▶¿Cómo es que la muerte de Jesús en la cruz puede cancelar el Certificado de Deuda y resolver nuestra culpa? Generalmente, un criminal romano tenía que pagar su propia deuda cumpliendo un tiempo en la cárcel. Sin embargo, técnicamente era posible encontrar a alguien que tomara su lugar en la celda y cumpliese el tiempo requerido en su nombre, como su sustituto.

▶Eso es lo que Jesús ha hecho potencialmente para toda persona que ha vivido o que jamás vivirá. Su sacrificio basta para equilibrar la balanza de todos los pecados, porque él es el Dios cuya santidad supera toda imaginación. Cuando él nos creó y nos dio libre albedrío, sabía que inevitablemente llegaría el momento de entregar su vida por pura gracia.

Y la gracia de Dios es así: Él no nos obliga a aceptar esta oferta gratuita. Cada persona elige si acepta o no ese regalo... pero si lo hace... ¡listo! No hay más. Está hecho. Absolutamente. Completamente. Para siempre.

▶ Cuando un prisionero romano había cumplido con su sentencia, cuando había pagado su deuda con la sociedad, era puesto en libertad. Un juez tomaba el desgastado Certificado de Deuda y escribía «Cancelado» sobre él; y la persona una vez más era «libre de culpa». Nosotros, por el contrario, nunca podríamos pagar nuestra deuda de pecado, por lo que Jesús tomó sobre sí mismo nuestro castigo del pecado y lo pagó.

Justo antes de morir, Jesús pronunció un sonoro grito de victoria (Mateo 27:50), que generalmente se traduce como «Consumado es» (Juan 19:30). La palabra que Jesús utilizó es exactamente la misma palabra que el juez Romano escribía sobre el Certificado de Deuda del criminal liberado: «¡CANCELADO!»

▶ Así que, ¿cuántos de nuestros pecados han sido perdonados según este pasaje de Colosenses? ¡**Todos**! Entonces, ¿cuánta culpa tenemos todavía por nuestros pecados? ¡Ninguna! ¡Ninguna en absoluto!

Sólo el sacrificio del Hijo de Dios es capaz de compensar el peso de la culpa de nuestro pecado.

Regresemos a la imagen de la lápida: «No supo vivir a la altura de las expectativas». Esa sentencia ya no puede aplicarse a ti. En Cristo, todas las expectativas que Dios tiene sobre ti se han cumplido plenamente.

Lo máximo que un tribunal humano puede hacer es declararte «no culpable». La gracia de Dios va más allá y te declara «inocente». En cuanto a Dios se refiere, es como si lo que has hecho nunca hubiera sucedido. Esto no es sólo para cuando vinimos a Cristo por primera vez. La gracia de Dios es para cada momento de cada día. Para los que estamos en Jesucristo, ningún pecado que cometamos podrá alejarnos ni un ápice del pleno y completo sacrificio que Jesús pagó por nosotros. A pesar de nuestro pecado, seguimos siendo perdonados. Nuestra culpa ha sido quitada, para siempre.

Dios no tiene una «lista de pecados». No existe. El Certificado de Deuda fue clavado en la cruz – todo está resuelto. Lo que sí existe es el Libro de la Vida, el Libro del Cordero en el cual están escritos nuestros nombres.

Recuerda que, en tono de broma, te pedí que escribieras la peor cosa que jamás hubieras hecho y después te pregunté

qué tipo de recepción recibirías si lo volvieses a hacer — y luego regresaras a Dios con sinceridad. Una mujer dijo que, al mirar a su alrededor, sabía que los demás serían perdonados, pero no lograba creer que ella lo sería.

▶Cuando te miras al espejo y recuerdas todas las cosas terribles que has hecho o que te han hecho, tal vez crees en lo profundo de tu corazón que eres diferente. Demasiado sucio para ser amado, demasiado malo para ser perdonado. Tal vez te cuesta trabajo creer que todo esto se aplica a ti también... porque no vives a la altura de las expectativas de Dios.

Ninguno de nosotros vive a la altura de las expectativas de Dios. Pero Jesús ha cumplido con ellas como sustituto a nuestro favor. El autor de Hebreos nos dice que: «ya no hace falta otro sacrificio por el pecado» (Hebreos 10:17-18). ¡Tu culpa ha desaparecido!

## Simón y la mujer pecadora (Lucas 7:36-50)

▶En Lucas 7:36-50 encontramos una historia que puede ayudarnos a entender esto. Vamos a preparar el escenario.

Un fariseo (un judío estricto y religioso) llamado Simón, invitó a Jesús a cenar y todo iba bastante bien. Pero entonces sucedió lo peor que podía sucederle a un fariseo. Una prostituta, que obviamente no era parte del programa, entró. Pero no se quedó ahí de pie ojeando la comida o buscando clientes potenciales. Ella hizo algo inesperado: se colocó detrás de Jesús y se quebrantó, derramando sus

lágrimas a los pies de Jesús. Luego se agachó y secó los pies de Jesús con sus cabellos, mientras los besaba. Y como si eso fuera poco, vertió sobre sus pies una botella de perfume muy caro, que sin duda había comprado con las ganancias de su «trabajo». Toda la casa se llenó del aroma.

Simón y la prostituta ofrecen un gran contraste. Simón, por un lado, confiado en su formación religiosa y todas las buenas obras que hacía. Se consideraba un miembro de la sociedad respetado y honorable. No era consciente de su culpabilidad ante Dios. Desde luego no se sentía culpable.

La mujer, por otro lado, era consciente de su culpa. Se ganaba la vida vendiendo su cuerpo; sabía que su vida era un desastre. Jesús no ignoró ni minimizó sus pecados — él le habló de sus «muchos pecados» (v. 47) — pero recibió su expresión de arrepentimiento con gracia.

Jesús no la consideró repulsiva ni la echó de su presencia, mandándole a poner en orden su vida.

Durante la cena, Jesús recordó a los invitados los gestos de amor de la mujer pecadora y los contrastó con la falta de detalles de Simón. Detalles de hospitalidad muy habituales en esa cultura, tal como saludar con un beso y lavar el polvo de los pies de los invitados. Luego sorprendió a todos diciendo:

> «Por esto te digo: si ella ha amado mucho, es que sus muchos pecados le han sido perdonados. Pero a quien poco se le perdona, poco ama.
> Entonces le dijo Jesús a ella:
> —Tus pecados quedan perdonados.
> Los otros invitados comenzaron a decir entre sí: "¿Quién es éste, que hasta perdona pecados?"
> —Tu fe te ha salvado —le dijo Jesús a la mujer— vete en paz».
> (Lucas 7:47-50)

Entonces, ¿cómo es que un hombre respetuoso de la ley, de buena reputación, permanece culpable delante de Dios, mientras que una mujer que había llevado hasta ese momento una vida pecaminosa es declarada libre de culpa? Jesús le dijo que su fe la había salvado.

¿Ves lo que marca la diferencia entre los dos? No es la cantidad de pecado que cada uno había cometido; ni siquiera la gravedad de esos pecados. Es simplemente que uno respondió a Jesús con fe y el otro no.

Lo mismo sucede con los dos ladrones crucificados con Jesús. Ambos eran culpables ante Dios. Sin embargo, uno de ellos respondió a Jesús con fe y fue declarado «no culpable». Jesús le prometió que estaría con él en el paraíso más tarde ese mismo día.

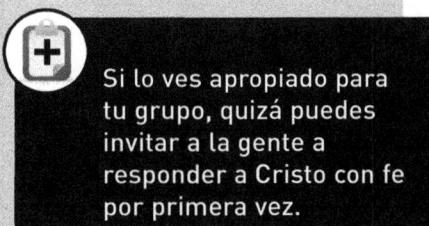

▶El apóstol Pablo explica: «Porque por gracia habéis sido salvados mediante la fe; esto no procede de vosotros, sino que es el regalo de Dios» (Efesios 2:8).

Ser declarado inocente es un regalo de la pura gracia de Dios. Y se activa por la fe. ¿Cómo es eso? Simplemente te vuelves a él con genuina desesperación y le pides salvación. La mujer pecadora no merecía el perdón, ni lo merecemos nosotros. Pero necesitaba el perdón desesperadamente, al igual que nosotros. Y Jesús se lo dio libremente en respuesta a su fe, y la despidió en paz.

Si lo ves apropiado para tu grupo, quizá puedes invitar a la gente a responder a Cristo con fe por primera vez.

Por la fe en Jesucristo, disfrutamos de su gracia... aquí estamos, perdonados, justificados y en paz con Dios. La guerra ha terminado. ▶Por lo tanto, ya no hay ninguna condenación para los que están unidos a Cristo Jesús (Romanos 8:1). ¿Qué significa «ya»? Significa ¡**ahora**! ¿Qué significa «ninguna»? Pues ¡**ninguna**!

Hoy tú también puedes salir de aquí en paz, sabiendo que tu verdadera culpa ha desaparecido para siempre, que en

EL CURSO DE LA GRACIA | SESIÓN 2 | ¡LIBRE DE CULPA!

# PAUSA PARA LA REFLEXIÓN 2

**OBJETIVO:**

AYUDAR A LAS PERSONAS A RECONOCER LAS EXPECTATIVAS FALSAS Y ENSEÑARLES A PEDIR AL ESPÍRITU SANTO QUE REVELE LOS CONFLICTOS PARA RENUNCIAR A ELLOS CUANDO HAGAMOS *LOS PASOS PARA EXPERIMENTAR LA GRACIA DE DIOS*.

▶ **EJERCICIO (PÁG 28 DE LA GUÍA DEL PARTICIPANTE):**

VAMOS A PEDIR A DIOS QUE NOS REVELE TODAS LAS EXPECTATIVAS FALSAS QUE HEMOS ASUMIDO QUE DEBEMOS LLENAR Y QUE SE HAN VUELTO UNA CARGA O NOS HACEN SENTIR FRACASADOS. OREMOS:

PADRE AMOROSO, TE AGRADEZCO QUE EN CRISTO TODAS TUS EXPECTATIVAS ACERCA DE MI PERSONA SE HAN CUMPLIDO EN SU TOTALIDAD (ROMANOS 8:4), Y QUE HAS PERDONADO TODAS MIS TRANSGRESIONES Y ANULADO MI CERTIFICADO DE DEUDA AL CLAVARLO EN LA CRUZ (COLOSENSES 2:13-14). CONFIESO QUE HE CREÍDO LA MENTIRA QUE DICE QUE NECESITO ALGO MÁS QUE CRISTO PARA OBTENER O CONSERVAR TU ACEPTACIÓN. TE RUEGO QUE ME REVELES AHORA TODAS LAS EXPECTATIVAS, REGLAS Y EXIGENCIAS BAJO LAS CUALES HE ESTADO VIVIENDO, MEDIANTE LAS CUALES HE INTENTADO SENTIRME ACEPTADO Y MENOS CULPABLE, PARA QUE YO PUEDA VOLVER A CONFIAR SÓLO EN LA OBRA DE CRISTO. TE LO PIDO EN EL NOMBRE DE JESUCRISTO, QUIEN MURIÓ POR MÍ. AMÉN.

▶ A CONTINUACIÓN, PASA UN TIEMPO A SOLAS CON DIOS. ANOTA EN UNA HOJA APARTE LAS EXPECTATIVAS FALSAS QUE ÉL TE REVELE. CONSIDERA LO SIGUIENTE:

- EXPECTATIVAS QUE ASUMISTE ERRADAMENTE QUE PROVENÍAN DE DIOS
- EXPECTATIVAS DE PADRES Y FAMILIA
- EXPECTATIVAS DE MAESTROS Y PROFESORES
- EXPECTATIVAS DE IGLESIAS Y LÍDERES DE IGLESIAS
- EXPECTATIVAS DE JEFES EN EL TRABAJO
- EXPECTATIVAS DE LA CULTURA/SOCIEDAD
- OTRAS EXPECTATIVAS FALSAS

A CONTINUACIÓN, POR CADA EXPECTATIVA FALSA, ORA LO SIGUIENTE:

RENUNCIO A LA MENTIRA QUE DICE QUE NECESITO LLENAR LAS EXPECTATIVAS DE: _____ _____ PARA SENTIRME BIEN, VALORADO O ACEPTADO. GRACIAS, SEÑOR JESÚS, QUE EN TI LLENO TODAS LAS EXPECTATIVAS DE DIOS Y QUE YO NO PUEDO HACER NADA PARA QUE ME AMES MÁS O MENOS. AMÉN.

AL FINAL, ROMPE TU LISTA Y ¡SIGUE ADELANTE SIN MIRAR ATRÁS!

Cristo cumples con las expectativas de Dios. Si has puesto tu confianza en él para limpiarte, Jesús te dice: «Tus pecados quedan perdonados... Tu fe te ha salvado; vete en paz».

## ¿Nos son útiles los sentimientos de culpa?

▶Hemos hecho una distinción en esta sesión entre lo que podríamos llamar «culpa genuina» ante Dios, que se refiere a nuestra posición legal delante de él, y los «sentimientos de culpa». Tal vez estás pensando: «Entiendo que legalmente soy libre de culpa, pero ¿no debería sentirme culpable cuando peco? ¿Acaso no es útil la culpabilidad para ayudarme a hacer el bien?»

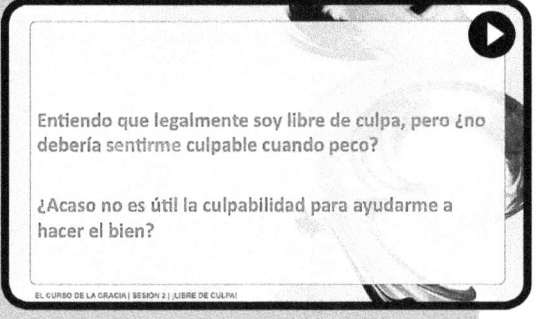

Seguro que en el colegio te pusieron una tarea de redacción en la cual te dieron la primera parte de una historia y debías escribir el desenlace. Si te hubieran dado la historia de los dos hermanos de Lucas 15, ¿cómo hubieras escrito el desenlace?

Tal vez hubieras dado una imagen del padre muy distinta a la de Jesús.

▶Tal vez crees que el padre debió haberse enfadado, al menos un poco. Quizá debió haberle dado la espalda al hijo mientras éste se acercaba. Tal vez crees que fue insensato... un tanto apresurado por la rapidez con la que perdonó y restauró al hijo. De hecho, el padre debió haber sido más prudente y esperar a que el hijo demostrara la sinceridad de su arrepentimiento antes de organizar la fiesta. ▶Tal vez el padre debió haber usado otra estrategia — dejar que su hijo se sintiera muy culpable... al menos por un tiempo. Después de todo, el hijo lo había echado todo a perder. ¿No es acaso la culpa un elemento disuasorio muy eficaz ante el pecado?

Pablo descubrió un pecado serio en la iglesia de Corinto. A diferencia del hermano menor, ellos no eran aún conscientes del problema y no habían llegado al arrepentimiento. Pablo tuvo que escribir una carta muy dura a la iglesia de Corinto para ayudarles a tomar conciencia de su pecado, y claramente agonizó al escribirla. Pero en la siguiente carta que les escribió pudo regocijarse por el efecto positivo que

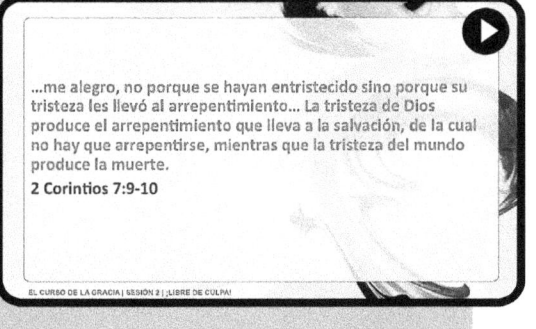

la primera había tenido sobre ellos.

▶ Sin embargo, ahora me alegro, no porque os hayáis entristecido sino porque vuestra tristeza os llevó al arrepentimiento... La tristeza que proviene de Dios produce el arrepentimiento que lleva a la salvación, de la cual no hay que arrepentirse, mientras que la tristeza del mundo produce la muerte. (2 Corintios 7:9-10)

La carta de Pablo les ayudó a ver su pecado y comenzaron a sentir algo similar a lo que el hijo menor sintió por su pecado. Pero así como el padre se negó a acumular culpa sobre su hijo menor, queda claro que Pablo no quiso que los corintios se sintieran culpables. Lo que él quería era que sintieran tristeza que produjese un «arrepentimiento que lleva a la salvación, de la cual no hay que arrepentirse».

No sé a ti, pero a mí la culpa me hace alejarme de Dios en lugar de acercarme a él en arrepentimiento. De hecho, la culpa suena más a lo que Pablo llama «la tristeza del mundo» que produce muerte.

Cuando Judas hubo traicionado a Jesús, experimentó la tristeza del mundo. Se encontró sin esperanza y, en lugar de poner su confianza en Jesús, el cual sería colgado en la cruz por él, se alejó de él y se ahorcó.

Para entender la tristeza que proviene de Dios, veamos el ejemplo de otra persona que negó a Jesús. El apóstol Pedro había traicionado a su mejor amigo en su momento de mayor necesidad al negarle tres veces. Se sentía terriblemente mal por ello. Jesús trató con Pedro después de su resurrección. Claramente pudo haber levantado el asunto delante de los demás discípulos, haciéndole sentir aún más culpable de lo que ya se sentía... para asegurarse de que nunca lo repitiese. Pero no lo hizo. ▶ En Juan 21 vemos a Jesús preparando el desayuno para Pedro y los demás discípulos. Después de comer, Jesús pregunta a Pedro si le ama. Pedro le asegura de su amor. Pero Jesús le pregunta de nuevo. Y luego le pregunta por tercera vez; una vez por cada negación. Finalmente, en lugar de degradarlo al «último lugar» entre los discípulos, Jesús le restaura al ministerio y le honra ante los demás. «Apacienta mis corderos». «Pastorea a mis ovejas». «Apacienta a mis ovejas». Pudo haber usado la culpa para motivar a Pedro, pero no lo hizo. Él utilizó la gracia.

Así que, aunque a veces es necesario, con el mayor cuidado

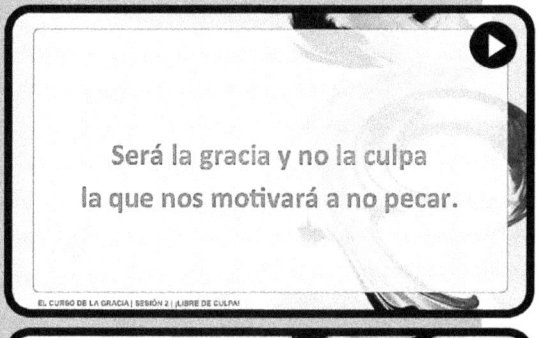

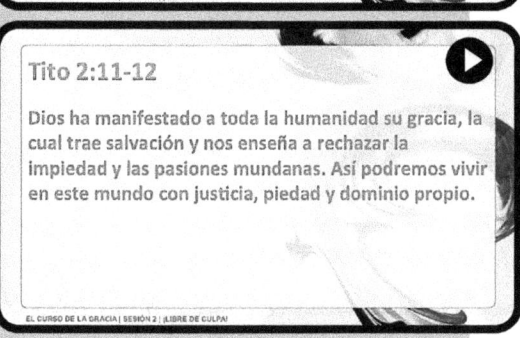

posible, ayudar a que otros se den cuenta de su pecado, una vez que son conscientes de ello— y la Biblia lo establece muy claramente — ▶será la gracia y no la culpa la que les motivará a no pecar. ¿Por qué? Porque la culpa nos aleja de Dios, situación donde el pecado ejerce mayor atracción. La gracia, por otra parte, nos acerca a él cercanía que nos protege del pecado.

▶«En verdad, Dios ha manifestado a toda la humanidad su gracia, la cual trae salvación y nos enseña a rechazar la impiedad y las pasiones mundanas. Así podremos vivir en este mundo con justicia, piedad y dominio propio» (Tito 2:11-12)

Contrario a lo que uno creería, es la gracia la que nos conduce a una vida justa y piadosa, no la culpa.

## Cuando pecas

▶Cuando pecas, Dios quiere que tu tristeza no te aleje de él, sino que te conduzca a sus brazos, donde recibirás la misma acogida que recibió el hijo menor. En sus brazos, al igual que el hijo menor, confiesas tus pecados. Confesar significa estar de acuerdo con Dios en que hemos pecado. Así mismo estamos de acuerdo en que recibimos perdón por medio de Cristo. Además estamos de acuerdo en que nuestro pecado es malo, así que nos arrepentimos — es decir, cambiamos nuestra forma de pensar sobre nuestro pecado — apartándonos de él, buscando su fuerza para seguir caminando con Dios en la verdad.

¿Y cuál es el resultado? Se restaura la intimidad con Cristo: una limpieza de nuestro espíritu, alma y cuerpo de la corrupción del pecado por la sangre de Jesús... sin tristeza.

«Pero, ¿y si todavía me siento culpable después de hacer todo eso?»

Entonces tus sentimientos te están mintiendo. O bien son el resultado de una conciencia que aún no ha comprendido plenamente la maravilla del perdón de Cristo y la eliminación de la culpa; o bien estás escuchando los susurros del enemigo, Satanás, que quiere mantenerte atrapado en tus sentimientos de falsa culpa.

En cualquier caso, la solución es centrarte en la verdad de que has sido perdonado, declarado libre de culpa y hecho limpio en Cristo. Date cuenta de que tu verdadera culpa ha sido eliminada y que tus sentimientos de culpa no se basan en la verdad.

## Tres imágenes útiles

Gran parte de nuestras luchas espirituales se resolverían si entendiésemos la grandeza y la plenitud del perdón de Dios en Cristo. Afortunadamente, la Biblia ha pintado algunos cuadros hermosos del perdón de Dios. Echémosles un vistazo.

▶ Isaías dice:
«Venid, pongamos las cosas en claro
—dice el Señor—.
¿Son vuestros pecados como escarlata?
¡Quedarán blancos como la nieve!
¿Son rojos como la púrpura?
¡Quedarán como la lana!» (Isaías 1:18)

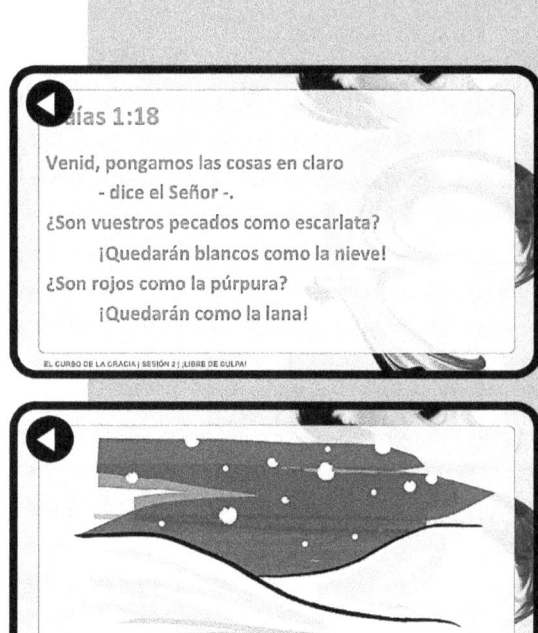

▶ Cuando la nieve cae sobre una ciudad, la inmoviliza. La gente se queda en casa, las calles se convierten en desiertos. La dureza del invierno urbano se cubre de una manta blanca y suave. La nieve amortigua el sonido y esa serenidad trae paz al alma. Las luces nocturnas se reflejan y multiplican en la nieve, iluminando la noche. Gobierna la quietud.

Si alguna vez has experimentado una nevada, recuerda la belleza con la que lo cubría todo. Al perdonar tus pecados, Dios te ha cubierto de pureza, brillo y belleza como la nieve recién caída. La mancha de tus pecados ha desaparecido... bajo la preciosa sangre de Jesús.

Veamos dos imágenes más de Miqueas 7:19:

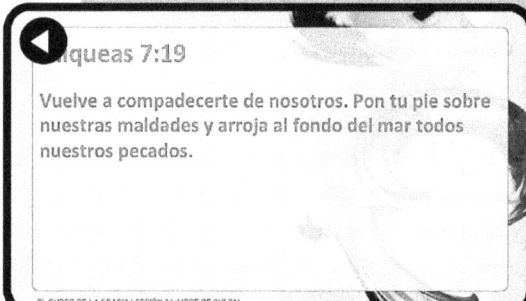

▶ Vuelve a compadecerte de nosotros. Pon tu pie sobre nuestras maldades y arroja al fondo del mar todos nuestros pecados.

▶ En primer lugar, Dios toma nuestros pecados y los machaca. Los pulveriza, como una galleta aplastada bajo una bota pesada. Es como si él los pisoteara un millón de veces, hasta quedar irreconocibles.

▶ En segundo lugar, él lanza nuestra iniquidad a lo más profundo del mar. ¿Sabes cuál es la parte más profunda del mar? Pues es la Fosa de las Marianas en el Océano Pacífico. ¿Quieres saber la profundidad de la Fosa de las Marianas? Son más de 11 kilómetros de profundidad. ¡Esa profundidad es mayor que la altura del Monte Everest sobre el nivel del mar!

Nadie va al fondo de la Fosa de las Marianas a pescar…. y tú tampoco deberías hacerlo. Dios ha arrojado tus pecados allí para que allí se queden.

Justo antes de estas bellas ilustraciones de Dios dándoles un golpe de muerte a nuestros pecados, Miqueas escribió:

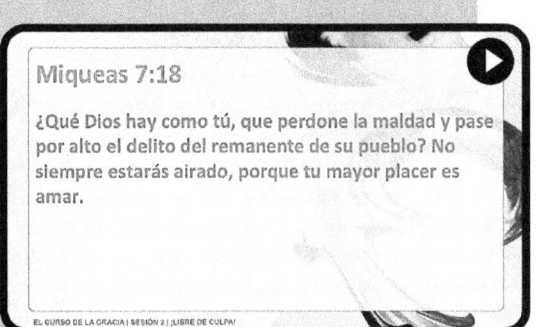

▶ ¿Qué Dios hay como tú, que perdone la maldad y pase por alto el delito del remanente de su pueblo? No siempre estarás airado, porque tu mayor placer es amar. (Miqueas 7:18)

¿No es asombroso? ¡Dios se deleita en amar! Cuando nos rendimos a Jesucristo en fe y Dios perdona toda nuestra culpa, Dios se emociona. Él organiza una fiesta en el cielo con gran regocijo (Lucas 15:7). ¡Dios no quiere que te sientas culpable por tus pecados cuando no eres culpable! Él quiere que te regocijes. Él quiere restaurar tu alegría.

## Recordemos la verdad

Todo esto puede parecer demasiado bueno para ser verdad. Sí, es bueno. Y sí, ¡es verdad! Si estás en Cristo Jesús Dios te ama antes de pecar. Dios te ama después de pecar. Dios te ama incluso mientras estás pecando, aunque nunca ama tu pecado. Pero para aquellos que estamos en Cristo, Dios nunca convierte su odio hacia el pecado en odio hacia nosotros. ¡No! Él nos ama y siempre nos amará.

▶ «Por lo tanto, ya no hay **ninguna** condenación para los que están unidos a Cristo Jesús». (Romanos 8:1).

Esto no es charlatanería religiosa o pensamiento positivo; es la verdad.

## PAUSA PARA LA REFLEXIÓN 3

**OBJETIVO:**

**AYUDAR A LAS PERSONAS A ASIMILAR EL ALCANCE DE SU PERDÓN.**

▶ **PREGUNTAS (PÁG 30 DE LA GUÍA DEL PARTICIPANTE):**

¿CUÁL DE LAS ILUSTRACIONES DE CÓMO DIOS HA LIDIADO CON NUESTRO PECADO TE IMPACTA MÁS? ¿POR QUÉ?

▶ Busca la *Lista de Mentiras* en las dos últimas páginas de la *Guía del Participante*. ¿Qué te ha estado mostrando Dios en esta sesión? ¿Qué mentiras ha sacado a la superficie? Pidamos al Espíritu Santo que nos guíe:

Señor, condúcenos Tú a toda verdad, porque es la verdad la que nos hará libres. Por favor, revélanos las áreas donde nuestra manera de pensar no ha sido la correcta. Gracias, Padre. Amén.

En esta sesión hemos abordado el asunto de la culpabilidad. Tal vez te das cuenta de que has estado viviendo bajo la esclavitud de mentiras tales como:

- Sólo recibo perdón si confieso mis pecados muy compungido y lloro por ellos.

- Sentirme culpable por mis pecados es la mejor protección para no cometerlos nuevamente.

- Mis pecados son demasiado grandes para recibir perdón.

- La culpa es una buena manera de motivar a otros a hacer el bien.

Anota cualquier mentira que Dios te esté mostrando en la columna izquierda de la lista, y antes de la próxima sesión, busca en la Biblia cuantos versículos puedas que afirmen la verdad y anótalos en la columna derecha.

Esperamos que estés captando la idea de este ejercicio y que estés experimentando su utilidad. Pídele a Dios que siga trabajando en tu corazón... abriendo tus ojos a las mentiras que has creído.

Recuerda lo que Jesús te dice: «... tus pecados quedan perdonados... Tu fe te ha salvado... vete en paz».

 ## TESTIMONIO

¿Cómo le explicarías a alguien sin trasfondo cristiano por qué todos necesitamos que Dios nos declare «libres de culpa»?

 ## PARA LA PRÓXIMA SEMANA

Elige uno de los versículos que explican el alcance absoluto del amor y el perdón incondicional de Dios, y comprométete a declararlo en voz alta y con fe durante los próximos 40 días.

> Venid, pongamos las cosas en claro—dice el SEÑOR —. ¿Son vuestros pecados como escarlata? ¡Quedarán blancos como la nieve! ¿Son rojos como la púrpura? ¡Quedarán como la lana!
> (Isaías 1:18)

> Vuelve a compadecerte de nosotros. Pon tu pie sobre nuestras maldades y arroja al fondo del mar todos nuestros pecados.
> (Miqueas 7:19)

> ¿Qué Dios hay como tú, que perdone la maldad y pase por alto el delito del remanente de su pueblo? No siempre estarás airado, porque tu mayor placer es amar. (Miqueas 7:18)

# Sesión 3: ¡LIBRE DE VERGÜENZA!

# Sesión 3: ¡LIBRE DE VERGÜENZA!

## VERSÍCULO CENTRAL:

2 Corintios 5:21 (LBLA): «Al que no conoció pecado, lo hizo pecado por nosotros, para que fuéramos hechos justicia de Dios en él».

## OBJETIVO:

Entender que nuestra identidad, en lo más profundo de nuestro ser, ha sido completamente transformada.

## VERDAD CLAVE:

Cristo no sólo nos ha cubierto con su justicia, sino que nos ha convertido en justicia de Dios.

### Notas del Líder

Nos hemos dado cuenta de que muchos cristianos comprenden que sus pecados han sido perdonados y que irán al cielo cuando mueran, pero siguen considerándose la misma mala persona que siempre fueron, la única diferencia es que ahora están «cubiertos» por la sangre de Jesús. Sólo han llegado hasta el Viernes Santo en su manera de pensar.

El objetivo de esta sesión es ayudar a estas personas a avanzar hasta el Domingo de Pascua para entender que cuando Jesús resucitó, ellos se levantaron de la muerte con él. Son una criatura completamente nueva. De hecho, como el versículo central deja claro, se han convertido en justicia de Dios. Se ha producido un intercambio. ¡Cristo se hizo pecado por mí para que yo llegara a ser justicia de Dios!

La clave para vivir una vida recta es saber que ahora somos agradables a Dios gracias a nuestra nueva identidad. Como a Neil Anderson le gusta señalar, nadie puede vivir constantemente de una manera incompatible con la forma en que se ven a sí mismos.

La vergüenza ataca directamente el núcleo de nuestra identidad y nos dice «no eres digno de ser aceptado». Nos incita a encubrirnos y ocultarnos. A medida que superamos la vergüenza, somos libres de ser nosotros mismos sin necesidad de proyectar una imagen o escondernos. Es maravilloso cuando las personas se apropian de la verdad de su nueva identidad en Cristo.

Una pieza clave de esta sesión es la lista llamada «Mi nuevo nombre». Es un recurso poderoso para ayudar a los participantes a asimilar su verdadera identidad en Cristo.

## HORARIO PARA GRUPO PEQUEÑO:

| | | |
|---|---|---|
| Bienvenida | 10 minutos | 0:10 |
| Alabanza, oración y declaración | 5 minutos | 0:15 |
| Palabra, 1ª parte | 25 minutos | 0:40 |
| Pausa para la reflexión 1 | 15 minutos | 0:55 |
| Palabra 2ª parte | 20 minutos | 1:15 |
| Pausa para la reflexión 2 | 10 minutos | 1:25 |
| Palabra 3ª parte | 15 minutos | 1:40 |
| Pausa para la reflexión 3 | 15 minutos | 1:55 |
| Palabra 4ª parte | 5 minutos | 2:00 |

## BIENVENIDA

Comparte con el grupo sobre alguna situación en la que hayas pasado vergüenza.

## ADORACIÓN

Tema sugerido: Tenemos plena libertad para acercarnos a Dios. (Hebreos 4:16, Hebreos 10:19-22).

Puedes decir algo como esto: Imagínate que te diriges al salón del trono de Dios, desde donde Dios reina en gloria y majestad. De lejos ves el contorno de alguien esperándote en la entrada. Al acercarte reconoces que es Jesús. Al llegar a su lado, él te toma de la mano y te guía por la puerta hasta la presencia de Dios el Rey. Al acercarte al trono escuchas a Jesús decirle a su Padre, «Él viene conmigo».

Pide que la gente se divida en grupos de dos y que se turnen leyendo Hebreos 10:19-22 en voz alta, insertando el nombre de la otra persona de la siguiente manera:
«Así que_____ (nombre de la otra persona) mediante la sangre de Jesús, tienes plena libertad para entrar en el Lugar Santísimo... etc».
Deja un tiempo para quienes quieran responder en oración a Dios.

## ORACIÓN Y DECLARACIÓN

**Querido Padre, Tú eres santo, puro y sin mancha, y confieso que hay momentos en que me siento sucio e indigno de estar en Tu presencia. Pero elijo creer la verdad que dice que me has limpiado y renovado completamente. Por favor, sana toda herida en mi corazón que pueda mantenerme alejado de ti. Gracias. En el santo nombre de Jesús. Amén.**

**Declaro la verdad que dice que ahora soy una nueva creación en Cristo. ¡Lo viejo ha pasado, ha llegado ya lo nuevo! Mi pecado ha sido eliminado y ya no necesito usar máscaras para esconderme. Ordeno a todo enemigo del Señor Jesús que abandone mi presencia.**

 **PALABRA**

## Introducción

¿Alguna vez has pasado vergüenza?

Me encanta la historia real de una mujer en Estados Unidos que regresaba a su automóvil con sus compras cuando sorprendió a tres hombres a punto de entrar en él. Como ocurre fácilmente en Estados Unidos, la señora sacó una pistola de su bolso, apuntó a los hombres y gritó: «¡fuera de mi automóvil!» Naturalmente, se apartaron y huyeron rápidamente. Una vez se hubo calmado, se subió al asiento del conductor e intentó arrancar el motor. Al no lograr siquiera meter la llave, se dio cuenta de que estaba en el automóvil equivocado. Se sintió tan mal que fue a la estación de policía para contarles lo que había sucedido. ¡En la estación se encontró con los tres hombres haciendo una denuncia de asalto a mano armada!

¿Cómo te sientes en ocasiones como ésta? Piensas: «Tierra, ¡trágame!» Te sientes como un tonto, vulnerable y muy avergonzado. Pero mediante su gracia, Dios ha provisto el remedio para la vergüenza que todos experimentamos.

## El origen de la vergüenza

La vergüenza ha estado presente desde el Jardín del Edén. La historia de Adán y Eva es fascinante, desobedecieron de forma contundente y espectacular. Uno esperaría que se hubiesen sentido culpables, pero no queda claro que así fuera.

Antes de que Adán pecara, Génesis relata que: «el hombre y la mujer estaban desnudos, pero ninguno de los dos sentía vergüenza» (Génesis 2:25). ▶ Después de la caída, «se les abrieron los ojos, y tomaron conciencia de su desnudez. Por eso, para cubrirse entretejieron hojas de higuera» (Génesis 3:7). Lo que sintieron de inmediato fue algo más profundo que la culpa, algo más fundamental. Más que culpa sintieron vergüenza.

La extraña sensación de vergüenza, que nunca habían experimentado antes, les despertó el deseo de taparse. Pero incluso con las hojas de higuera, Adán y Eva aún se sentían al descubierto e intentaron esconderse de Dios. Cuando Dios les preguntó por qué, la excusa de Adán fue: «tuve miedo porque estoy desnudo» (Génesis 3:10) aunque para entonces ya llevaban puestas las hojas de higuera.

▶ En esta sesión queremos explorar el tema de la vergüenza, algo que nos hace sentir tan expuestos y vulnerables que deseamos encubrirnos y ocultarnos de Dios y de los demás. Vamos a ver lo que es la vergüenza, de dónde viene, cómo solemos intentar lidiar con ella, y finalmente cómo la gracia de Dios puede llevarnos de la desgracia a la libertad.

Por la gracia de Dios, podemos salir de nuestro escondite y mantener la cabeza erguida sin vergüenza ante Dios y ante los demás. ▶ Podemos ser como el hijo menor ante su padre... que se sentía aceptado, amado y seguro... a pesar de todo lo que había hecho. De hecho, si aún no puedes identificarte del todo con la imagen del hijo menor, sino que sientes ganas de cubrirte y ocultarte de Dios, la vergüenza puede ser la razón.

¿Entonces, qué es la vergüenza? La culpa y la vergüenza son dos caras de la misma moneda... ambas nos alejan de Dios... pero son muy diferentes.

## ¿Qué es la vergüenza?

▶ La culpa dice: «**Hice** algo mal. Cometí un error».

Como hemos visto en la última sesión, la culpa es una condición legal por haber violado la ley de Dios. Es nuestra condición ante el Juez celestial. La culpa tiene que ver con lo que hemos hecho.

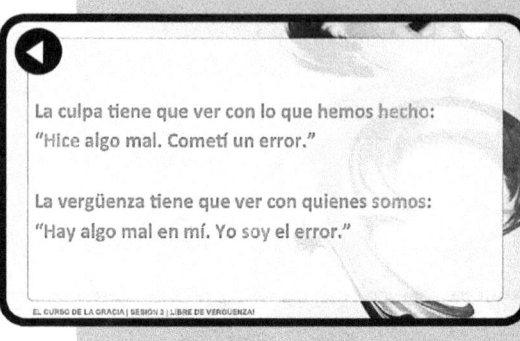

▶ La vergüenza dice: «Hay algo mal en mí. Yo **soy** el error». Es la dolorosa experiencia emocional que viene de creer que algo está muy mal, y no tanto con lo que hemos **hecho**, sino con quienes **somos** en lo más profundo de nuestro ser.

En Marcos 1:40 nos encontramos con alguien en esta condición:

▶ Un hombre que tenía lepra se le acercó, y de rodillas le suplicó:
—Si quieres, puedes limpiarme.

Este hombre seguramente tenía ulcerado todo el cuerpo. Seguramente que era repulsivo a la vista, olía espantosamente y estaba destinado a una muerte lenta y dolorosa una vez que la enfermedad llegase al cerebro. Y por si eso fuera poco, la Biblia se dirige a él de este modo:

> La persona que contraiga una infección se vestirá de harapos y no se peinará; con el rostro semicubierto irá gritando: «¡Impuro! ¡Impuro!», y será impuro todo el tiempo que le dure la enfermedad. Es impuro, así que deberá vivir aislado y fuera del campamento. (Levítico 13:45-46)

Estas leyes tenían mucho sentido, su objetivo era proteger a los demás de horribles enfermedades contagiosas como la lepra. Pero... ¿te imaginas leer esto en la mismísima Palabra de Dios cuando eras el enfermo — «... es impuro, así que deberá vivir aislado?».

Aunque no suframos de esa enfermedad en particular, podemos sentirnos distintos a los demás. Podemos sentir que si otros supieran cómo somos en realidad, no nos aceptarían. Que en el fondo no merecemos amor. Que somos repulsivos. Que estamos solos. Que no tenemos remedio. Que somos impuros.

Eso es la vergüenza. No es de extrañar que nos impulse a encubrirnos y ocultarnos.

Pero este leproso... desafiando toda decencia y decoro... se

acercó a Jesús y le hizo una petición. La petición obvia sería que Jesús le sanara. Pero no pidió eso. Le pidió algo más fundamental. Pidió que Jesús le limpiase. ¿Cómo respondió Jesús?

▶ Movido a compasión, Jesús extendió la mano y tocó al hombre, diciéndole: «Sí quiero. ¡Queda limpio!» (Marcos 1:41)

Jesús le tocó y fue limpio. Él no necesitaba tocarle para sanarle de la lepra. Pero creo que vio la necesidad de tocarle para sanarle de los años de dolor, aislamiento y rechazo. Me pregunto cuánto tiempo había pasado desde que alguien le había tocado con cariño. Y eso es exactamente lo que Jesús quiere hacer contigo hoy. Quiere acercarse a ti, tocarte, y quitarte la vergüenza.

## ▶ ¿De dónde viene la vergüenza?

### De haberse criado en una cultura basada en la vergüenza

Primero, la vergüenza puede venir de haberse criado en una cultura basada en la vergüenza.

Todas las sociedades buscan maneras de desalentar el comportamiento no deseado. Las sociedades occidentales tienden a usar la culpa. Se nos presiona a conformarnos a las normas bajo la amenaza de un castigo – ya sean palabras y miradas de desaprobación, tribunales de justicia, o atemorizándonos con el castigo divino.

Otras sociedades, particularmente las orientales, utilizan la vergüenza en vez de la culpa. El control se mantiene creando una cultura donde aquellos que no se ajustan a las normas sociales son rechazados. El principal valor cultural es asegurarse de hacer lo que es socialmente aceptable. El temor a ser rechazado y quedar aislado es una poderosa motivación.

Un misionero en una cultura oriental estaba intrigado por algo que observó. Cada mañana, la amiga de una mujer musulmana divorciada pasaba por su casa para revisar si su pelo estaba húmedo. Le explicaron que hacía esto para saber si su amiga había cometido adulterio. La creencia religiosa de esa sociedad es que tener relaciones sexuales les hace impuros, por lo que deben bañarse y lavarse el pelo para volver a estar limpios. Pero el misionero estaba desconcertado — si la mujer iba a ser lo suficientemente desobediente como para cometer adulterio, ¿por qué pensaba su amiga que sería lo suficientemente obediente como para darse un baño después?

Le explicaron que era inconcebible no lavarse, porque su inmundicia contaminaría incluso el suelo que pisaba. En otras palabras, ¡permanecer ritualmente «impura» era peor que cometer adulterio!

En una cultura basada en la vergüenza lo más importante es estar limpio, ser aceptable, sobre todo ante los demás. No importa tanto haber hecho algo malo o bueno, lo que importa es si has hecho lo que se esperaba de ti. Si sientes que no has cumplido con las expectativas sociales, experimentas vergüenza.

Algunas familias e instituciones religiosas — incluso las cristianas — pueden crear sub-culturas basadas en la vergüenza. Un padre, una madre o un pastor pueden abusar de la palabra «deberías». Pueden presionarte a comportarte de cierta manera para ser aceptado en la familia o en la iglesia, para considerarte un «buen cristiano». Dicen cosas como: ¿No te da vergüenza?, ¡Nos haces quedar mal!, ¿No puedes parecerte a tu hermano?, ¡Eres una deshonra a la familia/iglesia! ¡Nunca lograrás nada!, ¡Ojalá nunca hubieras nacido!

## Las cosas que hemos hecho

▶En segundo lugar, experimentamos vergüenza por las cosas que hemos hecho.

Las adicciones y cualquier pecado que degrada nuestro cuerpo o hace que otros nos menosprecien son una fuente de vergüenza. Jesús se encontró con una mujer en un pozo que estaba atrapada en pecado sexual. Su vergüenza la hacía venir al pozo a la hora del día en la que hacía más calor para evitar encontrarse con otros. A fin de ser libres de la vergüenza, necesitamos liberarnos de esos patrones de pecado, y veremos en breve cómo cada cristiano puede lograr esa libertad.

## Las cosas que nos han hecho

▶En tercer lugar, experimentamos vergüenza por las cosas que otros nos han hecho.

A través de los años he tenido la oportunidad de acompañar a muchas personas a través de *Los Pasos hacia la Libertad en Cristo*. Es trágico escuchar la crueldad con la que un ser humano puede tratar a otro, incluso a niños indefensos. A menudo el abuso es sexual, otras veces simplemente cruel. A veces el abuso es ritual, ligado al ocultismo. Con frecuencia las víctimas de pederastia sienten que fue su culpa o que se lo merecían. Ese es un engaño terrible. Los niños no tienen la culpa de los actos vergonzosos de quienes los cometen. Pero muy a menudo es la víctima quien experimenta vergüenza, y no el verdadero responsable.

Si tú experimentaste ese tipo de abuso, lamentamos muchísimo todo lo que has sufrido. A Jesús también le causa pesar, y por eso vino específicamente a sanar tu corazón quebrantado y a liberarte.

Steve Goss cuenta: «Recuerdo la historia de una señora que durante su infancia había sufrido abuso durante más de diez años. Y cuando se atrevió por primera vez a enfrentarse a las cosas horribles que le habían hecho en lugar de ocultarlas en las profundidades de su conciencia, reconoció: "Esto fue lo que me hicieron, Steve". Y pude decir con suavidad: "Sí, lo hicieron. ¿Y entonces qué?" Habíamos estado hablando de quién era ella ahora en Cristo — pura, santa. Ella dijo: "Sí, tienes razón. ¿Por qué he de dejar que eso me moleste? ¡Soy un hija de Dios! " Ahora dirige un ministerio próspero que ayuda a otros que han sufrido el mismo tipo de abuso».

La vergüenza ataca directamente tu identidad. La clave para escapar de ella es conocer tu nueva identidad. Recuerda lo que el hijo menor dijo a su padre al regresar: «Ya no soy digno de ser llamado tu hijo». No solo sentía culpa. La vergüenza que sentía había minado su identidad. «Hazme como uno de tus jornaleros». Estaba dispuesto a cambiar su identidad de hijo por la de sirviente, cuyo valor se basaba en su desempeño... en trabajar como esclavo.

Rich Miller cuenta: «Recuerdo los sollozos de un psicólogo de 50 años al recordar la terrible vergüenza que sintió cuando, siendo pequeño, su padre le violó diciendo: "Voy a dejarte como para que nadie te pueda querer jamás." Cuarenta años de vergüenza se derramaron del corazón de ese hombre».

## Los mensajes erróneos que hemos creído

▶En cuarto lugar, la vergüenza nos envuelve cuando asimilamos mensajes erróneos.

[¿Puedes contar una anécdota personal de cómo la vergüenza entró en tu vida a través de lo que otros dijeron? La siguiente historia es de Rich Miller.]

Yo era un niño bastante normal, hasta que cumplí 11 años. ¡Entonces llegó la pubertad! Pensé que se trataba de una enfermedad mortal. En un año crecí de 1.67 m y 54 Kg a 1.88 m y... ¡54 Kg! No era flaco, era esquelético. La gente me decía cosas como, «Rich, ponte de lado para que desaparezcas!» «¡Eh, palo de escoba!» Además tenía acné... «¡Eh, aquí viene Rich, juguemos a unir los puntos!» Llevaba aparato en los dientes, caminaba con torpeza y era muy tímido. A los 17 años tenía tanta vergüenza y temor a hacer el ridículo que no fui capaz de recoger un premio porque implicaba subir al escenario frente a los demás estudiantes. Durante esa ceremonia preferí pasearme por los pasillos. Tenía tanta vergüenza de mí mismo que me escondía. Mi mejor amigo era mi perro, porque no se burlaba de mí. A menudo llegaba de la escuela, hundía mi cara en su pelaje y lloraba. Pasé muchas horas a solas en mi habitación, lleno de rabia y de vergüenza, pensando en quitarme la vida. Mi lema era la vieja canción de Simon y

Garfunkel, «Soy una roca». Estaba de acuerdo, la amistad no era una bendición sino una fuente de dolor. Años más tarde, tuve que renunciar a la mentira de que yo era una roca. Jesús es la Roca. Y tampoco soy una isla; necesito a otras personas.

Si nos creemos las mentiras de esta sociedad — que tenemos que ser guapos o esbeltos o lo que sea para encajar en el grupo, podemos sentir mucha vergüenza si creemos que no damos la talla.

[Steve Goss dice:] Incluso las personas que sobresalen atléticamente, académicamente o en su respectivo campo, pueden vivir una vida basada en la vergüenza si sólo reciben aplausos y aprobación cuando tienen éxito. Yo tuve éxito académico. Podrías pensar que eso es algo bueno, pero en realidad el mensaje era claro: No tienes valor intrínseco. Tu valor y aprobación provienen de tu desempeño. Eso me dejó con la sensación de que debía alcanzar los estándares más altos para sentirme bien. Y nadie puede alcanzarlos siempre. Cuando no das la talla, las palabras de reconocimiento cesan; los aplausos brillan por su ausencia. En su lugar recibes desaprobación y decepción porque no fuiste el mejor. Este mensaje devastador puede marcarte y hacerte vivir una vida motivada por la vergüenza.

▶ La vergüenza nos lleva a encubrir y ocultarnos.

## Cómo intentamos encubrir y ocultarnos

La vergüenza tiene un espectro amplio. Va desde sentirse que estás en un apuro hasta el extremo de la humillación absoluta.

Sea cual fuere nuestra posición en este espectro, todos hemos desarrollado estrategias para aliviar la vergüenza, encubrirnos y ocultarnos. Algunas de las más comunes son:

▶ Mentir sobre logros o asuntos del pasado que te avergüenzan.

▶ Fingir que todo va bien y que estás muy bien cuando sabes que no es así.

▶ Culpar a los demás para que parezca que el problema es suyo en lugar de tuyo.

▶ Traicionar tus valores morales y bíblicos para ser aceptado y evitar la vergüenza del rechazo.

▶ Compensar las deficiencias vergonzosas en un área tratando de sobresalir en otras.

▶ Adoptar una posición dura e inflexible frente a formas de actuar en las que has incurrido y que te causan vergüenza.

▶ Criticar a los demás con dureza para que parezcan inferiores a ti [la diapositiva no aparece en esta guía].

▶ Automedicarte para mitigar y adormecer el dolor de tu propia vergüenza [la diapositiva no aparece en esta guía].

▶ Buscar la perfección en el comportamiento o en la apariencia para compensar la dolorosa convicción de que no das la talla [la diapositiva no aparece en esta guía].

Pero al igual que Adán y Eva con las hojas de higuera, estos mecanismos de defensa no funcionan. Pueden proporcionar un alivio temporal, incluso convencernos por un tiempo de que estamos a salvo. Pero a largo plazo, al igual que todas las estrategias de la carne, no perduran. El medio de Dios para quitar la deshonra o la vergüenza es la gracia.

# PAUSA PARA LA REFLEXIÓN 1

OBJETIVO:

AYUDAR A LA GENTE A DARSE CUENTA DE CÓMO LA VERGÜENZA NOS LLEVA A ENCUBRIR LAS COSAS Y A OCULTARNOS, Y EMPEZAR A PENSAR EN EL ASUNTO FUNDAMENTAL, QUE ES NUESTRA IDENTIDAD.

▶ PREGUNTAS (EN LA PAG 37 DE LA GUÍA DEL PARTICIPANTE):

ADÁN Y EVA USARON HOJAS DE HIGUERA PARA INTENTAR CUBRIR SU VERGÜENZA. ¿QUÉ TIPO DE COSAS USA LA GENTE HOY EN DÍA? ¿ERES CONSCIENTE DE TU TENDENCIA A USAR ALGUNA DE ELLAS?

SI ALGUIEN TE PREGUNTARA: «¿QUIÉN ERES?», ¿CÓMO TE DEFINIRÍAS?

TU DEFINICIÓN, ¿SE BASA MÁS EN LO QUE HACES O EN QUIÉN ERES DE VERDAD?

## El remedio de Dios para la vergüenza

¿Cuál es el remedio de Dios para la vergüenza?

▶La vergüenza nos dice que los que estamos mal somos nosotros. Nos sentimos impotentes, despreciables, inútiles, insignificantes, y sin esperanza. Esto afecta directamente nuestro concepto de nosotros mismos, nuestra identidad.

¿Cómo podemos aliviar esa sensación de que valemos menos que otros, que hay algo en el núcleo de nuestro ser que nos hace... incluso siendo cristianos... defectuosos o impuros? Podemos, al asimilar la verdad de nuestra identidad, de quiénes somos ahora en Cristo.

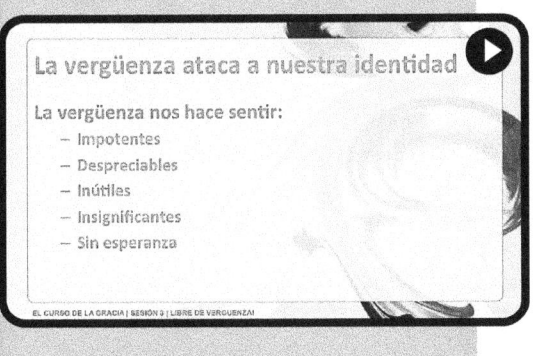

### ▶Nuestra vieja identidad

Pablo nos dice que alguna vez fuimos (tiempo pasado) «por naturaleza objeto de la ira de Dios» (Efesios 2:3). ▶Jeremías habla de nuestro corazón, la esencia misma de nuestro ser, y dice: «Nada hay tan engañoso como el corazón. No tiene remedio» (Jeremías 17:9).

▶ Isaías pone el dedo en la llaga: «Todos somos como gente impura; todos nuestros actos de justicia son como trapos de inmundicia» (Isaías 64:6) Una traducción literal sería: «todos nuestros actos de justicia son como un trapo empapado de sangre menstrual». La ley decía que la sangre menstrual era impura. La idea es que cuando eres impuro no importa las buenas obras que hagas, pues también estarán contaminadas.

Así que todos nosotros teníamos mucha razón en estar avergonzados de quienes éramos. La ley del Antiguo Testamento determinaba sacrificios para aliviar la culpa del pecado, que se cumplieron cuando Jesús se convirtió en el sacrificio máximo. También existía toda una serie de rituales para la limpieza. Éstos nunca pudieron — y nunca fue su propósito — erradicar nuestra inmundicia, sino que fueron instaurados para dirigirnos hacia el sacrificio que sí lo haría, el de Jesús.

## El gran intercambio

▶ 2 Corintios 5:21 revela cómo: «Al que no cometió pecado alguno, por nosotros Dios lo trató como pecador, para que en él recibiéramos la justicia de Dios».

▶ Jesús, el Hijo de Dios, que no conoció pecado, se hizo pecado para nuestro beneficio al ser colgado en la cruz. Dios tomó todos nuestros defectos y fracasos y los puso en Cristo. No murió sólo para pagar el castigo por tu pecado. Él tomó sobre sí mismo tu naturaleza impura e inmunda, eliminando tu contaminación interna.

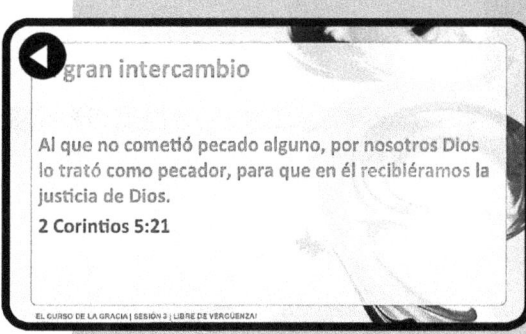

▶ A cambio, te convirtió en alguien muy diferente de quien eras antes. Te convirtió en la justicia de Dios. Tu corazón ya no es engañoso, perverso y sin remedio. Se cumplió la gran profecía de Ezequiel de que recibiríamos un corazón nuevo y un espíritu nuevo (Ezequiel 11:19).

Ya no somos por naturaleza hijos de ira. Pedro nos dice que de hecho ahora compartimos la naturaleza divina de Dios (2 Pedro 1:4). ¡Asombroso!

## Nuestra nueva identidad

Rich Miller nos cuenta: «Recuerdo que en medio del dolor y la vergüenza de mi adolescencia clamé a un Dios de cuya existencia dudaba: "¡Sólo quiero ser normal!" Me refería a que no quería ser tan alto, flaco ni torpe. Quería que el

acné desapareciera. Quería tener confianza en mí mismo y no ser rechazado de inmediato por todos. Dios, como siempre, tenía un plan mejor y más grande. No quería simplemente mejorar la apariencia de mi antigua persona; quería hacerme una persona completamente nueva».

Considera lo siguiente:

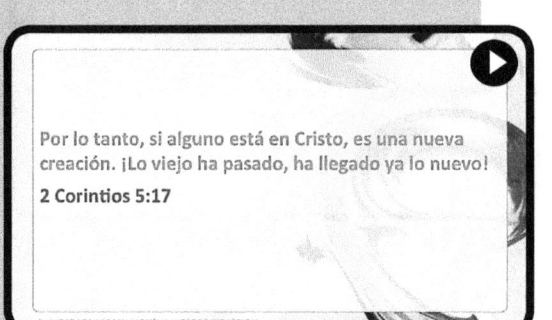

▶ Por lo tanto, si alguno está en Cristo, es una nueva creación. ¡Lo viejo ha pasado, ha llegado ya lo nuevo! (2 Corintios 5:17)

Hace dos mil años, tú y yo, y todos los que están en Cristo, murieron en la cruz con Cristo. Nuestro antiguo ser, vergonzoso, amante del pecado, murió. Dejó de existir. Se extinguió. Un biólogo podría traducir 2 Corintios 5:17 de este modo: «... todo el que pertenece a Cristo ¡se ha convertido en una especie nueva!»

Nunca antes había existido una criatura así... ¡un ser humano con un nuevo corazón y un nuevo amanecer, con el Espíritu Santo viviendo en su interior, dándole gracia y poder sobre el pecado y la capacidad de caminar con Cristo en este mundo caído!

Los sentimientos de vergüenza nos **alejan** de un Dios justo y santo. Pero ya no tenemos que huir. No tenemos que escondernos. Sin importar nuestro pasado. En el templo había un lugar llamado el Lugar Santísimo, y sólo el sumo sacerdote podía entrar brevemente una vez al año. Puesto que ahora somos justicia de Dios, podemos entrar al Lugar Santísimo en cualquier momento.

▶ Así que, hermanos, mediante la sangre de Jesús, tenemos plena libertad para entrar en el Lugar Santísimo, por el camino nuevo y vivo que él nos ha abierto a través de la cortina, es decir, a través de su cuerpo; y tenemos además un gran sacerdote al frente de la familia de Dios. **Acerquémonos**, pues, a Dios con corazón sincero y con la plena seguridad que da la fe, interiormente purificados de una conciencia culpable y exteriormente lavados con agua pura. (Hebreos 10:19-22)

Puesto que tienes una identidad completamente nueva y pura en Cristo, puedes acercarte con confianza y entablar una relación íntima con Dios mismo en el Lugar Santísimo, ¡porque eres santo y estás limpio en lo más profundo de tu ser!

No cedas a la tentación de pensar que esta invitación a acercarte es condicional, que depende de si te comportas como debe hacerlo un buen cristiano. Eso sería como vivir bajo el viejo sistema de ritos de purificación y sacrificios continuos. No se requiere otro sacrificio. ¡No hay más que hablar!

La gran pregunta a la que nos enfrentamos es esta: ▶¿Vas a creer lo que la palabra de Dios dice de ti? ¿O vas a creer lo que tu experiencia dice de ti?

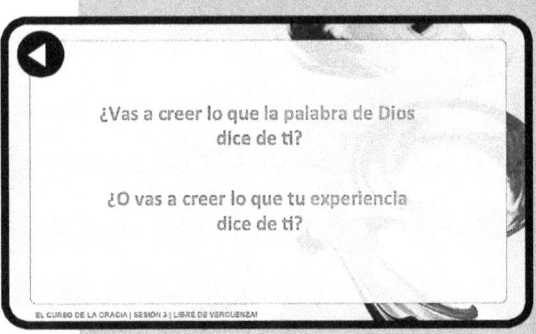

Anteriormente analizamos cómo Jesús sanó un leproso. En Lucas 17:11-19, sanó a diez leprosos a la vez. En esta ocasión no dijo «Sé sano» ni tampoco dijo «Sé limpio». Simplemente dijo: «Id a presentaros a los sacerdotes» (Lucas 17:14). Lucas nos relata que «mientras iban de camino, quedaron limpios». Es importante notar que les mandó a ir y presentarse ante otra persona. Para quien se siente inmundo y avergonzado, abrirse y mostrarse a otros es demasiado doloroso. Es lo último que quiere hacer. Es más seguro esconderse tras una máscara que arriesgar el ser rechazado.

▶La vergüenza nos lleva a escondernos y evitar relaciones sanas, precisamente lo que necesitamos para vivir y crecer. La vergüenza nos hace sentir que no pertenecemos; que nadie nos quiere; que nadie quiere estar con nosotros. Así me sentía yo hasta que el Señor me mostró claramente que sí pertenezco. ¡Soy un miembro de la familia de Dios!

▶Jesús nos dice, «Ya no eres inmundo. Ya no eres despreciable. Estás limpio. Eres agradable. ¡Quítate la máscara y derriba las paredes!».

Un hombre recién convertido estaba muy entusiasmado con su nueva relación con Jesús. Leyó en la Biblia la historia del bautismo de Jesús, en la que sonó una voz del cielo que decía: «Tú eres mi Hijo amado; estoy muy complacido contigo» (Lucas 3:22). Lo compartió con un grupo pequeño de su iglesia diciendo: «¡Qué maravilla! Soy el hijo amado de Dios y él está muy complacido conmigo». Hubo un silencio tenso y pronto creyó que había dicho algo erróneo.

De hecho no había dicho nada mal. El hombre había asimilado una pieza clave de su nueva identidad. Claro que él no era **el** Hijo de Dios, pero definitivamente era un hijo de Dios. Pablo dijo:

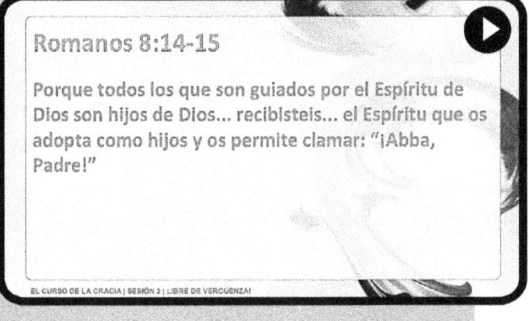

▶Porque todos los que son guiados por el Espíritu de Dios son hijos de Dios... recibieron... el Espíritu que los adopta como hijos y les permite clamar: «¡Abba! ¡Padre!» (Romanos 8:14-15)

[Rich Miller:] Cuando adoptamos a nuestro hijo Lua, de Tailandia, en 1999 escogimos adoptar a ese pequeño que tenía cuatro años. No teníamos que escogerlo, pero lo hicimos. No tenía padre y yo me convertí en su papá. No tenía familia y se hizo parte de la nuestra... un Miller, con un hermano mayor que le ama y unas hermanas que le adoran... ¡por lo general! Él tenía poca esperanza de futuro, pero ahora recibe una educación y le cuidaremos el resto de su vida. Lua es un niño con necesidades especiales y sin supervisión lo pasaría muy mal. Él no tenía herencia, pero ahora tiene garantizados por ley todos los derechos y privilegios de nuestros otros hijos biológicos. Y ahora es ciudadano de un nuevo país, Estados Unidos.

Espero que puedas ver cómo la adopción de Lua se asemeja a tu nueva vida, tu nueva familia, tus nuevas relaciones, tu nueva esperanza, tu nuevo futuro y tu nueva ciudadanía en el reino de Dios. ¡No podemos avergonzarnos, porque Dios mismo nos eligió para ser parte de la mejor familia, el mejor reino, bajo el mejor Rey y el mejor Hermano Mayor, el Señor Jesucristo!

Y por cierto, Lua recibió algo más que es nuevo. Le dimos un nuevo nombre. Ahora se llama Lucas.

## Un nuevo nombre

¡Y a ti también se te dio un nuevo nombre! Escucha lo que dice Isaías 62:2-4:

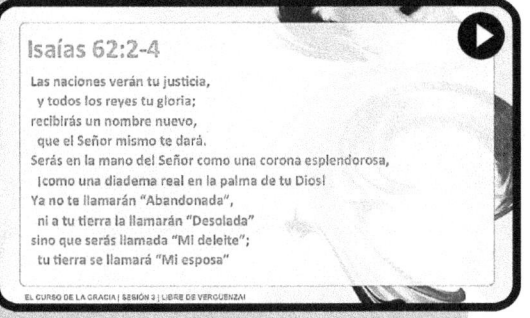

▶Las naciones verán tu justicia,
y todos los reyes tu gloria;
recibirás un nombre nuevo,
que el Señor mismo te dará.
Serás en la mano del Señor como una corona esplendorosa,
¡como una diadema real en la palma de tu Dios!
Ya no te llamarán «Abandonada»,
ni a tu tierra la llamarán «Desolada»,
sino que serás llamada «Mi deleite»;
tu tierra se llamará «Mi esposa»

[Steve Goss:] Una mañana, estando de vacaciones en España, durante mi tiempo con el Señor, leí un pasaje de Apocalipsis que habla de un nuevo nombre. Dice que a aquellos a los que han vencido se les entregará una piedra blanca con un nuevo nombre escrito en ella (Apocalipsis 2:17). Me impactó y sentí que Dios me decía, «¿Cuál te gustaría que fuera tu nuevo nombre?» Inmediatamente supe que me gustaría que mi nuevo nombre fuera «Libre de Condenación» — siempre he luchado con pensamientos de condenación. Ese día caminamos a la playa más cercana y nuestras hijas corrieron hacia nosotros con las manos llenas de piedras de cuarzo blanco diciendo: «¡Qué bonitas son estas piedras blancas! Podríamos escribir nuestros nombres en ellas». Dios estaba remarcando lo que me había dicho. Aún conservo mi piedra blanca con la leyenda «Libre de Condenación». Estoy ansioso por ver qué nombre estará escrito sobre la piedra que algún día recibiré.

Vamos a leer juntos algunos de los nuevos nombres con los que la Biblia distingue a los hijos de Dios. Cada uno de ellos te describe a ti.

 Anima a los participantes a que esperen recibir un nombre específico de parte de Dios. Puede que sea un nombre que no consta en la lista.

Antes de empezar pidámosle a Dios que siembre uno de estos nuevos nombres en lo más profundo de nuestro corazón.

Padre, gracias porque somos una criatura completamente nueva, una especie completamente nueva. Gracias porque tenemos un nuevo nombre. Al leer esta lista te pedimos que tu Espíritu Santo nos muestre un nombre en especial que Tú quieras que tomemos hoy. Amén.

Leamos juntos en voz alta:

▶ Mi nuevo nombre es Amado (Colosenses 3:12, 1 Juan 4:10)

Mi nuevo nombre es Hermoso (Cantar de los Cantares 1:16, 4:1,)

Mi nuevo nombre es Elegido (Efesios 1:4)

Mi nuevo nombre es Precioso (Isaías 43:4)

Mi nuevo nombre es Limpio (Juan 15:3)

Mi nuevo nombre es Presentable (Hebreos 10:22)

▶ Mi nuevo nombre es Protegido (Salmo 91:14, Juan 17:15)

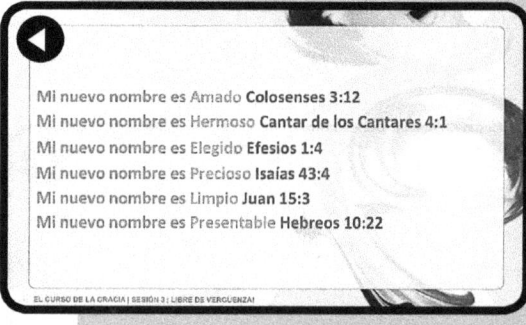

Mi nuevo nombre es Amado **Colosenses 3:12**
Mi nuevo nombre es Hermoso **Cantar de los Cantares 4:1**
Mi nuevo nombre es Elegido **Efesios 1:4**
Mi nuevo nombre es Precioso **Isaías 43:4**
Mi nuevo nombre es Limpio **Juan 15:3**
Mi nuevo nombre es Presentable **Hebreos 10:22**

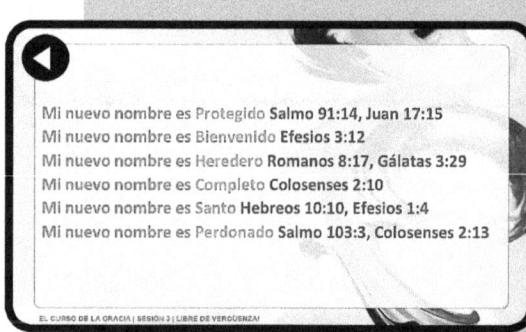

Mi nuevo nombre es Protegido **Salmo 91:14, Juan 17:15**
Mi nuevo nombre es Bienvenido **Efesios 3:12**
Mi nuevo nombre es Heredero **Romanos 8:17, Gálatas 3:29**
Mi nuevo nombre es Completo **Colosenses 2:10**
Mi nuevo nombre es Santo **Hebreos 10:10, Efesios 1:4**
Mi nuevo nombre es Perdonado **Salmo 103:3, Colosenses 2:13**

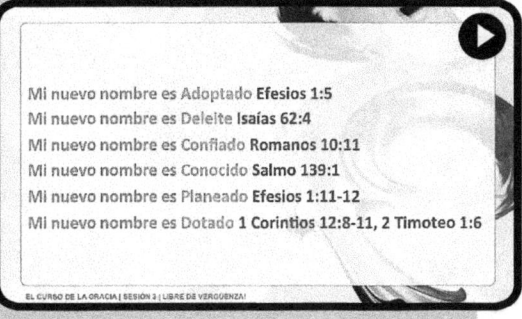

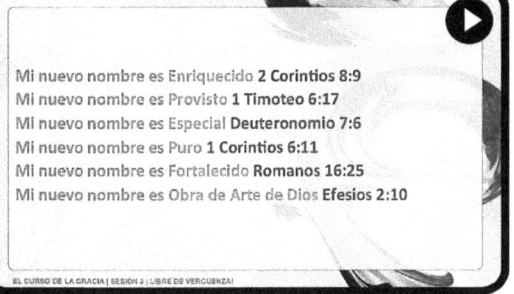

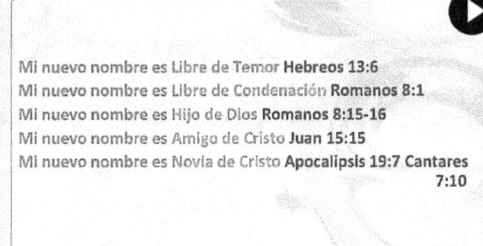

Mi nuevo nombre es Bienvenido (Efesios 3:12)

Mi nuevo nombre es Heredero (Romanos 8:17, Gálatas 3:29)

Mi nuevo nombre es Completo (Colosenses 2:10)

Mi nuevo nombre es Santo (Hebreos 10:10, Efesios 1:4)

Mi nuevo nombre es Perdonado (Salmo 103:3, Colosenses 2:13)

▶ Mi nuevo nombre es Adoptado (Efesios 1:5)

Mi nuevo nombre es Deleite (Isaías 62:4)

Mi nuevo nombre es Confiado (Romanos 10:11)

Mi nuevo nombre es Conocido (Salmo 139:1)

Mi nuevo nombre es Planeado (Efesios 1:11-12)

Mi nuevo nombre es Rico en dones
(1 Corintios 12:8-11, 2 Timoteo 1:6)

▶ Mi nuevo nombre es Enriquecido (2 Corintios 8:9)

Mi nuevo nombre es Provisto (1 Timoteo 6:17)

Mi nuevo nombre es Especial (Deuteronomio 7:6 RV)

Mi nuevo nombre es Puro (Filipenses 2:15)

Mi nuevo nombre es Fortalecido (Romanos 16:25)

Mi nuevo nombre es Obra de Arte de Dios (Efesios 2:10)

▶ Mi nuevo nombre es Libre de Temor (Hebreos 13:6)

Mi nuevo nombre es Libre de Condenación (Romanos 8:1)

Mi nuevo nombre es Hijo de Dios (Romanos 8:15-16)

Mi nuevo nombre es Amigo de Cristo (Juan 15:15)

Mi nuevo nombre es Novia de Cristo (Apocalipsis 19:7, Cantar de los cantares 7:10)

▶ Eso es en lo que te has convertido. Es quien eres ahora.

# PAUSA PARA LA REFLEXIÓN 2

**OBJETIVO:**

AYUDAR A LAS PERSONAS A ENTENDER LA IMPORTANCIA VITAL DE CONOCER SU NUEVA IDENTIDAD EN CRISTO

▶ **PREGUNTAS (EN LA PÁG 39 DE LA GUÍA DEL PARTICIPANTE):**

¿CUÁL DE TUS «NUEVOS NOMBRES» TE HA IMPACTADO MÁS?

¿QUÉ PUEDES HACER PARA QUE ESTA VERDAD SEA UNA REALIDAD EN TU VIDA?

SI ASIMILAS ESTA VERDAD EN TU CORAZÓN Y NO SOLO EN TU MENTE, ¿CÓMO PODRÍA AFECTAR TU RELACIÓN CON DIOS Y CON LOS DEMÁS?

## ▶ Cómo mantenerte libre de pecado

Dijimos antes que algo que genera culpa es estar estancado en un pecado en particular.

Veamos finalmente una de las implicaciones de nuestra nueva vida, fresca, limpia y libre de vergüenza — para que podamos mantenerla así y no tengamos que regresar a los viejos patrones de pecado que nos atrapan en la vergüenza.

▶ Tu nueva identidad es la clave para ser libre del pecado.

> Sabemos que nuestra vieja naturaleza fue crucificada con él para que nuestro cuerpo pecaminoso perdiera su poder, de modo que ya no siguiéramos siendo esclavos del pecado; porque el que muere queda liberado del pecado. (Romanos 6:6-7)

¿Cuántos de los que estamos aquí hemos muerto con Cristo? [pide que levanten las manos] ¿Cuántos hemos sido liberados del pecado?

Según este pasaje, ¡el número de manos no puede variar!

▶ «...porque el que muere queda liberado del pecado.»

Puede que pienses: «Pues, no me siento muy libre de pecado. De hecho, no puedo deshacerme de él». ¿Cuál es la única respuesta apropiada al leer una declaración en la Biblia? ¡Creer! Tus sentimientos y experiencias del pasado son irrelevantes. Es conocer la verdad lo que nos hace libres.

En Romanos 6, Pablo dice que, de la misma manera que la muerte ya no tiene dominio sobre Cristo, el pecado ya no tiene dominio sobre ti. Eso significa que ya no estamos obligados a movernos al ritmo del pecado.

[Jude Graham nos cuenta su testimonio:] Un día, sentada en casa, el Señor me mostró la verdad de Romanos 6:6, que Cristo no sólo había muerto en la cruz, sino que de alguna forma por la fe, yo había muerto junto con él, y que la persona —Jude— que ahora vive, no es la misma que existía antes de convertirme. Eso alteró mi vida. Él había dado con el problema. ¡Yo había creído que tenía que esforzarme mucho para lograr SER mejor, pero él me mostró que ya había eliminado a la antigua Jude en la cruz y me había dado una nueva vida! Él se volvió pecado para que yo fuera santa. ¡Dios había anulado mi contaminación, me había hecho completamente santa para que yo pudiera vivir una vida santa!

Recuerdo haber visto de pequeño una mariposa arrastrarse sobre el patio después de un chubasco. Sus alas estaban mojadas y necesitaba dejarlas secar antes de poder volar. Al analizar esa escena, me llama la atención que la mariposa, creada para volar, estaba arrastrándose lentamente por el suelo, como lo haría una oruga. HABÍA SIDO una oruga, pero mediante la maravillosa transformación de la metamorfosis se transformó en una criatura completamente diferente... una mariposa. Y las mariposas fueron hechas para volar, no para arrastrarse.

¿Eres una mariposa que aún se arrastra como una oruga? Muchos cristianos lo son. Quizá no se dan cuenta de que han sido transformados en nuevas criaturas en Cristo, o quizá han permitido que la vida y la sociedad «mojen sus alas» y no puedan volar.

Dirás: «Bien, veo el problema. Pero ¿cuál es la solución?» Pablo nos explica a continuación:

## Reconoce que has muerto al pecado

▶ «De la misma manera, también vosotros consideraos muertos al pecado, pero vivos para Dios en Cristo Jesús. Por lo tanto, no permitáis que el pecado reine en vuestro cuerpo mortal, ni obedezcáis a sus malos deseos. No ofrezcáis los miembros de vuestro cuerpo al pecado como instrumentos de injusticia; al contrario, ofreceos más bien a Dios como quienes han vuelto de la muerte a la vida, presentando los miembros de vuestro cuerpo como instrumentos de justicia. Así el pecado no tendrá dominio sobre vosotros, porque ya no estáis bajo la ley sino bajo la gracia». (Romanos 6:11-14)

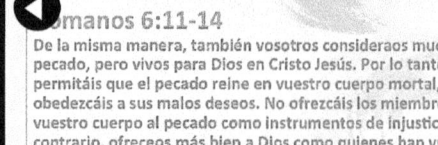

▶ Primero debemos considerarnos «muertos al pecado». ¿Por qué? ¡Porque lo estamos! Estar «muerto al pecado» no significa que no puedas pecar. Puedes y lo haces. ¡Tan sólo tienes que preguntarle a tu cónyuge o a un amigo cercano! Lo que significa es que ahora tú decides. Tu relación con el pecado ya no es del tipo amo – esclavo. Antes de ser una nueva persona en Cristo, cuando el pecado ordenaba: «¡Salta!» tú preguntabas: «¿Cuán alto?» No tenías otra opción, tenías que someterte a su voluntad. Pero ya no es así. Ahora estás en relación con Cristo, el cual conquistó al pecado y vive en ti, y te dio su fuerza sobre el pecado, para que hagas uso de ella cuando así lo escojas.

▶ Entonces, ¿cómo evitas que el pecado tome el control? Pablo dice que eliges no rendir ninguna parte de tu cuerpo a él, más bien entregas tu cuerpo y todos sus miembros a Dios... para hacer el bien. No uses tus ojos para ver pornografía. Somete tus manos a Dios para ayudar a la gente, no para hacerles daño. Somete tus órganos sexuales y tu mente a Dios, para que tu sexualidad sea encauzada en rectitud. ¿Captas la idea? Puedes elegir usar tu cuerpo para bien o para mal.

«Bueno, todo eso suena muy bien,» dirás, «ya intenté resistir el pecado pero no siento que tenga elección. Siento que vuelve a tirar de mí. Estoy estancado y me siento avergonzado».

▶ Imagina que te han dejado solo en una habitación y te han dicho: «bajo ninguna circunstancia deberás abrir la puerta». Pero del otro lado de la puerta escuchas una voz muy dulce

que te dice: «Vamos, nadie está mirando. Esto no puede hacerte daño».

▶ Así que abres la puerta. Y te encuentras con un perro enorme.

▶ El perro te pega un gran mordisco en la pierna y no te suelta. La dulce voz ahora te acusa y te condena: «Menudo desastre. Eres patético. Lo has echado todo a perder». Entonces, ¿qué haces?

Confiesas... «Dios, abrí la puerta. ¡Por favor, perdóname!» ¿Y él lo hace? ¡Sí! De hecho, él ya te ha perdonado.

Pero ¿acaso se ha resuelto todo el problema? No. El perro sigue colgando de tu pierna. Por cierto, hay algo que se me olvidó mencionar. El perro es invisible. No lo puedes ver y no sabes qué es. Sólo sabes que has hecho algo malo —abriste la puerta— y ahora tienes dolor y te sientes fatal. ¿Con quién te enfadas — con el perro? No, ¡ni siquiera sabes que está ahí! Te enfadas contigo mismo o con Dios.

## Reconoce la realidad del diablo y resístelo

Aunque sabemos que la Biblia habla del diablo y de los demonios, la mayoría de nosotros, los que hemos sido criados en occidente, ignora la realidad del mundo espiritual en nuestra vida y ministerio en el día a día. Pero la Biblia dice que cuando pecamos, le damos cabida al diablo — un lugar de influencia en nuestra vida.

Está muy bien haber recibido el perdón por tu pecado, pero sigues caminando con la influencia del enemigo - ¡un perro invisible colgado de la pierna! Y ese problema no resuelto producirá un corto circuito con el poder de Dios que te permite vivir en santidad. Te dificultará resistir la tentación, dificultará tomar decisiones correctas, y dificultará renovar la mente. Y mientras más te adentras en este ciclo, más aprovecha el enemigo para acusarte y más vergüenza sientes. Es aquí donde muchos se dan por vencidos y tiran la toalla.

[Steve Goss:] Recuerdo haber estado atrapado en un pecado del que no lograba escapar. Veía cosas inapropiadas en la televisión a altas horas de la noche. Veía algo indecente, y luego decía «Lo siento, Señor, perdóname». Aunque sabía que me perdonaba, aún me sentía fatal. Pasados unos días o una semana lo volvía a hacer... una y otra vez. Terminé perdiendo toda esperanza.

Un día vino a mi iglesia un predicador llamado Frank y describió a la perfección la situación en la que yo estaba atrapado. Luego dijo: «¿Quieres saber cómo salir de esto?» Y yo realmente lo quería. Me enderecé en mi asiento — luego pensé que mejor me tranquilizaba por si acaso alguien fuera a imponerme manos o algo así... Pero ciertamente deseaba saber cómo salir de ello. Él dijo: «Es bastante sencillo: simplemente para de hacerlo».

Pensé: «Ah, gracias — lo he intentado ya muchas veces y no funciona. De hecho, fue lo primero que intenté». Pero él explicó que si en Romanos 6 la Biblia dice que el poder del pecado ha sido destruido en nuestra vida como cristianos, ¡es así!, lo sintamos o no. Recuerdo haber regresado a casa muy confundido. Fui a mi habitación, me arrodillé, y dije algo así: «Señor, Romanos 6 dice que el poder del pecado ha sido roto en mi vida. No siento que sea verdad. Pero escojo creerlo». Y renové mi compromiso con él.

Sorprendentemente, ahí terminó mi lucha con ese problema. Aunque he sido tentado en esa área, nunca he vuelto a caer.

Lo que queremos decir es que no tienes que continuar atrapado en un ciclo interminable de «pecar-confesar, pecar-confesar».

▶Santiago 4:7 dice, «Así que someteos a Dios. Resistid al diablo, y él huirá de vosotros». Confesar es sólo la primera parte — el sometimiento. Necesitamos completar lo que Santiago nos ordena, resistiendo al diablo activamente, y quitándole la influencia que le hemos entregado al enemigo, la cual permitía que el pecado reinara en nuestro cuerpo. ¡Necesitamos deshacernos del perro y cerrar la puerta a otros perros!

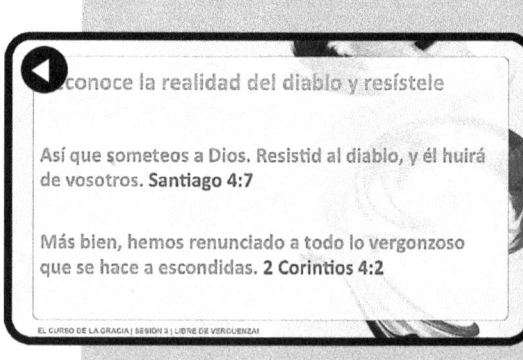

conoce la realidad del diablo y resístele

Así que someteos a Dios. Resistid al diablo, y él huirá de vosotros. **Santiago 4:7**

Más bien, hemos renunciado a todo lo vergonzoso que se hace a escondidas. **2 Corintios 4:2**

La mayoría de los cristianos no han aprendido esto. Pero es bastante claro. *Los Pasos hacia la Libertad en Cristo* es una excelente forma de hacer esto. Es un proceso tranquilo y respetuoso que yo uso cada año.

▶Pablo dice en 2 Corintios 4:2: «Más bien, hemos renunciado a todo lo vergonzoso que se hace a escondidas». Y eso es precisamente lo que hacemos en *Los Pasos* bajo la dirección del Espíritu Santo. Renunciar a algo es declararle a Dios y al mundo espiritual invisible que tu acuerdo, alianza y participación en aquello ha terminado. La boca expresa el sentir de un corazón arrepentido. Arrepentirse significa cambiar tu forma de pensar sobre tu pecado y dejarlo atrás. Cuando renuncias a aquellas cosas de tu vida que escondías por vergüenza, vas camino a la libertad.

Se parece al montón de cosas que acumulamos en la casa a lo largo de los años. Ya sabes, las que llenan armarios y esquinas que nos dan vergüenza y que ¡nunca mostraríamos a los invitados! Necesitamos sacar tanta cosa acumulada y tirar lo que es basura. Hacer *Los Pasos* es como hacer una limpieza profunda de tu «casa»... tu cuerpo, que es el templo del Espíritu de Dios.

## Renueva tu mente

Es muy liberador sacar a la luz todo lo que has mantenido en secreto por vergüenza. Si te cuesta mucho hacerlo, busca la ayuda de un hermano o hermana en Cristo que sea manso y esté lleno de gracia. Dios no quiere que libremos nuestras batallas contra el pecado a solas. Así que no permitas que el diablo te convenza a fingir que todo va bien. Cuando compartes tu bagaje vergonzoso con un hermano en Cristo lleno de compasión, y recibes misericordia en lugar de juicio, ¡es una experiencia liberadora!

Una vez que renuncias a las prácticas pecaminosas y vergonzosas e impides que el pecado utilice tu cuerpo para su propósito malvado, hallarás el poder de Dios para hacer lo correcto. ¡Porque no estás bajo la ley sino bajo la gracia! Entonces puedes avanzar hacia ser transformado. ¿Cómo? ▶Pablo dice en Romanos 12:2 que se logra a través de la renovación de la mente. Esto significa remplazar las mentiras que hemos creído, por la verdad. Detrás de cada pecado que te atrapa, hay una mentira — que promete consuelo o una sensación de bienestar. Pero nunca se cumple. Termina haciéndote sentir aún peor y robándote la posibilidad de dar fruto.

En la siguiente sesión veremos una forma estructurada de remplazar las mentiras con la verdad, un proceso que hemos llamado «Demoledor de Fortalezas»

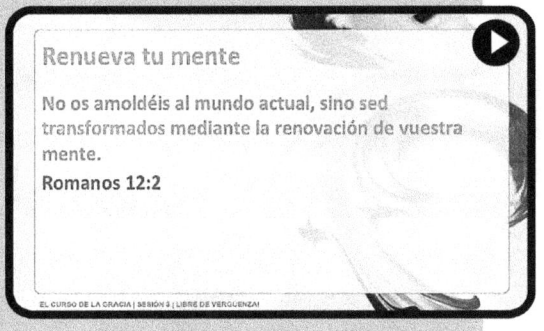

**Renueva tu mente**

No os amoldéis al mundo actual, sino sed transformados mediante la renovación de vuestra mente.
**Romanos 12:2**

▶Así es como Dios nos trata. Nos lleva de la vergüenza a la

EL CURSO DE LA GRACIA | SESIÓN 3 | ¡LIBRE DE VERGÜENZA!

## PAUSA PARA LA REFLEXIÓN 3

OBJETIVO:

ENTENDER LA RELACIÓN ENTRE LA VERGÜENZA Y EL PECADO Y CÓMO NUESTRA NUEVA IDENTIDAD HA CAMBIADO NUESTRA RELACIÓN CON EL PECADO DE FORMA RADICAL.

▶ PREGUNTAS (EN LA PÁG 42 DE LA GUÍA DEL PARTICIPANTE):

¿QUÉ EFECTO TIENE EN NOSOTROS Y EN AQUELLOS CON QUIENES NOS RELACIONAMOS, QUE ESCONDAMOS COSAS PORQUE NOS SINTAMOS AVERGONZADOS?

CUANDO CAEMOS EN PECADO, ¿QUÉ PASOS PODEMOS TOMAR PARA RECUPERARNOS?

SI TE CONSIDERAS «MUERTO AL PECADO», ¿CÓMO CAMBIARÁ LA MANERA EN LA QUE RESPONDAS LA PRÓXIMA VEZ QUE SEAS TENTADO?

gracia. De la humillación a la dignidad. Del rechazo a la aceptación. Del aislamiento a la pertenencia. De la alienación a la intimidad. En Cristo.

Por lo tanto, ¿cuáles son algunas de las mentiras que esta sesión te ha ayudado a descubrir? Oremos:

Señor, de nuevo te pedimos que nos muestres las áreas en la que actuamos bajo presuposiciones que no son verdad. Muéstranos dónde tomamos malas decisiones debido a creencias falsas. Gracias. Amén.

Busca la *Lista de Mentiras* en tu *Guía del Participante* y analiza qué asuntos han surgido en esta sesión. Algunas mentiras podrían ser:

- Que algún suceso del pasado ha marcado tu identidad permanentemente.

- Que algo que te hicieron te ha hecho sucio de forma irreversible, cuando Dios dice que él te ha limpiado.

- Que por algún motivo eres «menos» que los demás.

- Que no puedes escapar de un pecado que te tiene atrapado.

Considera dividir a los asistentes en grupos de hombres y mujeres para esta Pausa para la Reflexión.

En la *Lista de Mentiras* de tu *Guía del Participante* apunta aquellas mentiras que Dios te muestre, y busca las verdades en la Palabra de Dios antes de la próxima sesión.

Dos orugas estaban hablando cuando pasó una mariposa volando. Al verla, una le dijo a la otra: «¡Yo nunca me subiría a una de esas cosas!» Antes dije que la mayoría de los cristianos son mariposas que se comportan como orugas. ¿Podrá ser hoy el día en el que te agarres a la verdad de quién eres en Cristo y empieces a volar con Dios?

 ## TESTIMONIO

¿Cómo compartirías tu nuevo nombre con un amigo no-creyente y cómo le explicarías lo que ese nombre significa para ti?

 ## PARA LA PRÓXIMA SEMANA

Busca las referencias bíblicas en la lista de *Mi nuevo nombre*. Comparte tu nuevo nombre con una o más personas que no hayan estado en la sesión.

Si estás atrapado en un ciclo de pecar-confesar, pecar-confesar y continúas regresando al mismo pecado, haz el ejercicio de la página 45 de la *Guía del Participante* (página 111 de la *Guía del Líder*).

# Mi Nuevo Nombre

▶ Mi nuevo nombre es Amado (Colosenses 3:12, 1 Juan 4:10)

Mi nuevo nombre es Hermoso (Cantar de los Cantares 1:16, 4:1,)

Mi nuevo nombre es Elegido (Efesios 1:4)

Mi nuevo nombre es Precioso (Isaías 43:4)

Mi nuevo nombre es Limpio (Juan 15:3)

Mi nuevo nombre es Presentable (Hebreos 10:22)

▶ Mi nuevo nombre es Protegido (Salmo 91:14, Juan 17:15)

Mi nuevo nombre es Bienvenido (Efesios 3:12)

Mi nuevo nombre es Heredero (Romanos 8:17, Gálatas 3:29)

Mi nuevo nombre es Completo (Colosenses 2:10)

Mi nuevo nombre es Santo (Hebreos 10:10, Efesios 1:4)

Mi nuevo nombre es Perdonado (Salmo 103:3, Colosenses 2:13)

▶ Mi nuevo nombre es Adoptado (Efesios 1:5)

Mi nuevo nombre es Deleite (Isaías 62:4)

Mi nuevo nombre es Confiado (Romanos 10:11)

Mi nuevo nombre es Conocido (Salmo 139:1)

Mi nuevo nombre es Planeado (Efesios 1:11-12)

Mi nuevo nombre es Rico en Dones (1 Corintios 12:8-11, 2 Timoteo 1:6)

▶ Mi nuevo nombre es Enriquecido (2 Corintios 8:9)

Mi nuevo nombre es Provisto (1 Timoteo 6:17)

Mi nuevo nombre es Especial (Deuteronomio 7:6 RV)

Mi nuevo nombre es Puro (Filipenses 2:15)

Mi nuevo nombre es Fortalecido (Romanos 16:25)

Mi nuevo nombre es Obra de Arte de Dios (Efesios 2:10)

▶ Mi nuevo nombre es Libre de Temor (Hebreos 13:6)

Mi nuevo nombre es Libre de Condenación (Romanos 8:1)

Mi nuevo nombre es Hijo de Dios (Romanos 8:15-16)

Mi nuevo nombre es Amigo de Cristo (Juan 15:15)

Mi nuevo nombre es Novia de Cristo (Apocalipsis 19:7, Cantar de los cantares 7:10)

# Cómo romper los ciclos de pecar – confesar

(Este ejercicio tiene mucho poder para la gente que se encuentra atrapada en pecado. Asegúrate de resaltarlo al final de la sesión. Está en la página 45 de la Guía del Participante)

¿Estás frustrado porque siempre vuelves a cometer los mismos pecados?

Te invitamos a leer esta declaración en voz alta (basada en Romanos 6 y Santiago 4). En lugar de depender de tus propias fuerzas e inventarte normas para evitar pecar, puedes disfrutar de la realidad de tu nueva identidad. ¡Cristo en ti, la esperanza de gloria! (Colosenses 1:27). Declárala en voz alta a diario durante el tiempo que sea necesario.

**Declaro que ahora soy una nueva creación en Cristo. He muerto al pecado y vivo en Dios. Confieso mis pecados [especifica cualquier pecado persistente] y los dejo atrás.**

**Declaro que el pecado de [especifica todo pecado persistente, uno por uno] ya no reina en mí y renuncio a su control sobre mí. Jesús, quien vive en mí, es mi amoroso Amo y Señor y todo lo que soy ahora le pertenece a él.**

**Gracias, Jesús, porque me has hecho santo para que yo PUEDA glorificarte en mi cuerpo. Por lo tanto, rehúso ofrecer mi cuerpo para cometer injusticia. Al contrario, someto todo lo que soy a mi Padre Celestial, el cual me dio vida junto con Cristo. Ofrezco libremente todo mi cuerpo: mi corazón; mis ojos; mis orejas; mi boca; mi lengua; mis manos; mis pies; mis órganos sexuales; mi mente; mi entendimiento; mi capacidad intelectual; mis emociones; mi imaginación y mi razonamiento a Dios, y elijo usar estas partes de mi cuerpo sólo para obras de justicia, dependiendo completamente del poder de su Santo Espíritu en mí para lograrlo.**

**Así que me someto completamente a Dios y resisto al diablo, quien deberá ahora huir de mí (ver Santiago 4:7).**

# Sesión 4: ¡VALIENTE!

# Sesión 4: ¡VALIENTE!

## VERSÍCULO CENTRAL:

Josué 1: 9: ¡Sé fuerte y valiente! ¡No tengas miedo ni te desanimes! Porque el Señor tu Dios te acompañará dondequiera que vayas.

## OBJETIVO:

Entender cómo podemos hacer frente a los temores malsanos para que no nos controlen.

## VERDAD CLAVE:

No tenemos que permitir que los temores malsanos nos controlen o determinen la agenda en nuestra vida. Dios es todopoderoso y omnipresente, y por gracia nos ha dado poder, amor y dominio propio.

### Notas del Líder:

La mayoría de las personas no son conscientes de que los temores malsanos les tienen esclavizados — simplemente han aprendido a vivir con ellos. Pero esperamos que esta sesión les ayude a reconocerlos y tomar las medidas necesarias para hacerles frente. «En el amor no hay temor, sino que el amor perfecto echa fuera el temor». (1 Juan 4:18). El entendimiento del amor de Dios quita todo temor.

No queremos enseñar algo meramente teórico. Queremos que la gente experimente cómo resolver de forma práctica los temores malsanos mediante la gracia. Hay sólo dos Pausas para Reflexión en esta sesión y ambas son de carácter muy práctico. En la primera Pausa para Reflexión, que se hará individualmente y no en grupo, los participantes pedirán la ayuda del Espíritu Santo para identificar los miedos malsanos. En la segunda, que se puede hacer individualmente o en grupo, les animarás a encontrar la mentira que existe detrás de cada temor, lo cual no es fácil porque, a nivel de sentimientos, la mentira parece muy real. Prepárate para ofrecer ayuda y orientación y animarles a persistir. En el proceso de ayudar a las personas a renovar su mente, es clave identificar las mentiras.

Mencionamos brevemente el concepto del «Demoledor de Fortalezas» en la sesión anterior, pero daremos más detalles en esta sesión. Lo explicaremos a fondo durante el componente ministerial *Los Pasos para experimentar la Gracia de Dios* entre las sesiones 5 y 6. El «Demoledor de Fortalezas» es un enfoque estructurado para la renovación de la mente, y quienes hayan hecho El *Curso de Discipulado* estarán familiarizados con él. Este proceso bíblico es sumamente impactante y puede cambiar la vida de quienes estén preparados para tomárselo en serio.

Al final de la sesión hay dos ejercicios opcionales adicionales para resolver el miedo y la ansiedad. Los participantes pueden hacerlos en casa.

## HORARIO PARA GRUPO PEQUEÑO:

| | | |
|---|---|---|
| Bienvenida | 5 minutos | 0:05 |
| Alabanza, oración y declaración | 10 minutos | 0:15 |
| Palabra, 1ª parte | 15 minutos | 0:30 |
| Pausa para la reflexión 1 | 20 minutos | 0:50 |
| Palabra 2ª parte | 25 minutos | 1:15 |
| Pausa para la reflexión 2 | 25 minutos | 1:40 |
| Palabra 3ª parte | 20 minutos | 2:00 |

 # BIENVENIDA

Cuando eras pequeño, ¿qué te causaba temor?

[Escucha con atención qué temas se repiten. Así podrás mencionarlos durante la sección de La Palabra más adelante]

 # ADORACIÓN

Tema sugerido: ¡Todo cuanto tiene Jesús es mío también! Juan 10:10, 16:14-15.

Juan 10:10: «Yo he venido para que tengan vida, y para que la tengan en abundancia». Lee en voz alta esta lista de títulos dados a Jesús en la Biblia e invita a la gente a alabarle de este modo: «Señor Jesús, gracias porque Tú eres _____».

Consejero, Amigo, Salvador, Amo, Cordero de Dios, Redentor, Novio, Pan de vida, Agua viva, Palabra de Dios, Puerta, Pastor, el Camino, la Verdad, la Vida, Maestro, Rey de reyes, Luz, Abogado, Vid, Estrella de la mañana, el Alfa y la Omega, León de Judá...

 # ORACIÓN Y DECLARACIÓN

**«Mi Padre Dios, Tú eres mi Roca, mi Escudo, mi Libertador y mi Torre fuerte. ¡Qué maravilloso es saber que estoy en la palma de tu mano y que nadie me puede arrebatar! En el poderoso nombre de Jesús, mi Señor. Amén».**

**No se me ha dado un espíritu de temor, por lo que rechazo cualquier ataque espiritual de temor, ansiedad o preocupación. No les permito que me impidan escuchar la verdad. Escojo ahora fijar mis ojos en Jesús y depositar mi confianza sólo en él.**

## 📄 LA PALABRA

### Sé fuerte y valiente

A veces en la Biblia, la gente parece escuchar a Dios claramente. Así le ocurrió a Josué.

Cuando toda la generación de los israelitas que escaparon de Egipto hubo muerto vagando por el desierto, ▶Dios finalmente le dijo a Josué que cruzara el Jordán y tomara la tierra que les había prometido. La tierra no estaba vacía — ▶estaba llena de gente que no quería marcharse. Algunos de ellos eran muy grandes, daban miedo y tenían un terrible arsenal de armas.

Pablo nos dice que Dios ha planeado algunas obras con antelación específicamente para que andemos en ellas (Efesios 2:10). Eso es verdad, incluso aunque sientas que has estado vagando sin rumbo por el desierto durante años.

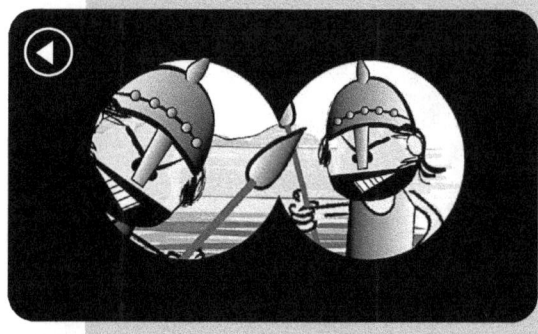

▶No sé cómo te hubieras sentido tú, pero nos hacemos una idea de cómo se sintió Josué por lo que Dios le dijo a continuación:

«Así como estuve con Moisés, también estaré contigo; no te dejaré ni te abandonaré. Sé fuerte y valiente». (Josué 1: 5-6a)

Entonces Dios repite:

«Sólo te pido que tengas mucho valor y firmeza» y añade una instrucción: «para obedecer toda la ley que mi siervo Moisés te mandó. No te apartes de ella para nada; sólo así tendrás éxito dondequiera que vayas. Recita siempre el libro de la ley y medita en él de día y de noche; cumple con cuidado todo lo que en él está escrito. Así prosperarás y tendrás éxito». (Josué 1: 7-8)

Luego Dios repite una vez más:

«¡Sé fuerte y valiente! ¡No tengas miedo ni te desanimes! Porque el Señor tu Dios te acompañará dondequiera que vayas». (Josué 1: 9)

Así que tres veces en nueve versículos Dios le manda ser fuerte y valiente. ¿Por qué? Precisamente porque él sabe que Josué se siente débil y asustado. ¿Y la base para poder ser fuerte y valiente? No es su propia fuerza o sus habilidades, sino simplemente el hecho de que Dios promete estar con él. Eso es gracia, el favor inmerecido de

Dios para darnos lo que tanto necesitamos pero que no podemos suplir nosotros mismos.

Dios no le pidió a Josué que se perfeccionara en estrategia militar. Tampoco le dio instrucciones para construir lo último en armas. Lo único que Dios le pidió a Josué fue que se asegurara de conocer la Ley dada por Dios a través de Moisés, y que hiciera lo que ahí se indicaba. Si lo hacía, Dios prometió que tendría éxito en esa descabellada aventura de conquistar la Tierra Prometida con un grupo de vagabundos del desierto.

¿Qué nos dice Dios a nosotros? El autor de la carta a los Hebreos nos cuenta:

> «Nunca te dejaré; jamás te abandonaré». Por lo tanto podemos decir confiadamente: «El Señor es quien me ayuda; no temeré. ¿Qué me puede hacer un simple mortal?» (Hebreos 13:5-6).

Nosotros también debemos mantener nuestros ojos en la verdad que dice que él nunca nos dejará ni nos abandonará.

▶ Recuerda quién eres: un hijo de Dios con la túnica, el anillo y las sandalias. Por su gracia, tenemos todo lo necesario para vivir una vida que dé mucho fruto. Pero el temor es uno de los principales factores que nos puede detener. Y si el temor nos motiva, entonces ni la fe ni el amor pueden motivarnos.

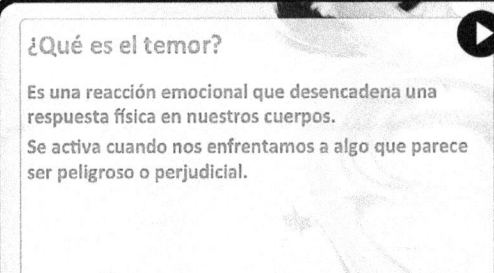

Así que Dios nos diría una vez: «Sé fuerte y valiente». Por segunda vez: «Sólo te pido que tengas mucho valor y firmeza». Y nuevamente: «¡Sé fuerte y valiente!»

Pero, ¿cómo ponemos esto en práctica? En esta sesión vamos a ver cómo Dios nos da su gracia para que podamos liberarnos de los temores que nos impiden vivir por fe en el amor de Dios.

## ▶ ¿Qué es el temor?

En su esencia, el temor es una reacción emocional que desencadena una respuesta física en nuestros cuerpos. Viene de la percepción de un peligro o un daño inminente.

▶ Se activa cuando nos enfrentamos a algo que parece ser peligroso o perjudicial.

▶ En esa situación, nuestro cerebro evalúa rápidamente si es mejor quedarse y luchar, o simplemente huir (lo que se denomina la reacción de «lucha o huida»). A continuación, envía una señal a nuestras glándulas suprarrenales, las cuales envían hormonas a todo el cuerpo para permitirle reaccionar rápidamente y así protegerse del peligro percibido.

A continuación tenemos el *Top 10* de los miedos de Rich Miller cuando era niño:

10. Que por la noche mi brazo colgase por un lado de la cama y que el monstruo que estaba debajo de la cama lo agarrase.
9. Que al nadar en el mar me comiese un tiburón.
8. Que una escalera mecánica me pillase y aplastase.
7. Que mi tía de los labios grandes me besara en Navidad.
6. Que mi madre me preguntase delante de todos mis familiares cómo iba mi acné.
5. Ir al baño y no ser capaz de abrir el cierre del pantalón.
4. ▶Caer dentro del inodoro.
3. Ser absorbido por el inodoro.
2. ▶Que mi perro se muriese.
1. Que mi hermano mayor NO se muriese.

▶En realidad el temor no es necesariamente malo. Necesitamos tener un temor sano hacia las cosas que nos pueden hacer daño.

El temor saludable es el temor que tiene sentido. Cosas como: no intentar acariciar un perro rabioso y con espuma en la boca; no cruzar una autopista donde circulan coches a toda velocidad; no colocar la mano sobre la estufa caliente.

## El temor malsano

Pero también existe el temor malsano. Ese temor no es una respuesta razonable a las circunstancias, por ejemplo: temor a todos los perros, o el temor a cruzar cualquier calle, o el temor a acercarse a la cocina (¡un temor que tienen muchos hombres!).

El enfoque de esta sesión, por supuesto, está en los temores malsanos. Incluso podemos no ser conscientes de los temores malsanos que operan en nuestras vidas. Por otro lado, algunos temores pueden controlarnos y paralizarnos.

▶ Los temores malsanos nos roban la paz y ahogan nuestro gozo. Nos comprimen como los anillos de una boa o de una pitón. Estas serpientes no matan a sus presas con veneno, si no por asfixia lenta. Primero muerden a su víctima para anclarse y rápidamente se enrollan alrededor del torso de la presa. Cada vez que la víctima exhala, la serpiente le aprieta más el pecho, impidiendo que pueda inhalar tan profundamente como antes. Esto sucede poco a poco y de menos a más, hasta que, finalmente, la víctima se ahoga, absolutamente incapaz de respirar.

Los temores funcionan de esa manera en nosotros, reduciendo poco a poco el mundo de la víctima. Por ejemplo, alguien que tiene miedo a las alturas toma una ruta alternativa para evitar cruzar un puente de camino al trabajo. O si eso no es posible, deja ese trabajo y busca otro más cerca de casa. No frecuentará ciertos lugares si esto le supone cruzar un puente. Evitará los ascensores o las caminatas por las montañas. Su vida se verá cada vez más restringida.

Los temores más graves se conocen como fobias. Por lo general son el resultado de un trauma, de ejemplos negativos por parte de los padres, o de mentiras del maligno que se han creído. Una mujer de mediana edad tenía miedo a la oscuridad, pero no sabía por qué. Cuando le preguntó a Dios al respecto, él le recordó que una noche de Halloween cuando era niña, un hombre había acosado a su grupo de amigos. Incluso habían tenido que llamar a la policía. Desde entonces había tenido temor. La mujer fue liberada al renunciar a ese miedo y al declarar la verdad de la protección divina sobre ella.

A veces el temor puede llegar a ser tan asfixiante que sus víctimas desarrollan agorafobia (literalmente «miedo al mercado»). Temen ir a cualquier sitio por miedo a sufrir un ataque de pánico. Con el tiempo, su mundo puede reducirse a su casa o habitación.

▶ La mayoría de nosotros no sufrimos ese tipo de fobias. Pero no significa que no nos veamos afectados por temores malsanos. La única diferencia es que hemos aprendido a lidiar con ellos. ¿Qué ves cuando observas el terreno que Dios quiere que tomes?

Tal vez tenemos temor de hablar de Jesús. Así que ni lo hacemos ni tenemos expectativas de hacerlo.

Tal vez tenemos temor a Satanás y a sus demonios. Así que retrocedemos frente a situaciones en las cuales tenemos que enfrentarnos a ellos.

Tal vez tememos no tener dinero. Así que nos aferramos a lo que tenemos y permitimos que nuestra prioridad en la vida sea ganar más dinero.

Tal vez tenemos temor al fracaso. Así que nos esforzamos cada vez más, ansiosos sobre nuestro rendimiento.

Con el tiempo nos familiarizamos con nuestros temores. Éstos se vuelven parte de nuestra vida y llegamos a creer que simplemente somos así. Aunque en realidad ellos nos impiden llegar a ser lo que Dios quiere que seamos. Pero ¡no tiene que ser así! Todo temor — sin importar su gravedad — puede solucionarse en la gracia y la verdad de Cristo.

# PAUSA PARA LA REFLEXIÓN 1

OBJETIVO:

EN ESTE EJERCICIO LA GENTE INVITA AL ESPÍRITU SANTO A REVELARLES LOS TEMORES HACIA LOS CUALES SON PROPENSOS.

EJERCICIO (EN LA PÁGINA 50 DE LA GUÍA DEL PARTICIPANTE):

▶ PRIMERO, OREMOS JUNTOS EN VOZ ALTA
QUERIDO PADRE CELESTIAL,
VENGO A TI COMO TU HIJO Y ME COLOCO BAJO TU CUIDADO Y PROTECCIÓN. GRACIAS POR AMARME TANTO. CONFIESO MI TEMOR Y MI ANSIEDAD, QUE SE DEBEN A MI DESCONFIANZA E INCREDULIDAD. NO SIEMPRE HE VIVIDO POR FE SINO QUE MUCHAS VECES HE DEPENDIDO DE MIS PROPIAS FUERZAS Y RECURSOS. TE AGRADEZCO QUE EN CRISTO TÚ ME PERDONAS.

▶ ELIJO CREER LA VERDAD QUE DICE QUE NO ME HAS DADO UN ESPÍRITU DE COBARDÍA, SINO DE PODER, DE AMOR Y DE DOMINIO PROPIO (2 TIMOTEO 1:7). POR LO TANTO RENUNCIO A TODO ESPÍRITU DE TEMOR. REVÉLAME TODOS LOS TEMORES QUE ME HAN ESTADO CONTROLANDO. MUÉSTRAME CÓMO ME HE VUELTO TEMEROSO Y LAS MENTIRAS QUE HE CREÍDO. DESEO VIVIR UNA VIDA RESPONSABLE EN EL PODER DE TU ESPÍRITU SANTO; MUÉSTRAME CÓMO ESTOS TEMORES ME HAN IMPEDIDO HACERLO. TE LO PIDO PARA PODER CONFESARLOS, RENUNCIAR A ELLOS Y SUPERAR TODO TEMOR GRACIAS A LA FE EN TI. EN EL NOMBRE DE JESÚS. AMÉN.

AHORA, A SOLAS CON DIOS, ANOTA LOS TEMORES A LOS QUE HAS SIDO PROPENSO EN UNA HOJA APARTE. LA SIGUIENTE LISTA PUEDE AYUDARTE A IDENTIFICAR ALGUNOS DE ELLOS, PERO ES PROBABLE QUE HAYA OTROS. TENDRÁS LA OPORTUNIDAD DE CONTINUAR TRABAJANDO EN LOS TEMORES QUE HAS IDENTIFICADO MÁS ADELANTE EN ESTA MISMA SESIÓN.

▶ TEMOR A SATANÁS
TEMOR AL DIVORCIO
TEMOR A LA MUERTE
TEMOR A NO SER AMADO POR DIOS
TEMOR A NO SER AMADO NUNCA
TEMOR A NO SER CAPAZ DE AMAR
TEMOR AL MATRIMONIO
TEMOR AL RECHAZO DE LA GENTE
TEMOR A NO CASARSE
TEMOR A NO TENER HIJOS
TEMOR A LA DESAPROBACIÓN
TEMOR A LA VERGÜENZA
TEMOR AL FRACASO

TEMOR A LOS PROBLEMAS ECONÓMICOS
TEMOR A VOLVERSE LOCO
TEMOR A SER UN CASO PERDIDO
TEMOR A LA MUERTE DE UN SER QUERIDO
TEMOR AL FUTURO
TEMOR A LA CONFRONTACIÓN
TEMOR A SER VÍCTIMA DE UN CRIMEN
TEMOR A HABLAR A LA GENTE DE JESÚS
TEMOR A HABER COMETIDO UN PECADO IMPERDONABLE
TEMOR A DETERMINADAS PERSONAS, ANIMALES U OBJETOS
OTROS TEMORES QUE EL SEÑOR REVELE

## Poder, amor y dominio propio

Una fuerte tormenta se desató una noche mientras un niño pequeño se preparaba para ir a dormir. «Mamá, ¿puedes dormir aquí conmigo esta noche?» — preguntó, temblando de miedo cuando un trueno sacudió la casa. «No, cariño», respondió ella: «Esta noche debo dormir con tu papá». El niño pensó un momento y respondió: «¡Tan mayor y tan miedica!».

▶ 2 Timoteo 1: 7 (LBLA) dice:

«Porque no nos ha dado Dios un espíritu de cobardía, sino de poder, de amor y de dominio propio».

Estos tres dones (regalos) de Dios... dones de su gracia... son justo lo que necesitamos para asestar un golpe mortal a nuestros temores malsanos. Toma nota de que este versículo está en tiempo pasado. Dios ya nos ha dado ese espíritu de poder, amor y dominio propio. Si eres cristiano, no necesitas orar para recibirlo, es algo que necesitas aprender a usar.

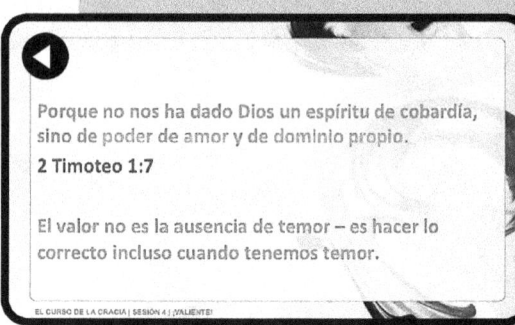

El temor nos quita el poder. Nos debilita y nos inmoviliza — quedamos como un conejo encandilado por los faros de un automóvil por la noche.

El temor también impide que el amor nos motive. Por definición, el amor se centra en los demás, pero cuando el temor te amenaza, sólo puedes pensar en tu propia seguridad y protección.

El temor interfiere con nuestro dominio propio. Nos confunde, distorsiona nuestro pensar, nos abruma, y terminamos pensando sólo en el objeto de nuestro temor.

Pero Dios no nos ha dado un espíritu cobarde. Él nos ha dado un espíritu valiente. Cuando actuamos bajo el temor, no actuamos de acuerdo a la verdad de quienes somos.

▶ El valor, por cierto, no es la ausencia de temor. No es pecado sentir temor; es humano. El valor es hacer lo correcto incluso cuando tenemos temor. El problema viene cuando permitimos que el temor nos controle y nos restrinja.

Veamos brevemente el poder, el amor y el dominio propio que Dios en su gracia nos ha dado, y cómo usarlos.

▶ Primero, por su gracia, Dios ha derramado en nosotros el don del poder.

## Poder

Considera el poder que resucitó a Cristo de entre los muertos. ¡Eso sí que es poder! La Biblia nos asegura que ese mismo poder vive en ti por el Espíritu Santo. (Ver Romanos 8:11, Efesios 1:18-21).

Recuerda tu posición. Estás sentado con Cristo a la diestra del Padre por encima de todo poder y autoridad.

▶ Esto no significa que debas sacar pecho y pensar: «Bien, voy a ser fuerte». No es tu fuerza lo que importa, es la fuerza del Espíritu Santo de Dios que vive dentro de ti. Ahora mismo... ¿por qué no?... invita al Espíritu Santo a tomar el control de tu vida y a llenarte. Oremos:

Padre, gracias por Tu Espíritu Santo que vive en nosotros. Yo sé que no hay manera en la que yo pueda vivir sin Tu poder. Ahora te invito a tomar el control de mi vida. Por favor, lléname hasta rebosar. Gracias. Amén.

Ahora ya no estás tú solo intentando derrotar al temor. Es Cristo en ti. Y eso marca la diferencia.

## Amor

El segundo regalo que la gracia de Dios te ofrece es el amor.

Echa un vistazo a lo que Juan dice sobre este don del amor:

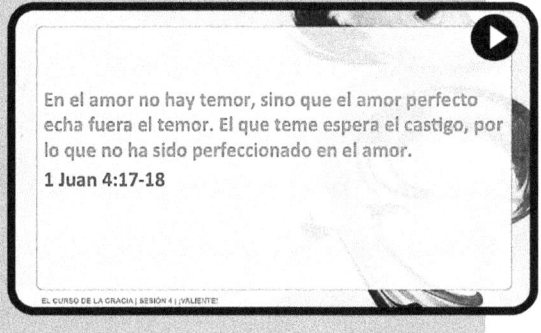

▶ En el amor no hay temor, sino que el amor perfecto echa fuera el temor. El que teme espera el castigo, por lo que no ha sido perfeccionado en el amor. (1 Juan 4:17-18)

Si todavía luchas con el temor de que Dios va a castigarte o que está siempre molesto contigo, es prácticamente imposible que confíes en su amor. Así es como vuelves a apoyarte en tus propios recursos y te enfrentas a tus temores solo. Y así es como dejas de experimentar la gracia de Dios.

Una vez más, la respuesta es recordar quién eres. ¡Eres un hijo de Dios! Dios te ama y «Por lo tanto, ya no hay ninguna condenación para los que están unidos a Cristo Jesús» (Romanos 8:1). Cuando llegas a conocer y asimilar el perfecto amor de Dios hacia ti, desaparece el miedo a su castigo.

Un pastor estaba sufriendo crítica por parte de una sección

de su congregación, cuando hubo una tormenta y un rayo cayó sobre su casa. El daño fue tan grande que él y su familia tuvieron que salir de la casa. Es fácil imaginarse lo que esa sección comentó después de los tristes hechos: «El rayo fue un castigo de Dios». Sin embargo, el pastor respondió: «Yo sé que no es un castigo de Dios. Todo mi castigo cayó sobre Cristo. Él nunca me va a castigar. Al contrario, estoy en un buen hotel y lo cubre el seguro; cuando regresemos a casa, habrán redecorado toda la planta superior. ¡Esto es una bendición!» Dios nunca te va a castigar si eres cristiano — ¿lo sabías? Él te podrá **disciplinar**, pero nunca **castigar**.

El temor a no ser amado por Dios, a perder el amor de Dios, o a no ser amado nunca por los demás nos lleva al egocentrismo. Y nos impide extender gracia hacia los demás, porque no podemos dar lo que no tenemos.

## Dominio propio – Buen juicio

▶ Lo que nos lleva al tercer y último don de la gracia de Dios... que es el dominio propio, o en otras traducciones «buen juicio». Todos nos encontramos en una batalla espiritual. Básicamente es una batalla entre la verdad y la mentira, y el campo de batalla es nuestra mente.

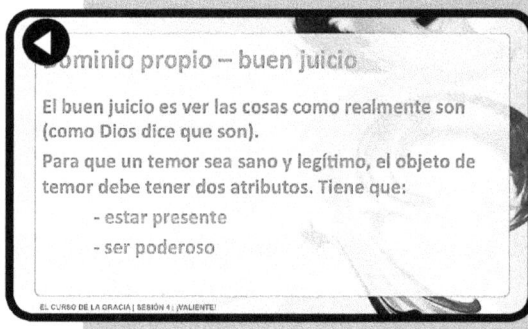

[¿Tienes alguna anécdota propia como ésta de Rich Miller?]

Cuando nuestro hijo Brian tenía cinco años, desarrolló una fobia al azúcar. Un dentista había visitado su escuela y les había advertido de los «bichos» del azúcar, por lo que Brian estaba convencido de que si comía azúcar, tendría una caries y si tenía una caries, moriría. ¿Ves la mentira?

No fue hasta que renunció a esa mentira y decidió confiar en Dios que pudo romper el control de ese temor. Estábamos en una heladería disfrutando de nuestros helados... todos menos Brian. Yo estaba allí con mi esposa, nuestras dos hijas, y él.

Me aparté a un lado con Brian, orando fervientemente para que él diera un paso de fe y se comiera el helado. Le dije: «Brian, hay un solo modo de saber si la idea de que te vas a morir es mentira». «¿Cuál es?» preguntó. «Pruébalo». Tras unos instantes de agonía, lo probó. «¿Te has muerto?» le pregunté en broma. «No...» «Entonces come más». Y así lo hizo... y luego más. Terminó tomando su helado como cualquier otro niño.

Luego se volvió hacia mí y me dijo: «Papá, sentí que el miedo dentro de mí se rompió como se rompe un palo». Brian fue liberado de un espíritu de temor, y no ha luchado con el temor desde entonces. Él experimentó el poder del Espíritu Santo, el amor de Dios el Padre, y el buen juicio de Cristo.

Eso es el buen juicio: ver las cosas como realmente son. Como Dios dice que son.

Para que un temor sea sano y legítimo, el objeto de temor debe tener dos atributos. ▶Tiene que estar 1) **presente** y ser 2) **poderoso**. En otras palabras, tiene que estar cerca y debe ser capaz de hacernos daño.

Permíteme dar un ejemplo.

Yo tengo temor a las serpientes venenosas. ¿Ese es un temor saludable? Sin duda.

▶Sin embargo, ahora mismo no siento temor de las serpientes venenosas. ¿Por qué no? Porque no hay ninguna a mano. ▶Pero si encontraras una, me la lanzaras y aterrizara a mi lado, entonces yo saltaría a un "10" en la escala del temor y saldría huyendo... ¡rápidamente!

Esa serpiente estaría presente y sería poderosa. Yo tendría muchísimo temor — y con razón. Ese es un temor saludable.

▶Pero ¿qué pasaría si alguien me lanzara una serpiente venenosa pero muerta? ¿Tendría temor? No, una vez que estuviera seguro de que está muerta; pues aunque está presente, no tiene mucho poder. Uno de sus atributos se ha eliminado... su poder. Del mismo modo, si fuera al zoológico, y detrás del cristal hubiera una cobra. La cobra podría escupir y golpear el cristal cuanto quisiese, pero yo no tendría temor. ¿Por qué? Porque a pesar de ser muy poderosa, no estaría realmente presente. Sería completamente incapaz de acercarse a mí.

El punto es este: Con tan sólo neutralizar uno de esos atributos se elimina el temor. Basta con sólo uno.

¿Cómo romper el dominio de un temor malsano sobre tu mente? Elimina uno de esos dos atributos: o bien su presencia, o bien su poder.

▶Todo temor malsano proviene de creer que el objeto de nuestro temor está presente y es poderoso, cuando en realidad no lo es.

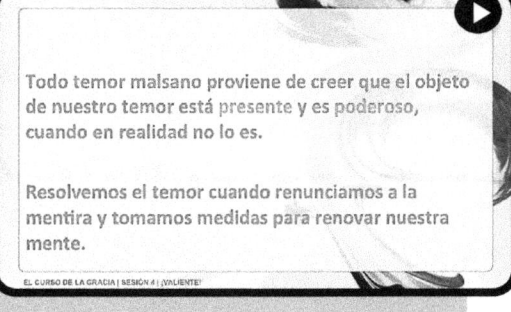

Todo temor malsano proviene de creer que el objeto de nuestro temor está presente y es poderoso, cuando en realidad no lo es.

Resolvemos el temor cuando renunciamos a la mentira y tomamos medidas para renovar nuestra mente.

Jesús dijo que el conocer la verdad nos haría libres, y si quieres ser liberado de un temor malsano, pídele a Dios que te revele la mentira que hay detrás de dicho temor.
▶ Entonces serás capaz de renunciar a la mentira y tomar medidas para renovar tu mente, lo cual, dice Pablo, te transformará (Romanos 12:2).

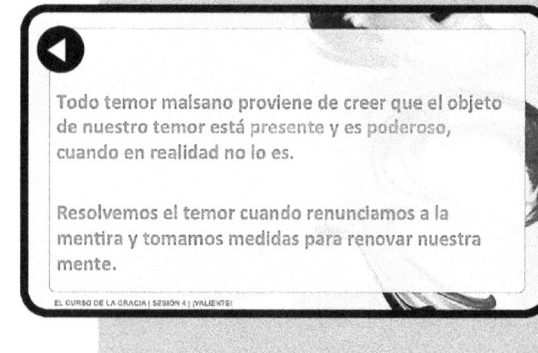

Veamos cómo ponerlo en práctica. La mayoría de los temores malsanos tienen que ver con el temor a la muerte o con el temor a la gente. Si resolvemos esos dos temores, resolveremos también una gran cantidad de otros temores. ¡Manos a la obra!

## El temor a la muerte

▶ Aparentemente, el temor a la muerte es el segundo temor más común (el primero es el miedo a hablar frente a un público).

¿Se puede eliminar la presencia de la muerte? No; a menos que Jesús regrese antes, todos y cada uno de nosotros vamos a morir. Podríamos morir en cualquier momento. Así que la muerte es una realidad que está siempre presente.

¿Qué pasa con el otro atributo de la muerte: su poder?

▶ El diablo quiere que vivamos bajo el temor a la muerte, pero Hebreos 2:14-15 dice que Cristo murió «... para anular, mediante la muerte, al que tiene el dominio de la muerte —es decir, al diablo—, y librar a todos los que por temor a la muerte estaban sometidos a esclavitud durante toda la vida».

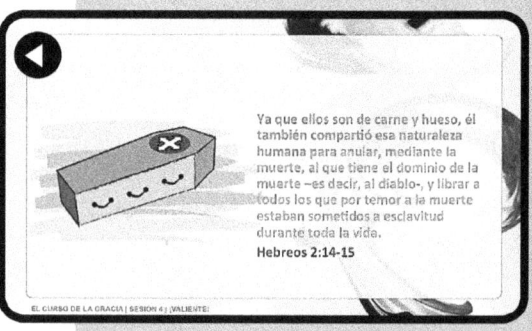

La muerte ha sido derrotada y con ella el temor a la muerte. El temor puede esclavizarte, pero conocer la verdad marca la diferencia.

▶ Me encanta cómo Pablo nos dice la verdad sobre la muerte en 1 Corintios 15:54-57:

> La muerte ha sido devorada por la victoria. ¿Dónde está, oh muerte, tu victoria? ¿Dónde está, oh muerte, tu aguijón?
> El aguijón de la muerte es el pecado, y el poder del pecado es la ley. ¡Pero gracias a Dios, que nos da la victoria por medio de nuestro Señor Jesucristo!

Sí, la muerte vendrá — su presencia es innegable — pero para nosotros ya ha perdido su poder. Ha perdido su aguijón. Pablo también hace otra declaración sorprendente: «Porque para mí el vivir es Cristo, y el morir es ganancia». (Filipenses 1:21). Si tú vives para Cristo, cuando mueres, sólo va a más. ¿Por qué? Porque llegas a estar con él, a experimentar todo el gozo del cielo.

Sin embargo, si crees la mentira que dice que, por ejemplo, nadie puede estar seguro de tener la vida eterna, la muerte seguirá manteniendo su poder sobre ti. Detrás de todo temor malsano hay una mentira.

Por «mentira», entonces, nos referimos a todo lo que contradice lo que afirma la Biblia. Tratas con una mentira al renunciar a ella y al tomar la decisión consciente de creer la verdad. Cuando haces esto constantemente, el temor desaparece, tal vez lentamente al principio, pero con el tiempo — por la gracia de Dios — podrás decir que estás realmente libre de su control.

## El temor a la gente

Ahora, echemos un vistazo al temor a la gente — que a menudo se llama el «temor al hombre». Muchos tenemos temor a levantar la voz, temor a compartir nuestra fe, temor a defender nuestra posición frente a los demás. Proverbios 29:25 dice: «Temer a los hombres resulta una trampa, pero el que confía en el Señor sale bien librado».

▶ Digamos que le tienes mucho temor a tu jefe. Tal vez es un jefe severo y amenazante; pero en este momento no

sientes temor, ¿verdad? ¿Por qué no? Porque él no está aquí. Sin embargo, cuando vayas al trabajo el lunes por la mañana, ahí estará.

Cuando te tomas una taza de café con tus compañeros de trabajo, no sientes temor alguno, ¿verdad? No, porque él está en su oficina al otro lado del edificio. Poderoso pero no presente. De hecho, quieres desahogarte y compartirles todo lo que piensas de él. Así que estás con tus compañeros de trabajo, quejándote de su terrible gestión, cuando los demás empiezan a hacerte señas y gestos desesperados advirtiéndote de que el jefe se acerca rápidamente a tus espaldas. Pero estás tan metido en tu historia que no te enteras. Al final te das la vuelta y le ves — ahí está con una sonrisa forzada en su rostro. Y te dice: «Te espero en mi oficina». Ahora el miedo es saludable… ¡el objeto de temor es poderoso y está presente!

Pero, ¿realmente lo es? Dios no quiere que temamos a la gente. Entonces, ¿qué puedes hacer para evitar que el jefe te atemorice, incluso cuando está presente? Veamos cómo una adecuada comprensión de la gracia ofrece el remedio.

Hay que deshacerse de uno de esos atributos. Él es el jefe y no puedes evitar que esté presente. ¿Pero qué pasa con su poder?

Bueno, precisamente ¿qué poder tiene sobre ti? ¿Qué podría pasar en el peor de los casos? «Él me puede despedir». Cierto. ¿Cómo puedes hacer frente a eso? «¡Renuncio!» Bueno, debes estar dispuesto a hacerlo, si es necesario.

Nadie debe ejercer un poder atemorizante tal como ese sobre ti. No estoy sugiriendo que seas rebelde con tu jefe. Lo que quiero decir es que si eres un buen empleado y tu jefe comienza a exigirte que hagas algo indebido, entonces debes obedecer a Dios antes que a los hombres. Podrías decirle: «Lo siento. No puedo mentir por usted». «Pues encontraré a otro que lo haga». «Esa es su decisión. Yo quiero ser un buen empleado pero no voy a mentir por usted». Sí, puede que te despida, pero puedes confiar que Dios cuidará de ti — y él lo hará. Porque hay un Jefe por encima de tu jefe, el cual está por encima de todo…. tu Padre celestial.

¿Y qué ocurre con la amenaza de ser rechazado por otras

personas? ¿Acaso no es poderosa y presente? Dios no quiere que nos aislemos de otras personas. Él quiere que estemos activamente involucrados con la gente, que actuemos como sal y luz en un mundo oscuro y perdido. Por lo tanto, la posibilidad de que no le caigamos bien a alguien y que alguien nos dé la espalda, sin duda siempre está presente.

¿Y es poderosa? Bueno, eso depende... ¿De qué? ¡De ti! Si ejercitas el dominio propio/buen juicio que Dios ya te ha dado; si te comprometes siempre a obedecer a Dios, pase lo que pase, antes que a la gente; si pesas su opinión de ti por encima de la de los demás, le habrás robado su poder. La amenaza de rechazo estará presente, pero ya no será poderosa.

Jesús dijo: «Si alguno viene a mí y no sacrifica el amor a su padre y a su madre, a su esposa y a sus hijos, a sus hermanos y a sus hermanas, y aun a su propia vida, no puede ser mi discípulo». (Lucas 14:26). En otras palabras: «Si quieres ser mi discípulo, debes ser capaz de odiar a los demás en comparación con el amor que me tienes a mí».

Jesús nos desafía a considerar su opinión, palabra o dirección por encima de las de todos los demás. Sólo entonces le seguiremos aunque las personas más allegadas a nosotros desaprueben de lo que hacemos. Sólo entonces nos atreveremos a escoger hacer lo correcto sin temor al rechazo y al desagrado de los demás.

En el Salmo 56:11, David se pregunta: «¿Qué puede hacerme un simple mortal?» Su respuesta a esa pregunta es «nada». Y en ese momento él no estaba sentado como rey en la comodidad de su lujoso palacio, rodeado de su guardia armada. No. Escribió este salmo cuando le habían capturado sus enemigos, los filisteos. No tenía ni idea de cuál sería su fin. Se encontraba en una situación de gran peligro. Pero había resuelto que, si él estaba haciendo lo que Dios quería, cualquier fin era bueno. Por encima de todo, Dios era soberano, Dios era bueno. El peligro de los filisteos estaba presente, pero a fin de cuentas era un peligro que no era poderoso.

EL CURSO DE LA GRACIA | SESIÓN 4 | ¡VALIENTE!

## PAUSA PARA LA REFLEXIÓN 2

OBJETIVO:

APRENDER Y ENTENDER EL CONCEPTO DE QUE DETRÁS DE CADA TEMOR MALSANO EXISTE UNA MENTIRA Y COMENZAR A DESCUBRIR ALGUNAS DE ESAS MENTIRAS.

▶PREGUNTAS (EN LA PÁGINA 53 DE LA GUÍA DEL PARTICIPANTE):

«DETRÁS DE CADA TEMOR MALSANO HAY UNA MENTIRA». MIRA LOS TEMORES DE LA LISTA — O, MEJOR AÚN, TRABAJA EN LOS TEMORES QUE IDENTIFICASTE EN LA PAUSA PARA LA REFLEXIÓN 1. SI ALGUIEN ES PROPENSO A TENER ESOS TEMORES, ¿QUÉ MENTIRAS PODRÍA ESTAR CREYENDO? POR EJEMPLO, UNA POSIBLE MENTIRA (1) ES: «SATANÁS ES MÁS PODEROSO QUE YO».

1. TEMOR A SATANÁS Y AL PODER DE LAS TINIEBLAS
2. TEMOR AL FUTURO
3. TEMOR AL RECHAZO
4. TEMOR AL FRACASO
5. TEMOR A LA CONFRONTACIÓN
6. TEMOR A LOS PROBLEMAS ECONÓMICOS

¿QUÉ VERDADES DE LA PALABRA DE DIOS PUEDES ENCONTRAR PARA CADA MENTIRA? POR EJEMPLO, PARA (1) UN BUEN VERSÍCULO SERÍA SANTIAGO 4:7: «SOMETEOS A DIOS. RESISTID AL DIABLO, Y ÉL HUIRÁ DE VOSOTROS».

## Cómo vivir libre del temor

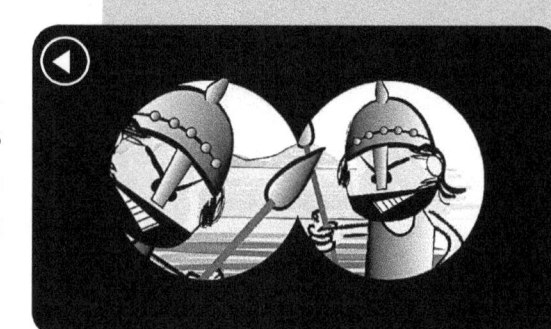

▶Todos vamos a tener que luchar con temores malsanos. Es parte de la vida. Ser valientes significa que decidimos actuar según la verdad y no de acuerdo a lo que dictan nuestros sentimientos. Vamos a ver a un plan de acción para hacerles frente.

### 1. Resuelve los asuntos que tienen que ver con el pecado

En primer lugar, es vital reconocer que el pecado nos hace vulnerables al temor, así que tenemos que resolver los problemas relacionados con el pecado. El temor apareció por primera vez en la Biblia cuando Adán y Eva pecaron en el Jardín del Edén. Veamos lo que sucedió después:

▶ Después de que Dios le llamara y le preguntara: «¿Dónde estás?» (Génesis 3:9), Adán respondió:

▶ «Escuché que andabas por el jardín, y tuve miedo porque estoy desnudo. Por eso me escondí». (Génesis 3:10)

El pecado produjo vergüenza y la vergüenza hizo que sintieran temor por primera vez en su vida.

Es bueno darnos cuenta, sin embargo, de que cometer un error o incluso pecar, no nos hace malas personas. Nos hace humanos. Y cuando reconocemos nuestros errores y pecados, Dios nos perdona, y otorga gracia a otros para perdonarnos, porque somos humanos al igual que ellos. Vimos en la última sesión que ya no tenemos que regresar al pecado una y otra vez. Podemos vivir libres del pecado. Y ese es el primer paso para apartarnos del temor malsano.

> Puede que necesites explicar qué son *Los Pasos hacia la Libertad en Cristo*. Ver la pág 18. También recomienda que los participantes lo hagan regularmente, quizá anualmente, al igual que la revisión anual de vehículos.

Por eso te recomendamos que hagas *Los Pasos hacia la libertad en Cristo* antes de nada — a través de ellos permites que Dios te revele todo pecado para tratar con cada uno mediante la confesión y el arrepentimiento.

Me encanta lo que dice 1 Juan 1:9: «Si confesamos nuestros pecados, Dios, que es fiel y justo, nos perdonará Y nos limpiará de toda maldad». ¿Te das cuenta? Cuando confesamos, Dios nos perdona nuestros pecados. Ese es su antídoto para la culpa. Pero también nos limpia. Ese es su antídoto para la vergüenza.

Vivir en la culpa y en la vergüenza producirá temor en nuestras vidas. El antídoto para la culpa, la vergüenza y el temor es comprender y vivir en la gracia de Dios, conscientes de su presencia todopoderosa.

## 2. Reconoce que Dios siempre está presente Y siempre es poderoso

En segundo lugar, reconoce que sólo existe un temor que siempre es saludable. El temor de Dios. ¿Por qué? ▶ Porque Dios es omnipresente y omnipotente.

Esta expresión — «temor de Dios» — da la impresión que deberíamos tenerle miedo. Nada podría estar más lejos de la verdad. ▶ Escucha lo que nos dice Romanos 8:14-15:

> «Porque todos los que son guiados por el Espíritu de Dios son hijos de Dios. Y vosotros no habéis recibido un espíritu que de nuevo os esclavice al miedo, sino el Espíritu que os adopta como hijos y os permite clamar: —¡Abba! ¡Padre!».

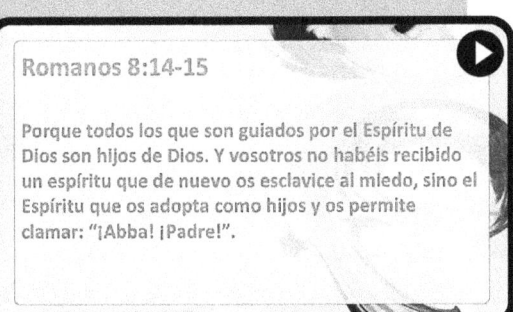

¿Eso te suena a un temor de Dios estremecedor y desconfiado? ¡De ninguna manera! En Cristo no hemos recibido un espíritu que nos esclavice y atemorice. Estamos bajo la gracia de Dios. Somos sus hijos e hijas, y el Espíritu Santo nos impulsa a gritar desde el fondo del corazón: «¡Papá!», como un niño que corre a abrazar a su padre cuando regresa del trabajo.

En lugar de atemorizarnos, el reconocer cuán santo y poderoso es Dios debería causarnos gozo. ¿Por qué? ¡Porque él está de nuestro lado! Incluso el valiente y poderoso rey David luchó con el temor; pero encontró la manera de evitar que el temor le abrumara. Escucha sus palabras:

> ▶Bendeciré al Señor en todo tiempo; mis labios siempre lo alabarán. Mi alma se gloría en el Señor; lo oirán los humildes y se alegrarán. Engrandeced al Señor conmigo; exaltemos a una su nombre. Busqué al Señor, y él me respondió; y me libró de todos mis temores. (Salmo 34:1-4)

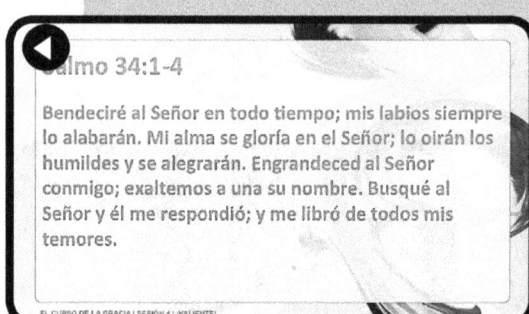

El temor de Dios comienza al reconocer quién es él. Y ese también es el antídoto más poderoso ante todo temor malsano: creer la verdad que dice que ese Dios omnisciente, omnipresente, omnipotente, ese Dios de gracia y amor absoluto, ese Dios ¡está con nosotros y en nosotros!

▶La mejor manera de ejercitarnos en ello es mediante la adoración.

Recuerdas la última vez que experimentaste el gozo de alabar y adorar a Dios. ¿Tenías temor? ¡Por supuesto que no! Estabas tan concentrado en él y en quién es él que no había lugar para el temor... ¡sólo para la fe!

Considera lo que dijo David: «Bendeciré al Señor en todo momento. Su alabanza estará de continuo en mi boca». Para superar el temor, es esencial cultivar un estilo de vida de alabanza y adoración.

## ▶3. Encuentra la mentira detrás del temor malsano

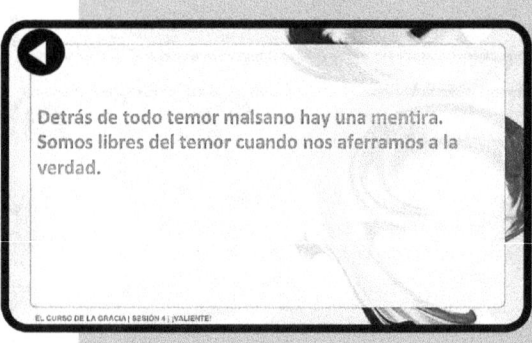

Detrás de todo temor malsano hay una mentira. Para arrancar el temor de raíz, tenemos que identificar esa mentira. Pero este no es un ejercicio puramente psicológico; es un ejercicio espiritual — le pedimos sabiduría a Dios. Obtener esa sabiduría puede generar oposición por parte del enemigo. Nos guste o no, todos estamos involucrados en una batalla espiritual con Satanás, a quien la Biblia llama «el padre de la mentira». Él hará todo lo posible para mantenernos atrapados en el lodazal de sus mentiras.

Puede que tan solo el hecho de mencionar el nombre de Satanás te produzca escalofríos, así que vamos a tomarlo como ejemplo de un temor malsano. Si hablar de Satanás y los demonios te causa temor, ¿cuál será la mentira que crees? Podría ser: «Satanás es más poderoso que yo».

¿Cómo puedo estar seguro de que se trata de una mentira? Por lo que nos dice claramente la Palabra de Dios. Efesios 2:6 explica que estamos sentados con Cristo. ¿Y dónde está él? A la diestra del Padre, en los lugares celestiales, muy por encima de todo poder y autoridad. Y Santiago 4:7 nos dice que si nos sometemos a Dios y resistimos al diablo, él tiene que huir de nosotros.

Por lo tanto, la forma de identificar una mentira es comparando lo que crees con lo que Dios dice en su Palabra que es verdad. Reconoce, sin embargo, que en un principio la mentira, por definición, parecerá real a nivel de sentimientos. Por lo tanto es bueno pedir ayuda con esto.

## ▶4. Renueva tu mente

El paso final es renovar tu mente. En Romanos 12:2 Pablo dice que esto producirá transformación — que es una palabra fuerte. Pero imagínate cómo sería tu vida si no te controlaran los temores malsanos. ¿Podrías describirlo como una transformación? ¡Desde luego que sí!

Cuando una mentira está profundamente arraigada se convierte en una «fortaleza», un hábito mental que no concuerda con lo que Dios dice en su palabra. Es como tener un muro mental que te impide seguir en la dirección que Dios indica. Pero si golpeas ese muro muchas veces, las que haga falta, con la bola de demolición de la Palabra de Dios, el muro se derrumbará. Y serás transformado.

¿Cómo renuevas tu mente? ▶Tenemos una estrategia llamada «Demoledor de Fortalezas». Explicaré detenidamente en qué consiste esto después de que hayamos hecho *Los Pasos para Experimentar la Gracia de Dios*, pero daré un anticipo.

**Demoledor de Fortalezas**

Identifica la mentira detrás del temor (o de otra fortaleza)
Busca todos los versículos bíblicos que afirmen la verdad y apúntalos
Escribe una oración basada en la fórmula:
   Renuncio a la mentira que dice que....
   Proclamo la verdad que dice que....
Lee tu oración diariamente en voz alta durante 40 días.

En primer lugar, como acabamos de mencionar, es necesario identificar la mentira. A continuación, considera el efecto que esa mentira ha tenido en tu vida. Por ejemplo, la mentira que dice que Satanás es más fuerte que tú —te ha llevado a evitar la batalla espiritual, ha impedido que compartas tu fe, te ha paralizado en tu caminar con Dios, o te ha vuelto temeroso. Deseamos que el ver los efectos negativos nos incite a demoler la fortaleza.

Después, busca todos los versículos bíblicos que puedas que afirmen la verdad, y apúntalos. Para ello te vendrá bien una concordancia bíblica o la ayuda de un creyente que conozca bien la Palabra de Dios.

A continuación escribe una oración basada en la fórmula:

>Renuncio a la mentira que dice que…

>Proclamo la verdad que dice que…

Finalmente, lee tu oración diariamente en voz alta durante 40 días. Al hacerlo, recuerda que Dios es verdad y que si él dice algo, es la verdad para ti. Hay más información y un par de ejemplos del «Demoledor de Fortalezas» al final de esta sesión.

¿Por qué 40 días? Los psicólogos dicen que formar o romper un hábito nos lleva más o menos seis semanas. Una vez que has eliminado los puntos de apoyo del enemigo — los perros que te tienen agarrado porque abriste la puerta que no debías— una fortaleza de la mente es simplemente un hábito mental. ¿Se puede romper un hábito? Por supuesto — pero requiere un esfuerzo durante un período de tiempo.

Persevera hasta completar un total de 40 días, y recuerda que durante gran parte de ese tiempo sentirás que lo que estás haciendo es una pérdida de tiempo, porque la mentira, a nivel de sentimientos, parecerá muy real. Te prometo que si perseveras, la fortaleza se derrumbará.

El «Demoledor de Fortalezas» es una estupenda manera de romper con aquellas cosas que nos mantienen fuertemente atados y no nos permiten avanzar.

## La Palabra de Dios frente a las circunstancias

¿A quién vas a creer: a la Palabra de Dios o a tus

circunstancias?

Para terminar veremos una ocasión (Marcos 4:35-41) en la que los discípulos aprendieron a no temer a pesar de las circunstancias aterradoras en las que se encontraban. ▶Jesús había pasado todo un día enseñando, y cuando anocheció, subió a una barca con sus discípulos y les dijo: «pasemos al otro lado». Así que echaron vela para cruzar el temperamental mar de Galilea. Entonces se desató una feroz tormenta con vientos huracanados y grandes olas, algo común en ese lago.

Jesús, mientras tanto, estaba en la popa, durmiendo sobre un cabezal, así que los discípulos le despertaron.
—¡Maestro! —gritaron—, ¿no te importa que nos ahoguemos?
Él se levantó, reprendió al viento y ordenó al mar:
—¡Silencio! ¡Cálmate!
El viento se calmó y todo quedó completamente tranquilo.
—¿Por qué tenéis tanto miedo? —dijo a sus discípulos—. ¿Todavía no tenéis fe?
Ellos estaban espantados y se decían unos a otros:
—¿Quién es éste, que hasta el viento y el mar le obedecen?
(Marcos 4: 38-41)

Los discípulos eran pescadores experimentados, pero incluso ellos temían ahogarse. Tuvo que ser una señora tormenta. ¿Por qué les reprendió Jesús por su falta de fe?

Recordemos lo que dijo Jesús cuando se disponían a cruzar el lago: «Pasemos al otro lado». Cuando Jesús dice que vas a hacer algo, va en serio. De hecho, su palabra es una promesa. Así que lo que Jesús quería decirles era: «¿No

confiáis en mis palabras? ¿No sabéis que lo que digo va en serio?»

En Hebreos 13:5, Dios te dice sin lugar a dudas: «Nunca te dejaré ni te abandonaré». Las palabras de Dios se ponen a prueba justamente cuando nuestras circunstancias y sentimientos nos gritan todo lo contrario a lo que Dios dice que es verdad. En la última sesión formulamos la siguiente pregunta: «¿Vas a creer lo que la Palabra de Dios dice de ti, o vas a creer lo que tus experiencias pasadas te dicen?» Preguntémonos lo mismo con respecto al temor ▶¿Vas a creer lo que la Palabra de Dios dice de ti, o vas a creer lo que tus circunstancias te dicen?

Por cierto, no asumas que si tus circunstancias son difíciles algo está mal. Siempre y cuando las dificultades no sean el resultado directo del pecado o de alguna tontería que hayamos hecho, seguramente están allí para ayudarnos a crecer. Si puedes tener esa convicción, entonces podrás — como lo hizo Pablo — regocijarte en medio de tus dificultades, porque sabes que te ayudan a madurar y dar fruto. Un gran consejo que yo recibí es: «No dudes en la oscuridad lo que Dios te mostró en la luz». En otras palabras, cuando surjan dificultades, no asumas que escuchaste mal a Dios. Confía en lo que él te dijo cuando las cosas iban bien y persevera. La madurez que desarrollas en las dificultades es seguramente lo que necesitarás para llevar a cabo su llamado.

El temor es lo contrario a la fe — y la fe es sencillamente creer que lo que Dios nos ha dicho es verdad.

▶La reprimenda que Jesús dio a los discípulos respondía también a su pregunta: «Maestro, ¿no te importa que nos ahoguemos?» ¡Vaya tortazo en la cara para Jesús! Sí, comprendemos que los discípulos estaban terriblemente asustados y que Jesús estaba dormido, pero ¿cómo pudieron siquiera pensar que a Jesús no le importaba?

A Jesús sí que le importa. Él se preocupa de verdad por ti. Lo demostró al morir del modo más cruel. Jesús hubiera muerto por ti aunque hubieses sido la única persona necesitada en el planeta. Dios está contigo. Dios se preocupa por ti.

Aunque el mundo te traiga tormentas y truenos, tienes a Jesús en tu barco. Así que no hay por qué temer. Sigue

adelante y lleva a cabo las obras que él ha preparado para ti. ¡Toma la tierra que él quiere que tomes!

▶ «¡Sé fuerte y valiente! ¡No tengas miedo ni te desanimes! Porque el Señor tu Dios te acompañará dondequiera que vayas». (Josué 1: 9)

A estas alturas ya sabes lo que sigue — toma unos minutos en silencio al final de la sesión y pídele a Dios que te muestre las mentiras que has creído. Es asombroso ver cómo esas mentiras pueden dominar nuestras vidas y controlar nuestro pensar, sentir y actuar... ¡sin siquiera darnos cuenta! Oremos juntos:

Gracias, Padre, porque Tú nunca nos dejarás ni nos abandonarás. Por favor, muéstranos las mentiras que hemos creído, en particular aquellas detrás de nuestros temores. Gracias. Amén.

Busca la *Lista de Mentiras* en las últimas páginas de la *Guía del Participante*.

Recuerda que cada temor malsano en nuestra vida tiene en su raíz al menos una mentira que hemos creído.

Una mentira muy común que alimenta nuestro temor es: «Si digo lo que realmente creo, la gente me rechazará y eso será muy doloroso para mí. Es más seguro callar».

Otra mentira es que no podemos contar con Dios, que él nos abandonará.

Es posible que las mentiras que existen detrás de tus temores estén algo enmarañadas, así que prepárate para trabajar en ellas en los próximos días. ¡Pero piensa cuánto puede cambiar tu vida si te deshaces de esos temores malsanos! Y puedes hacerlo.

Quiero hacer énfasis en los dos ejercicios adicionales que se encuentran en la *Guía del Participante*, al final de las notas para esta sesión, que deberás hacer por tu cuenta. Si has descubierto temores malsanos, te recomendamos que hagas *Los Pasos para Superar el Temor* (comienza en la página 63 de la *Guía del Participante*). Sigue las instrucciones y permite que el Espíritu Santo te guíe. Y si luchas con la ansiedad, hay un proceso llamado *Resolviendo la Ansiedad* (en las páginas 68-70 de la *Guía del Participante*), que te ayudará a determinar las responsabilidades tuyas y las de Dios, para que puedas hacer lo

que te corresponde y depositar el resto sobre él. ▶

 # TESTIMONIO

¿Cómo le explicarías a alguien que todavía no conoce a Jesús la diferencia que él marca al liberarte de los temores que te controlan?

 # PARA LA PRÓXIMA SEMANA

Si has tomado conciencia de que el temor y la ansiedad son problemas para ti, haz los dos ejercicios: *Los Pasos para Superar el Temor* [comienza en la página 61 de la *Guía del Participante*] y *Resolviendo la Ansiedad* (en las páginas 63 a 65 de la *Guía del Participante*). Los diseñó el Dr. Neil T. Anderson como anexos a sus *Pasos hacia la Libertad en Cristo* y se usan con permiso. Si tu lucha con el miedo y la ansiedad es fuerte, te recomendamos buscar la ayuda de un cristiano maduro para trabajarlos. Si has completado la *Pausa para la Reflexión 1* de esta sesión, ya has avanzado en el primer ejercicio.

# Demoledor de Fortalezas

Este proceso es una forma sencilla de renovar tu mente. Así es como funciona:

## 1. Identifica la mentira detrás del temor (o de otra fortaleza). Identifica la mentira detrás del temor (o de otra fortaleza).

Antes de nada, tienes que descubrir cuál es la mentira, tal y como lo hicimos en la Pausa para la Reflexión 2 de esta sesión. Puede que la ayuda de otras personas te sea útil.

A continuación, considera el efecto que esa mentira ha tenido en tu vida — deseamos que el ver los efectos negativos te incite a demoler la fortaleza. Por ejemplo, el efecto de creer la mentira que dice que Satanás es más fuerte que tú, es que has permitido que el enemigo te desvíe de los planes de Dios para ti.

## 2. Encuentra todos los versículos bíblicos que puedas que afirmen la verdad y apúntalos.

Para ello te vendrá bien una concordancia bíblica o la ayuda de un pastor/líder que conozca bien la Biblia.

## 3. Escribe una oración basada en la fórmula:

>Renuncio a la mentira que dice que...
>
>Proclamo la verdad que dice que...

Encontrarás ejemplos del «Demoledor de Fortalezas» en las siguientes páginas para darte una idea de cómo son.

## 4. Lee tu oración diariamente en voz alta durante 40 días.

¿Por qué 40 días? Los psicólogos dicen que formar o romper un hábito nos lleva más o menos seis semanas. Una vez que has eliminado los asuntos de pecado que le daban un punto de apoyo al enemigo, una fortaleza de la mente es simplemente un hábito mental. ¿Se puede romper un hábito? Por supuesto — pero requiere un esfuerzo durante un período de tiempo. Persevera hasta completar un total de 40 días, y recuerda que durante una gran parte de ese tiempo sentirás que esto es una pérdida de tiempo, porque la mentira, a nivel de sentimientos, parecerá la verdad. Te aseguro que si perseveras, la fortaleza se derrumbará.

# Ejemplo 1 del Demoledor de Fortalezas

## Temor A La Crítica

**La mentira: no doy la talla o no soy digno de aprobación.**

**Efectos en mi vida:** sentirme inseguro; temer a la gente; ceder en lugar de defender mis convicciones; cambiar mi apariencia; estar ansioso por intentar decir y hacer «lo correcto».

Juan 15:16

No me escogisteis vosotros a mí, sino que yo os escogí a vosotros.

2 Corintios 1:22

(Él) nos selló como propiedad suya y puso su Espíritu en nuestro corazón, como garantía de sus promesas.

Sofonías 3:17

Se deleitará en ti con gozo, te renovará con su amor, se alegrará por ti con cantos.

1 Samuel 16:7

La gente se fija en las apariencias, pero yo me fijo en el corazón.

Salmo 118:6

El Señor está conmigo, y no tengo miedo; ¿qué me puede hacer un simple mortal?

1 Tesalonicenses 2:4

«... hablamos como hombres a quienes Dios aprobó y les confió el evangelio: no tratamos de agradar a la gente sino a Dios, que examina nuestro corazón».

**Querido Padre Dios,**

**Renuncio a la mentira que dice que no doy la talla o que no soy digno de aprobación. Proclamo la verdad que dice que Tú me escogiste, que he recibido un nuevo corazón y por lo tanto tengo Tu sello de aprobación. Incluso cuando otros me critican, Tú te deleitas en mí, y tu opinión es mucho más importante. Ahora decido agradarte a Ti en lugar de agradar a los demás, y confiar en Tu promesa que dice que estarás conmigo dondequiera que vaya a compartir las buenas nuevas con otros.**

**Amén.**

**Marca los días:**

| 1 | 2 | 3 | 4 | 5 | 6 | 7 | 8 | 9 | 10 | 11 | 12 |
|---|---|---|---|---|---|---|---|---|----|----|----|
| 13 | 14 | 15 | 16 | 17 | 18 | 19 | 20 | 21 | 22 | 23 | 24 |
| 25 | 26 | 27 | 28 | 29 | 30 | 31 | 32 | 33 | 34 | 35 | 36 |
| 37 | 38 | 39 | 40 | | | | | | | | |

**Querido Señor,**
**Confieso y me arrepiento del temor a _____ He creído _____ (indica la mentira). Renuncio a esa mentira y escojo creer la verdad que dice que _____ (indica la verdad). También confieso todas las maneras en que este temor ha causado que viva irresponsablemente o ha puesto en peligro mi testimonio para Cristo (menciona específicamente).**

**Ahora decido vivir por fe en ti, Señor, creyendo tu promesa que dice que Tú me protegerás y suplirás todas mis necesidades (Salmo 27:1; Mateo 6:33,34). En el nombre de Jesús, quien es digno de confianza. Amén.**

Después de trabajar cada temor que el Señor te haya revelado (incluyendo las mentiras y los comportamientos pecaminosos correspondientes), ora de la siguiente manera:

**Querido Padre celestial,**
**Te agradezco que seas verdaderamente digno de confianza. Decido creer en ti, aún cuando mis sentimientos y circunstancias me empujan a temer. Me has dicho que no tema, porque Tú estás conmigo; que no me angustie, porque Tú eres mi Dios. Tú me fortalecerás y me ayudarás; me sostendrás con tu diestra victoriosa. En el poderoso nombre de Jesús. Amén. (Isaías 41:10)**

## Elabora un plan de comportamiento responsable

El siguiente paso es enfrentarte al temor y, en oración, elaborar un plan para vencerlo. Alguien dijo una vez: «Haz aquello que más temes y la muerte del temor está asegurada». El temor es como un espejismo en el desierto. Parece muy real hasta que te aproximas a él. Entonces desaparece. Siempre y cuando retrocedamos ante el temor, éste nos perseguirá y crecerá, convirtiéndose en un gigante.

## Determina cuál será tu respuesta ante el temor

El temor de Dios es el que puede disipar todos los otros temores, porque Dios reina supremo sobre todo otro objeto de temor, Satanás incluido. Aunque «vuestro enemigo el diablo ronda como león rugiente, buscando a quién devorar» (1 Pedro 5:8), él ha sido derrotado. Cristo «desarmó a los poderes y a las potestades, y... los humilló en público al exhibirlos en su desfile triunfal» (Colosenses 2:15).

La presencia de cualquier objeto de temor nos debe incitar a enfocarnos en Dios, el cual está siempre presente y es todopoderoso. Adorar a Dios es reconocer todos sus atributos divinos. La adoración mantiene presente en nuestras mentes la verdad que dice que nuestro amoroso Padre celestial está siempre con nosotros y es más poderoso que cualquier enemigo o circunstancia.

## Comprométete a cumplir con el plan de acción en el poder del Espíritu Santo

Recuerda, nunca estás solo en la batalla. «Es Dios quien produce en vosotros tanto el querer como el hacer para que se cumpla su buena voluntad» (Filipenses 2:13).

# Resolver La Ansiedad

La ansiedad se diferencia del temor en que carece de un objeto o de una causa adecuada. La ansiedad llega cuando sentimos inseguridad sobre un resultado específico o porque no sabemos lo que sucederá en el futuro. Es normal que nos preocupemos por aquellas cosas que valoramos; no hacerlo demostraría una falta de cuidado.

La ansiedad nos sobreviene temporalmente cuando tenemos un examen inminente, al asistir a una ceremonia importante, o bajo la amenaza de una fuerte tormenta. Tales preocupaciones son normales y nos deberían movilizar a acciones responsables. Para algunas personas, la ansiedad es más intensa y prolongada. Luchan con una gran cantidad de preocupaciones y desgastan mucho tiempo y energía en hacerlo. La intensidad y la frecuencia de la preocupación siempre están en desproporción con el problema real.

Si la ansiedad persistente es un problema en tu vida, este ejercicio te ayudará a depositar todas tus ansiedades en Cristo, porque él cuida de ti (1 Pedro 5:7).

## Ora

La oración es el primer paso para depositar todas tus ansiedades en Cristo. Recuerda el consejo de Pablo: «No os inquietéis por nada; más bien, en toda ocasión, con oración y ruego, presentad vuestras peticiones a Dios y dadle gracias» (Filipenses 4:6). Pídele a Dios que te guíe mediante la siguiente oración:

**Querido Padre celestial,**

**Vengo a ti como tu hijo, comprado por la sangre del Señor Jesucristo. Declaro mi dependencia de ti y reconozco mi necesidad de ti. Sé que apartado de Cristo no puedo hacer nada. Tú conoces mis pensamientos y las intenciones de mi corazón, y conoces mi situación de principio a fin. Me siento dividido y necesito que tu Paz guarde mi corazón y mi mente. Me humillo delante de ti y decido confiar en que tú me exaltarás en el momento adecuado, de la manera que tú quieras. Pongo mi confianza en ti para llenar todas mis necesidades de acuerdo a tus riquezas en gloria, y para guiarme a toda verdad. Pido tu dirección divina para que yo pueda cumplir la misión de vivir responsablemente por fe en el poder de tu Espíritu Santo. «Escudríñame, oh Dios, y conoce mi corazón; pruébame y conoce mis inquietudes. Y ve si hay en mí camino malo, y guíame en el camino eterno». (Salmo 139: 23,24 LBLA). En el precioso nombre de Jesús. Amén.**

## Resuelve todo conflicto personal y espiritual

El propósito de *Los Pasos Hacia la Libertad en Cristo* es ayudarte a hacer las paces con Dios y eliminar cualquier influencia del diablo sobre tu mente. Recuerda, «El Espíritu dice claramente que, en los últimos tiempos, algunos abandonarán la fe para seguir inspiraciones engañosas y doctrinas diabólicas» (1 Timoteo 4:1). Serás una persona de doble ánimo si prestas atención al espíritu de mentira. Necesitas la presencia de Dios para tener «la paz de Dios que sobrepasa todo entendimiento, [que] cuidará vuestros corazones y vuestros pensamientos en Cristo Jesús» (Filipenses 4:7).

## Identifica el problema

Un problema bien identificado está a medio camino de ser resuelto. Cuando nos encontramos en un estado de ansiedad, no somos capaces de ver el bosque por culpa de los árboles. Toma perspectiva del problema: ¿tiene importancia eterna? En general, el proceso de angustiarse desgasta a la persona más que las consecuencias negativas de aquello que le angustiaba. Mucha gente ansiosa encuentra gran alivio al simplemente clarificar el problema y ponerlo en perspectiva.

## Separa los hechos de las suposiciones

Las personas pueden tener temor de los hechos, pero no estar ansiosos. La ansiedad nos viene cuando tenemos incertidumbre sobre que sucederá mañana. Ya que no lo sabemos, lo suponemos. Una característica peculiar de nuestra mente es su tendencia a suponer lo peor. Si la suposición se acepta como la verdad, empujará a la mente a los límites de la ansiedad. Si nos creamos suposiciones sobre el futuro, sufriremos las consecuencias negativas del estrés y la ansiedad. «La angustia abate el corazón del hombre» (Proverbios 12:25). Por lo tanto, verifica todas las suposiciones de la mejor manera posible.

## Determina qué debes o puedes controlar

Únicamente eres responsable de aquello de lo que tienes el **derecho** y la **habilidad** de controlar. No eres responsable de aquello que **no** está bajo tu control. Tu sentido de valor solamente está ligado a aquello por lo cual eres responsable. Si no estás viviendo de manera responsable, ¡deberías estar ansioso! No intentes echar tu **responsabilidad** sobre Cristo. Él te la devolverá. Eso sí, entrégale tu **ansiedad**, porque su integridad está en juego para suplir tus necesidades si estás llevando una vida responsable y justa.

## Enumera tus responsabilidades

Necesitas comprometerte a ser una persona responsable, a cumplir con tus obligaciones, y a responder a tu vocación en la vida.

## Dios es responsable de lo demás

Ahora lo único que te queda por hacer es continuar en oración y enfocarte en la verdad de acuerdo a Filipenses 4:6-8. Cualquier remanente de ansiedad probablemente se deba a que has asumido una responsabilidad que Dios no te ha entregado.

# Sesión 5: ¡HUMILDE!

# Sesión 5: ¡HUMILDE!

## VERSÍCULO CENTRAL:

Mateo 22:37-40: Ama al Señor tu Dios con todo tu corazón, con todo tu ser y con toda tu mente... Éste es el primero y el más importante de los mandamientos. El segundo se parece a éste: Ama a tu prójimo como a ti mismo. De estos dos mandamientos dependen toda la ley y los profetas.

## OBJETIVO:

Entender la importancia que Dios da a que nos humillemos ante los demás y lo que esto significa en la práctica.

## VERDAD CLAVE:

Cuando comprendemos nuestra increíble posición de seguridad en el amor de Dios, tenemos la libertad de humillarnos ante él y ante los demás, de modo que podamos trabajar juntos para alcanzar al mundo para Cristo.

### Notas Del Líder

En esta sesión, nos ocupamos del orgullo, la cuarta y última falsa motivación que examinaremos. Los participantes seguramente han sido capaces de identificar problemas de culpa, vergüenza y temor en su vida, pero reconocer el orgullo es más difícil. Si eres orgulloso, por lo general no te das cuenta.

Echemos un vistazo a la oración de Jesús en Juan 17 por aquellos que vendrían después de sus discípulos originales (es decir, ¡nosotros!). Veremos que él se centró en que fuésemos uno «para que el mundo crea que Tú me has enviado» (Juan 17:21), y empezaremos a entender por qué este área es un campo de batalla espiritual. ¿Puedes pensar en algo más importante para la Iglesia que la unidad genuina?

Satanás quiere dividirnos e impedir que experimentemos la bendición que proviene de la unidad. Sus métodos son sutiles. Quizás su estrategia de mayor éxito es hacer que nos enfoquemos exclusivamente en la verdad. Ahora, te puede sorprender que digamos eso, pues este curso trata justamente de ayudar a las personas a apropiarse de la verdad. Por supuesto que la verdad de Dios es de vital importancia. Sin embargo, cuando enfatizamos la verdad por encima de la gracia, terminamos igual que los fariseos, promoviendo división en lugar de unidad.

Esta es un área difícil. Puede parecer que estamos diciendo que «todo vale» o que «tener una mala doctrina no importa». Por supuesto que esa no es nuestra intención. Afirmamos al 100 % la importancia de creer la Palabra de Dios. Sin embargo, si tenemos la mejor doctrina del mundo, pero no tenemos amor, no nos sirve de nada.

## HORARIO PARA GRUPO PEQUEÑO:

| | | |
|---|---|---|
| Bienvenida | 5 minutos | 0:05 |
| Alabanza, oración y declaración | 10 minutos | 0:15 |
| Palabra 1ª parte | 25 minutos | 0:40 |
| Pausa para la reflexión 1 | 10 minutos | 0:50 |
| Palabra 2ª parte | 25 minutos | 1:15 |
| Pausa para la reflexión 2 | 15 minutos | 1:30 |
| Palabra 3ª parte | 10 minutos | 1:40 |
| Pausa para la reflexión 3 | 15 minutos | 1:55 |
| Palabra 4ª parte | 5 minutos | 2:00 |

 **BIENVENIDA**

¿Quién es la persona más humilde que conoces?

 **ADORACIÓN**

Tema sugerido: Nosotros amamos porque él nos amó primero — 1 Juan 4:19.

«Para que un hombre pueda buscar a Dios, Dios debe haberle buscado primero» (A.W. Tozer).

Invita a las personas a recorrer su vida y reconocer los momentos en los que Dios les estaba buscando.

Anímales a responder a Dios en alabanza por todas las formas en que él les ha llamado a una experiencia más profunda de su amor.

 **ORACIÓN Y DECLARACIÓN**

**Querido Padre lleno de amor y gracia, no puedo hacer nada de valor real sin Ti. Me ofrezco a Ti ahora como un sacrificio vivo. Por favor, guíame a toda verdad. Te lo pido en el humilde nombre de Jesucristo. Amén.**

**En Cristo ya no estoy bajo la ley, sino bajo la gracia. Decido dejar atrás «la ley» y «las reglas» y el señorío que han tenido sobre mí. Declaro que Jesucristo es mi Señor y ordeno a sus enemigos que abandonen mi presencia.**

## 📄 PALABRA

### Introducción

¿Te enfadas cuando la verdad de Dios se toma a la ligera? ¿Cuando los supuestos cristianos pasan por alto las realidades del mundo espiritual, dicen que los demonios no existen y sugieren que no hay milagros? Yo también.

### ¿Quién, yo? ¿Un fariseo?

Si se formara un grupo en tu ciudad de personas comunes y corrientes con el propósito de dedicarse a la verdad de Dios y de aplicarla de manera práctica en la vida diaria, ¿te interesaría unirte a ellos?

▶A los fariseos se les ha dado muy mala fama. Los consideramos hipócritas y superficiales. Pero eran justamente ese grupo de personas comunes y corrientes comprometidas radicalmente con la verdad. El liderazgo religioso establecido se había vuelto muy liberal — negaban verdades como la resurrección y la realidad del mundo espiritual. Los fariseos, en cambio, reconocían la autoridad de la Palabra de Dios y estaban comprometidos a llevar una vida pura y sin mancha. Querían manejar asuntos como el dinero y el sexo de una forma absolutamente correcta, sin contaminarse por el pecado. Eran las personas comprometidas y sinceras de la época, ansiosas por ver el establecimiento del Reino de Dios y la erradicación del pecado. Y esperaban al Mesías.

Fue entonces cuando el evento más decisivo de la historia llamó a su puerta. ¡El Mesías había llegado! Estaba en medio de ellos, incluso les hablaba — pero no le reconocieron. ¿Cómo es que los fariseos se lo perdieron?

El problema de los fariseos fue que conocían la verdad, pero no tenían ni idea de lo que era la gracia. Los fariseos conocían a fondo la ley — la Palabra de Dios — y la valoraban. Pero la usaron principalmente para reforzar sus propios egos, y para mantener a otros bajo su control religioso. Son un ejemplo clásico de lo que Pablo escribiera: «El conocimiento envanece, mientras que el amor edifica» (1 Corintios 8:1).

En esta sesión veremos el cuarto obstáculo para la gracia, el orgullo. El orgullo es otra falsa motivación que impide que el amor nos impulse. El orgullo nos priva de experimentar la gracia de Dios.

Estoy seguro, en lo más profundo de mi ser, que si yo hubiera vivido en Palestina en ese momento de la historia, yo hubiera sido un fariseo.

Durante su tiempo en la tierra, Jesús chocó con los fariseos una y otra vez. Echemos un vistazo a un suceso típico para intentar comprender la raíz del problema.

## La mujer sorprendida en adulterio (Juan 8:3-11)

▶ Los maestros de la ley y los fariseos llevaron entonces a una mujer sorprendida en adulterio, y poniéndola en medio del grupo le dijeron a Jesús: —Maestro, a esta mujer se le ha sorprendido en el acto mismo de adulterio. En la ley Moisés nos ordenó apedrear a tales mujeres. ¿Tú qué dices? (Juan 8:3-5).

Los fariseos tenían una excelente comprensión intelectual de la verdad. Moisés, de hecho, había dicho que los adúlteros debían ser condenados a muerte. Levítico 20:10 dice: «Si alguien comete adulterio con la mujer de su prójimo, tanto el adúltero como la adúltera serán condenados a muerte». He pensado largo y tendido y no logro entender... ¿cómo puedes sorprender a una sola persona en el acto de adulterio? Tenemos una gran interrogante— ¿por qué escogieron a la mujer e ignoraron al hombre? Sin embargo, lo que decían era verdad. Su doctrina era correcta.

Pero Jesús se inclinó y con el dedo comenzó a escribir en el suelo. Y como ellos le acosaban a preguntas, Jesús se incorporó y les dijo: «Aquel de vosotros que esté libre de pecado, que tire la primera piedra. E inclinándose de nuevo, siguió escribiendo en el suelo. Al oír esto, se fueron retirando uno tras otro, comenzando por los más viejos, hasta dejar a Jesús solo con la mujer, que aún seguía allí». (Juan 8:6-9)

La asombrosa declaración de Jesús les llevó a tener un momento inusual de claridad. En lo profundo de su corazón todos se dieron cuenta de que ellos también habían pecado. Nos preguntamos si el propio adúltero podría haber estado entre la multitud. Todos eran, de hecho, igual que la mujer: ninguno de ellos había logrado cumplir los requisitos de la ley. Probablemente no habían cometido ese pecado en particular, pero todos eran culpables de algún pecado.

▶Entonces él se incorporó y le preguntó: —Mujer, ¿dónde están? ¿Ya nadie te condena? —Nadie, Señor. —Tampoco yo te condeno. Ahora vete, y no vuelvas a pecar. (Juan 8:10-11)

Sólo había una persona allí que nunca había pecado. Sólo había una persona allí que realmente comprendía la verdad de la Palabra de Dios, porque él era La Verdad. Él tenía todo el derecho de apedrear a esta mujer hasta la muerte. Sin embargo, él no emitió ni una sola palabra condenatoria.

Los fariseos pensaban que la prioridad de Dios era corregir el comportamiento de la gente. Jesús, sin embargo, sabía que el deseo del Padre era que su pueblo conociera su amor y experimentara su deleite en ellos. De ese modo, de la abundancia de su amor, amarían a los demás. Entonces su pueblo — por puro amor — ¡haría lo correcto!

Las personas religiosas se preocupan por las reglas. A Dios le interesan las relaciones.

Las personas religiosas ponen las leyes por encima del amor. Dios hace del amor la meta suprema.

A las personas religiosas les preocupa ser correctas. A Dios le interesa más que seamos genuinos. Sólo entonces podremos ser rectos.

El objetivo principal de las personas religiosas es conocer la Palabra de Dios. Dios quiere que nuestro objetivo principal sea conocer al Dios de la Palabra.

Juan 1:17 dice: «pues la ley fue dada por medio de Moisés, mientras que la gracia y la verdad nos han llegado por medio de Jesucristo».

Para ser justo con los fariseos, Dios había dado un montón de reglas de comportamiento muy específicas en el Antiguo Testamento. Es fácil entender por qué quedaron atascados en la ley. Ahora bien, el Dios del Antiguo Testamento es exactamente el mismo que el Dios del Nuevo Testamento. Él no ha cambiado, y sus propósitos eternos no han cambiado.

## ¿Por qué nos dio la ley el Dios de la gracia?

▶ Entonces, ¿por qué el Dios de la gracia dio estas reglas que se conocen colectivamente como «la ley»?

En Gálatas 3, Pablo comienza a responder a esta pregunta. Primero explica que la ley no se dio hasta cientos de años después del pacto original de Dios con Abraham (Gálatas 3:16-18). La serie de promesas que Dios hace a Abram en ese pacto original son muy interesantes:

▶ «No temas, Abram. Yo soy tu escudo, y muy grande será tu recompensa». (Génesis 15:1).

▶ «Mira hacia el cielo y cuenta las estrellas, a ver si puedes. ¡Así de numerosa será tu descendencia!» (Génesis 15:5)

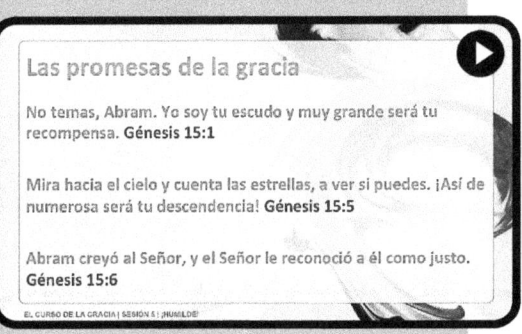

Aquí no hay nada de «Si haces esto, yo haré aquello». Dios sólo hace promesas incondicionales — promesas de gracia. Su cumplimiento no depende de lo que haga Abraham, depende únicamente de la gracia de Dios.

▶ «Abram creyó al Señor, y el Señor le reconoció a él como justo». (Génesis 15:6)

Abraham hizo una sola cosa: escogió creer lo que Dios le prometía. Siempre ha sido igual. Accedemos a las promesas y bendiciones de la gracia de Dios por la fe, y sólo por la fe — no por nada que hagamos.

▶ Entonces Pablo avanza rápidamente unos cuantos siglos, hasta cuando Dios se encuentra con Moisés en el Monte Sinaí y le entrega las tablas con los Diez Mandamientos. Y Pablo nos recuerda que la ley dada 430 años después de las promesas hechas a Abraham, no cambió lo que Dios

había dicho anteriormente.

Al llegar la ley, ésta no anuló las promesas de gracia que Dios había hecho. No es que la idea original fuese la gracia y al fracasar ésta, Dios tuviera que reemplazarla por la ley.

▶ Entonces Pablo plantea la pregunta del millón de dólares — la que seguramente te estarás preguntando:

Entonces, ¿de qué sirve la ley? Y nos responde:

«Fue añadida por causa de las transgresiones» (Gálatas 3:19), es decir, nuestra rebeldía contra Dios.

¿Qué significa eso en realidad? ▶ Vamos ahora a Romanos 3:19-20:

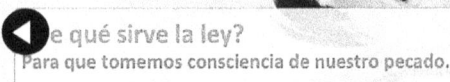

> «Ahora bien, sabemos que todo lo que dice la ley, lo dice a quienes están sujetos a ella, para que todo el mundo se calle la boca y quede convicto delante de Dios». (Romanos 3:19)

De hecho la ley fue dada para que «todo el mundo se calle la boca»... básicamente para evitar que la gente ponga excusas, como «Oh, yo no sabía que eso estaba mal, entonces Dios no me puede juzgar» y para que todos — todo el mundo — tengan que responder ante Dios. Su principal objetivo era el conocimiento del bien y del mal — y dejarnos claro que Dios tiene la razón y nosotros estamos equivocados. Pablo continúa:

> «... nadie será justificado en presencia de Dios por hacer las obras que exige la ley; más bien, mediante la ley cobramos conciencia del pecado». (Romanos 3:20)

▶ La ley nunca tuvo la intención de hacernos aceptos ante

Dios mediante nuestro propio esfuerzo. Su propósito era hacernos conscientes de lo terrible que es el pecado y su control sobre nosotros, y que así nos diésemos cuenta de lo inútil que es portarnos bien con el fin de ser aceptados... En otras palabras, su fin es mostrarnos nuestra necesidad de la gracia, nuestra necesidad de Cristo. ¡La ley era en realidad una fuente de gracia!

Los fariseos no entendieron esto. Ellos creían que el objetivo de la ley era hacernos justos a los ojos de Dios, si la obedecíamos.

Con este razonamiento, extendieron la ley hasta un extremo absurdo. Por ejemplo, Dios había ordenado que las personas descansaran en el día de reposo (el sábado). En su intento de aplicar esta ley, los maestros de la ley determinaron 39 actividades que constituían trabajo, tales como: atar gavillas, trillar, amasar, esquilar la lana, escribir dos o más letras o borrar dos o más letras, hacer un fuego o extinguir un fuego.

Los judíos ortodoxos hoy en día conservan muchas de estas mismas tradiciones. La llegada de la electricidad causó mucho debate entre ellos – cuando uno acciona el interruptor para encender una luz, se produce una pequeña chispa. ¿Eso constituye hacer un fuego? Algunos maestros dirían que sí, otros que no. Si tu maestro dice que sí y no quieres pasar el sábado a oscuras, ¿qué haces? Bueno, muchos decidieron usar un temporizador eléctrico para que las luces se enciendan automáticamente sin tener que manipular el interruptor. ¡Muy práctico!

Puedes ver cómo el enfoque del mandamiento se desvió del propósito original — asegurarse de que hubiese un tiempo para reposar y buscar a Dios en medio de las ocupaciones de la vida — para enfocarse en los detalles técnicos de cómo se permite o no encender una luz.

Jesús se deleitó en burlar el abuso de la ley por parte de los fariseos. Como los fariseos prohibían todo trabajo en el día de reposo (pero Dios no prohibía hacer el bien), Jesús se permitió el «lujo» de sanar el sábado. Por ejemplo, la ocasión en que llevaron un ciego a Jesús en el día de reposo. Jesús escupió en el polvo, hizo barro, lo puso en los ojos del hombre, y lo sanó. ¿Sabes por qué Jesús eligió ese método para sanarlo? Porque los judíos permitían escupir sobre una roca en el día de reposo, pero no escupir en el polvo... porque saliva + polvo = barro, lo cual era trabajo, según ellos. ¡Jesús se divirtió sanando al hombre y «escupiendo» sobre las ridículas tradiciones religiosas de los fariseos!

## ¿Cómo es que Jesús cumplió la ley?

Cuando Jesús llegó y se negó a participar en sus juegos religiosos, los fariseos se quejaron de que él estaba desobedeciendo la ley de Dios. Ellos no lo entendían. Jesús dijo:

▶«No penséis que he venido a anular la ley o a los profetas; no he venido a anularles sino a darles cumplimiento. Les aseguro que mientras existan el cielo y la tierra, ni una letra ni una tilde de la ley desaparecerán hasta que todo se haya cumplido». (Mateo 5:17-18)

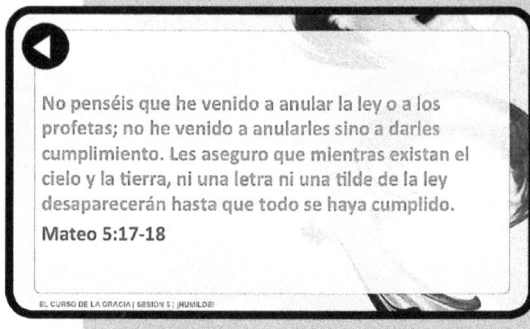

Jesús valoraba la ley. Él decía ser su cumplimiento. ¿Cómo lo hizo?

### ▶Él se convirtió en el sacrificio perfecto, y cumplió todas las demandas justas de la ley por nosotros.

Romanos 8:2-3 nos dice que lo que la ley no pudo hacer por nosotros, es decir, hacernos perfectos y sin pecado, Dios lo hizo a través de su Hijo, perfecto y sin pecado. Al pagar la pena de muerte por nuestros pecados, ofreciéndose a sí mismo en la cruz por nosotros, Jesús condenó nuestro pecado, de modo que ahora somos libres.

### ▶Él nos ayudó a entender el verdadero propósito de la ley

▶Jesús entonces dijo algo que habrá sido sumamente impactante para quienes le escuchaban:

«Porque a vosotros os digo, que no entrareis en el reino de los cielos a menos que vuestra justicia supere a la de los fariseos y a la de los maestros de la ley». (Mateo 5:20)

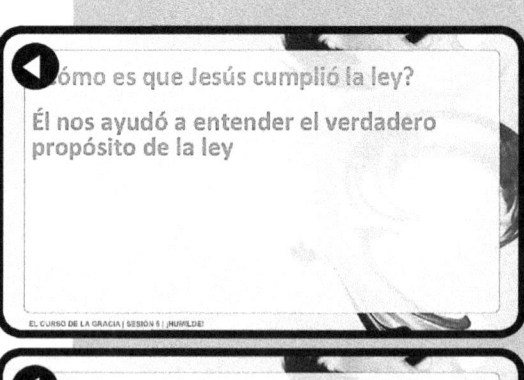

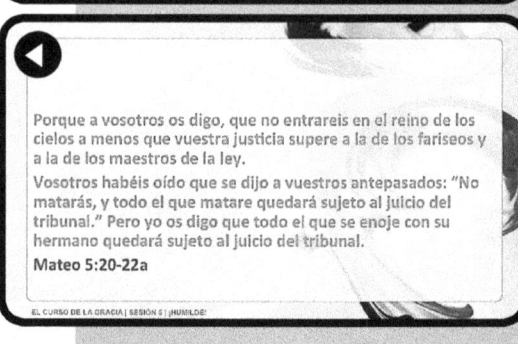

Imagínate a los oyentes, los seguidores de Jesús. Los escribas y los fariseos eran considerados la gente más justa de su tiempo. Pero Jesús les dice que ni siquiera ellos llegan a la altura de la justicia y santidad de Dios. Jesús continúa y hace algo aún más sorprendente. Toma la ley, que ya parecía imposible de cumplir, y supera sus exigencias:

> ▶«Vosotros habéis oído que se dijo a vuestros antepasados: "No matarás, y todo el que matare quedará sujeto al juicio del tribunal." Pero yo os digo que todo el que se enoje con su hermano quedará sujeto al juicio del tribunal». (Mateo 5:21-22a)

> ▶«Vosotros habéis oído que fue dicho: "No cometerás adulterio." Pero yo os digo que cualquiera que mira a una mujer y la codicia ya ha cometido adulterio con ella en el corazón». (Mateo 5:27-28)

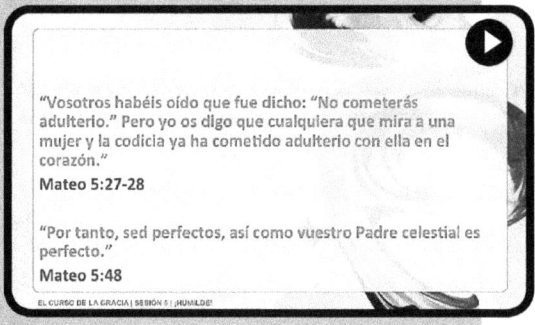

Jesús continúa con una serie de mandamientos similares y cada vez supera las exigencias de la ley. Entonces, al final de esa sección, da el golpe final:

> ▶«Por tanto, sed perfectos, así como vuestro Padre celestial es perfecto». (Mateo 5:48)

▶ En una competición de salto con pértiga, los concursantes siguen saltando hasta que el listón está demasiado alto para todos ellos. Incluso cuando sólo queda una persona, se sigue subiendo el listón. Hasta que al final, esa persona también falla.

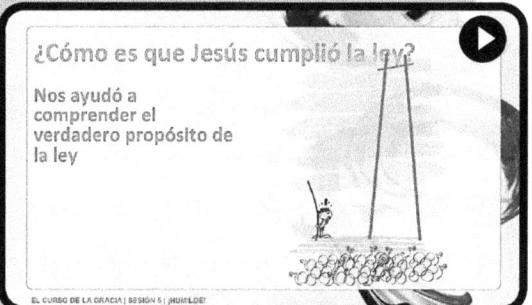

Supongo que en teoría cabía la posibilidad de que alguien pudiera cumplir las 613 partes de la ley. Pero Jesús elevó las exigencias a una altura tal que lo hizo imposible.

El verdadero propósito de la ley es mostrarnos que sin la gracia de Dios no podemos agradar a Dios. Su objetivo es que nos rindamos ante la misericordia de Dios, plenamente conscientes de la magnitud de nuestra necesidad. Los fariseos lo tergiversaron todo y utilizaron la ley para exaltarse a sí mismos, para conseguir el respeto de los demás, y para convencerse que ellos— y sólo ellos — tenían la razón. Y eso es orgullo.

## Él hizo posible que la ley se escribiese en nuestros corazones

Jesús también cumplió la ley al permitir que ésta se escribiese en nuestros corazones y en nuestras mentes.

Cada vez que Jesús «subía el listón», cambiaba el énfasis — de una ley que se centraba en la conducta externa, a unos principios que conciernen el interior de las personas: los pensamientos y las intenciones de nuestro corazón. Eso es lo que Dios desea... ¡nuestros corazones!

▶ «En otro tiempo, nuestros corazones eran engañosos y no tenían remedio» (Jeremías 17:9). Ya no lo son. Muchos predicadores recibirían un entusiasta coro de «Amén» de su congregación si dijeran: «Soy un malvado y sucio pecador salvo por gracia. Tú corazón y el mío están sucios, son engañosos y no tienen remedio». Pero... ¡eso no es cierto!

▶ «Este es el pacto que haré con ellos después de aquel tiempo —dice el Señor—: Pondré mis leyes en su corazón, y las escribiré en su mente». (Hebreos 10:16)

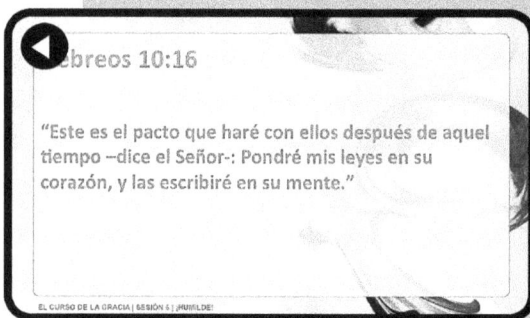

Ahora que somos nuevas criaturas en Cristo, tenemos un nuevo corazón y nuestra mente está renovándose con la verdad. La ley de Dios ya no es un conjunto de palabras en una tabla de piedra. Está escrita en nuestro interior mediante la presencia del Espíritu de Dios y la Palabra de Cristo que habita en nosotros. ¿Puede acaso ser malo nuestro corazón si Ezequiel dice que Dios nos ha dado un corazón nuevo, y que su Palabra está escrita allí? Antes de Cristo, no podíamos obedecer por la oscuridad que había en nuestros corazones. Pero ahora podemos obedecer, no por obligación, sino porque de verdad queremos obedecer, y porque tenemos en nuestro interior el poder del Espíritu Santo que nos permite hacerlo.

## PAUSA PARA LA REFLEXIÓN 1

OBJETIVO:

AYUDARNOS A ENTENDER NUESTRA TENDENCIA NATURAL HACIA EL FARISEÍSMO Y POR QUÉ NO TENEMOS QUE IR EN ESA DIRECCIÓN

▶ PREGUNTAS (EN LA PÁGINA 71 DE LA GUÍA DEL PARTICIPANTE):

¿DE QUÉ FORMA SOMOS TENTADOS LOS CRISTIANOS HOY EN DÍA A CREER QUE NECESITAMOS OBEDECER CIERTAS LEYES?

JESÚS NOS MANDA A SER PERFECTOS (MATEO 5:48). ¿CÓMO PODEMOS OBEDECER ESTE MANDAMIENTO?

## No es lo que hacemos, si no por qué lo hacemos

▶Jesús dijo: «sed perfectos, así como vuestro Padre celestial es perfecto», ¿Acaso es posible obedecer este mandamiento?

Bueno, recordemos algunas verdades fundamentales que ya que hemos visto. Cuando viniste a Cristo ¿en qué te convertiste?

En alguien diferente a quien solías ser. Te convertiste en una nueva criatura. De hecho, se produjo un intercambio. Jesús se hizo pecado y tú ¿qué llegaste a ser? ¡Justicia de Dios! Eres justo hasta la médula. ¡Eso es la perfección!

Y sobre esa base, eres completamente libre de escoger hacer lo correcto. No siempre lo lograrás — tropezarás de vez en cuando. Pero eso no cambia el hecho de que eres justicia de Dios. Por lo tanto, en Cristo ¡sí puedes cumplir ese mandamiento!

Veamos cómo se llevan a cabo en nosotros los propósitos eternos de Dios a través de la ley, ahora que somos nuevas criaturas.

▶Tenemos que recordar que no importa sólo **lo que hacemos**, si no **por qué lo hacemos**.

En Mateo 15, los fariseos y los escribas criticaron a los discípulos de Jesús por no lavarse las manos cuando comían. ¡Aquí me da la impresión de estar escuchando a mi madre! Por supuesto, tiene sentido hacerlo por motivos de higiene. Pero si haces caso omiso de esta norma, ¿afectará eso también a tu higiene espiritual, o a la condición de tu corazón? Lamento decirlo pero, «a mayor higiene, mayor piedad» no es un principio bíblico.

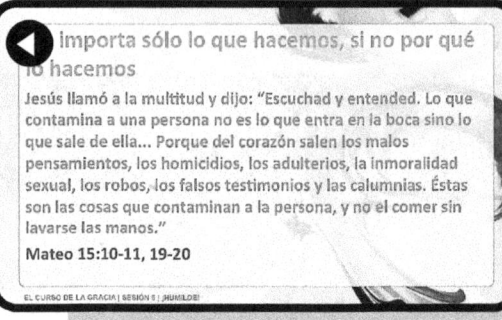

▶Jesús llamó a la multitud y dijo: «Escuchad y entended. Lo que contamina a una persona no es lo que entra en la boca sino lo que sale de ella... Porque del corazón salen los malos pensamientos, los homicidios, los adulterios, la inmoralidad sexual, los robos, los falsos testimonios y las calumnias. Éstas son las cosas que contaminan a la persona, y no el comer sin lavarse las manos». (Mateo 15:10-11, 19-20)

▶Alguien puede verse estupendamente por fuera, pero por dentro, donde realmente importa, puede ser completamente distinto. Jesús llamó a los fariseos «sepulcros blanqueados» — por fuera tenían una pinta estupenda pero por dentro eran un desastre.

▶Puede que en tu opinión alguien parezca impresentable por fuera, pero lo que le importa a Dios es el interior.

Nosotros nunca seríamos como los fariseos. Nunca pensaríamos que lo que hacemos externamente importa más que lo que hay dentro ¿verdad?

¡En realidad cada uno de nosotros ha caído en esa trampa! Y la historia demuestra que nuestras iglesias han agravado ese error.

Cuando nos convertimos, aunque nadie nos lo haya dicho de ese modo, muchos tuvimos la impresión de que para ser «un buen cristiano» debíamos leer nuestra Biblia todos los días, ofrendar una cierta proporción de nuestros ingresos, ir regularmente a la iglesia y un montón de cosas más. A menudo preferiríamos tener una lista de lo que debemos hacer y lo que no debemos hacer. Entonces sabríamos cuando hemos cumplido y podríamos sentirnos bien. ¿No te recuerda a alguien? Ah, sí, ¡a los fariseos!

Sin amor, da igual lo buenas que parezcan nuestras acciones o nuestras creencias, sólo producimos ruido —

como un «metal que resuena o un platillo que hace ruido» (1 Corintios 13:1). Veamos un ejemplo: ¿Es bueno dar el 10 % de nuestros ingresos a la iglesia? Sí. Pero es mucho mejor comprender el principio detrás del diezmo, en lugar de sólo cumplir. Pablo dice:

> ▶«Recordad esto: El que siembra escasamente, escasamente cosechará, y el que siembra en abundancia, en abundancia cosechará. Cada uno debe dar según lo que haya decidido en su corazón, no de mala gana ni por obligación, porque Dios ama al que da con alegría». (2 Corintios 9:6-7)

Dios no quiere que demos por obligación. Lo que sí quiere que entendamos es que si damos generosamente de nuestro dinero, recibiremos una gran cosecha. Él no quiere decir, como algunos creen, que recibiremos más dinero — dar para recibir más dinero es un principio de esta sociedad, no un principio bíblico. Veamos cómo sigue el pasaje:

> ▶«Y Dios puede hacer que toda gracia abunde para vosotros, de manera que siempre, en toda circunstancia, tengáis todo lo necesario, y toda buena obra abunde en vosotros». (2 Corintios 9:8)

Cuando damos generosamente en amor, recibimos gracia en abundancia y abundamos en toda obra buena. Lo que recibimos es mucho más valioso que el dinero. Es un incremento en el fruto que damos y las buenas obras que hacemos, para su gloria. Si lo entendemos y lo experimentamos, es muy probable que terminemos dando más del 10 % — y lo haremos de corazón y con amor, ¡no con la sensación de que la iglesia nos ha subido los impuestos!

## La esencia de la Ley

### No es una carga pesada

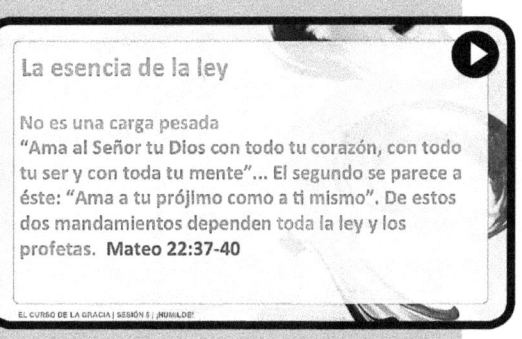

▶Es importante entender que obedecer desde nuestro nuevo corazón no debe ser una carga pesada. 1 Juan 5:3 dice: «En esto consiste el amor a Dios: en que obedezcamos sus mandamientos. Y éstos no son difíciles de cumplir»

Cierto fariseo, un abogado, vino a Jesús con esta pregunta para tenderle una trampa: «Maestro, ¿cuál es el mandamiento más importante de la ley?» (Mateo 22:36)

> ▶«Ama al Señor tu Dios con todo tu corazón, con todo tu ser y con toda tu mente» —le respondió Jesús—. Éste es el

primero y el más importante de los mandamientos. El segundo se parece a éste: "Ama a tu prójimo como a ti mismo." De estos dos mandamientos dependen **toda** la ley y los profetas». (Mateo 22:37-40)

Durante años, los fariseos habían intentado captar la esencia de la ley para asegurarse que su vida fuese absolutamente correcta, que sus creencias fuesen absolutamente correctas. Su intento les llevó a ampliar la ley que Dios había dado. Por eso desarrollaron una interminable lista de reglamentos y normas. ▶Pero éstos se habían convertido en una carga pesadísima para la gente normal.

▶Jesús, por otro lado, invitó a quienes se sentían cansados y cargados, y les prometió descanso. Les invitó a tomar su carga ligera y su yugo fácil. En lugar de ampliar la ley, Jesús lo redujo todo a sólo dos frases.

▶Resumió la ley aún más en Mateo 7: «Así que en todo tratad a los demás tal y como queréis que ellos os traten a vosotros. De hecho, esto es la ley y los profetas» (Mateo 7:12)

▶Pablo fue en la misma dirección:

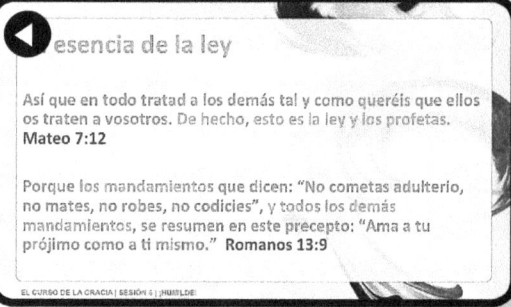

Porque los mandamientos que dicen: «No cometas adulterio», «No mates», «No robes», «No codicies», y todos los demás mandamientos, se resumen en este precepto: «Ama a tu prójimo como a ti mismo». (Romanos 13:9)

Si cumpliésemos la ley a la perfección, ¿qué cara tendría? Tendría la cara del amor — hacia Dios y hacia los demás. Y esa es la ley escrita en nuestros corazones y la que podemos cumplir si decidimos vivir en el poder del Espíritu Santo.

Entonces, ¿cómo amamos a Dios con todo nuestro corazón y con toda nuestra alma y con toda nuestra mente? El principio fundamental es: «Nosotros amamos a Dios porque él nos amó primero» (1 Juan 4:19). Espero que durante estas sesiones hayas experimentado que tu amor por Dios va en aumento. Si es así, esto no es fruto de tu esfuerzo por seguir las normas, sino de darte cuenta de lo mucho que él te ama.

▶Una relación íntima con el Padre es tu mejor defensa para evitar caer en la trampa de los fariseos — ganar el favor de Dios mediante su comportamiento religioso. La gracia es un regalo; **no la podemos** merecer.

## Amar a otros (Filipenses 2:1-11)

### La importancia de la unidad

Entendamos por qué Dios pone tanto énfasis en amar a los demás.

Justo antes de iniciar el camino a la cruz, Jesús oró específicamente por quienes vendrían después de los primeros discípulos — es decir, tú y yo. Pudo haber orado por muchas cosas, pero optó por centrarse en una sola:

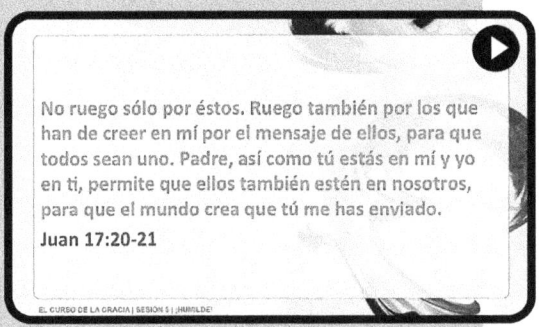

▶«No ruego sólo por éstos. Ruego también por los que han de creer en mí por el mensaje de ellos, para que todos sean uno. Padre, así como tú estás en mí y yo en ti, permite que ellos también estén en nosotros, para que el mundo crea que tú me has enviado». (Juan 17:20-21)

¿Cómo vamos a alcanzar a este mundo para Cristo? En la única oración en la que Jesús ora específicamente por ti, lo deja muy claro. Sí, nuestras diversas actividades de evangelización serán útiles. Pero lo más importante es que nos amemos unos a otros. Entonces el mundo creerá que Dios envió a Jesús.

El Salmo 133 dice que donde hay unidad, Dios envía bendición. Está claro que algo sucede espiritualmente donde hay unidad. Si tus actividades evangelísticas ocurren en un contexto de unidad, puedes esperar que sean mucho más eficaces. En Filipenses 2, Pablo nos exhorta a estar unidos y nos dice la clave:

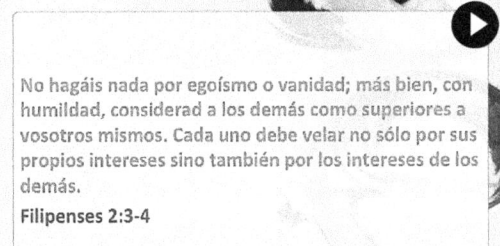

▶«No hagáis nada por egoísmo o vanidad; más bien, con humildad, considerad a los demás como superiores a vosotros mismos. Cada uno debe velar no sólo por sus propios intereses sino también por los intereses de los demás». (Filipenses 2:3-4)

La clave para la unidad es la humildad.

### Humillarnos

¿Qué es la verdadera humildad?

No es dejarse pisar como una alfombrilla. Jesús era humilde, pero ciertamente no era un blandengue. Se parece más a ser un portero... estar seguro de quién eres, para poder tratar a los demás como si fueran más importantes que tú.

La humildad depende de dónde ponemos nuestra confianza. ¿La ponemos en Cristo o en otro lugar? ¿La ponemos en nuestras habilidades; nuestra teología, nuestro éxito o fracaso? ▶Orgullo es poner nuestra confianza en algo que no es Cristo. En nuestro engaño creemos que necesitamos ser exaltados, así que buscamos subir, inflándonos a nosotros mismos.

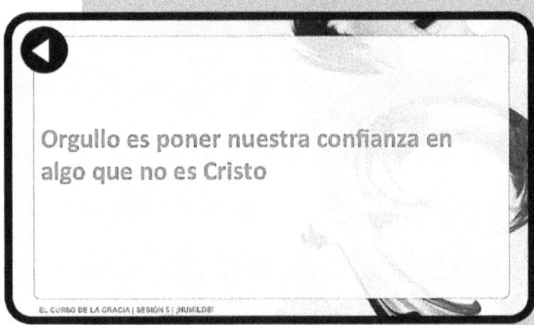

Orgullo es poner nuestra confianza en algo que no es Cristo

[Una historia de Rich Miller]: En 1990 Shirley y yo nos mudamos a Manila, Filipinas, donde fuimos a dirigir un ministerio para estudiantes de secundaria por toda la ciudad. Ese verano llegaron varios cientos de jóvenes de todo el mundo para ayudar a lanzar el ministerio. Cuando terminamos el proyecto del verano, teníamos más de 52.000 tarjetas con los nombres y las direcciones de los estudiantes filipinos que querían más información sobre Cristo. Teníamos que enviarles materiales de seguimiento a todos ellos... ¡a mano!

Comencé como director del ministerio y me convertí en dictador del ministerio. En el proceso, volví locos a mis colaboradores y trabajé hasta el agotamiento. Al inicio había prometido que tomaríamos medio día de oración por semana, pero con tanto trabajo, esto no sucedió. Shirley me lo recordaba. «¡NO TENEMOS TIEMPO PARA ORAR!», decía yo. En esa época escuché una canción sobre la misericordia de Dios. Y me burlé de la canción: «Señor, ten piedad. Señor, ten piedad. Señor, ten piedad». ¡Qué canción tan cursi!

Poco después, me ingresaron en el hospital por una diarrea y por deshidratación. En el hospital me dio neumonía. Los médicos no se percataron que también tenía asma. Me dieron antibióticos y me enviaron a casa con un nebulizador para ayudarme a respirar. Una noche, a las dos de la mañana, casi no podía respirar. Usé el nebulizador repetidamente y nada. Allí tirado en el suelo, jadeante, clamé a Dios... diciendo... eso mismo...«¡Señor, ten piedad!» Y tuvo piedad de mí. Yo necesitaba humillarme ante Dios y ante los demás, pero como yo no lo hice, Dios se encargó de ello.

▶Cuando el orgullo te controla, te esfuerzas constantemente por subir.

¿Dónde estás ahora, cuál es tu posición? Ya estás sentado con Cristo a la diestra del Padre. ¡No puedes subir más alto que eso!

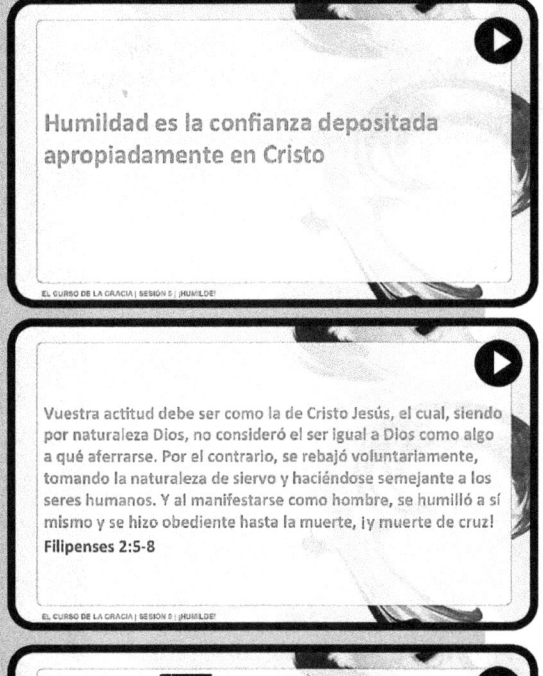

Cuando actuamos por orgullo demostramos que no sabemos quién somos. No puedes ser verdaderamente humilde hasta que has entendido la verdad de quién eres en Cristo. Necesitas saber que la única manera de llevar a cabo cualquier tipo de ministerio es mediante la obra de Cristo en la cruz, y el poder de Cristo en ti. Cuando sabes esto, puedes ser, de hecho, la persona más confiada del mundo, y aun así ser humilde.

▶Así que la humildad se podría definir como: «confianza depositada apropiadamente en Cristo».

Pablo continúa:

▶«Vuestra actitud debe ser como la de Cristo Jesús, el cual, siendo por naturaleza Dios, no consideró el ser igual a Dios como algo a qué aferrarse. Por el contrario, se rebajó voluntariamente, tomando la naturaleza de siervo y haciéndose semejante a los seres humanos. Y al manifestarse como hombre, se humilló a sí mismo y se hizo obediente hasta la muerte, ¡y muerte de cruz!». (Filipenses 2:5-8)

▶La humildad tiene que ver con rebajarnos — la dirección es hacia abajo. Tiene que ver con convertirnos en esclavos, no por obligación — sino porque nos gusta servir a Aquel que nos ama y que se humilló a sí mismo.

Nos es difícil comprender cuánto se rebajó Dios. Primero, Dios mismo se hizo hombre. Y a continuación, el Perfecto y Santo se hizo pecado. El Príncipe de la Vida murió a manos de sus criaturas. Dios nos pide que nos rebajemos del mismo modo, que tengamos el mismo sentir, la misma actitud que Jesús.

A medida que escojamos tener el mismo sentir de Cristo, en lugar de nuestro propio sentir defectuoso, sabremos que no podemos lograr nada bueno en nuestras propias fuerzas. Sabremos que no somos mejores que los demás. Sabremos que no necesitamos reforzar nuestro propio ego criticando a los demás.

Sólo entonces buscaremos constantemente la manera de rebajarnos más. Tendremos la seguridad suficiente para reconocer nuestras deficiencias en las relaciones con los demás. Nos humillaremos gustosamente frente a quienes Dios ha colocado como líderes sobre nosotros, incluso cuando creemos tener la razón.

Cuando otros nos hieran o nos ataquen, podremos perdonar y seguir perdonando, en lugar de responder con ira. Eso es humildad, y la gracia de Dios siempre fluye hacia abajo, como el agua... hacia la humildad.

# PAUSA PARA LA REFLEXIÓN 2

**OBJETIVO:**

PERMITIR QUE EL ESPÍRITU SANTO NOS REVELE CÓMO HEMOS SIDO ORGULLOSOS Y RENUNCIAR A ESAS ACTITUDES ERRÓNEAS.

▶ EJERCICIO (EN LA PÁG 74 DE LA GUÍA DEL PARTICIPANTE):

A SOLAS, ANTE DIOS, ORA DE LA SIGUIENTE MANERA:

QUERIDO PADRE,
CONFIESO QUE HE CREÍDO QUE MIS FORMAS DE HACER LAS COSAS Y MIS PREFERENCIAS SON MEJORES QUE LAS DE OTROS. TE PIDO QUE ME REVELES CÓMO ESTE PECADO DE ORGULLO HA SIDO UN PROBLEMA, PARA QUE YO LO DEJE ATRÁS. EN EL NOMBRE DE JESÚS. AMÉN.

▶ APUNTA LAS ÁREAS DE TU VIDA EN LAS QUE TE DAS CUENTA DE QUE HAS SIDO ORGULLOSO. CONSIDERA, POR EJEMPLO, TU ACTITUD HACIA:

- MIEMBROS DE TU FAMILIA
- LÍDERES DE LA IGLESIA
- CRISTIANOS DE OTRAS IGLESIAS
- COMPAÑEROS DE TRABAJO

CONSIDERA TAMBIÉN SI HAS SIDO ORGULLOSO POR:
- TU COMPRENSIÓN DE LA DOCTRINA CRISTIANA
- TUS LOGROS EN LA SOCIEDAD
- TUS LOGROS PARA DIOS

POR CADA ÁREA QUE EL ESPÍRITU SANTO TE HAYA REVELADO, ORA LO SIGUIENTE:

▶ SEÑOR JESÚS
CONFIESO Y RENUNCIO QUE HE SIDO ORGULLOSO HACIA/POR _____ (DÍ LO QUE HICISTE Y HACIA QUIÉN). AHORA ESCOJO TENER EL MISMO SENTIR QUE TÚ. ME HUMILLO A MÍ MISMO ANTE TI Y ANTE LOS DEMÁS. DECLARO LA VERDAD QUE DICE QUE NO SOY MEJOR QUE ELLOS Y ESCOJO CONSIDERARLES SUPERIORES A MÍ. GRACIAS PORQUE YA NO TENGO QUE EXALTARME A MÍ MISMO PORQUE SOY TU HIJO Y CONFÍO EN QUE TÚ ME LEVANTARÁS A TU TIEMPO.
EN TU NOMBRE. AMÉN.

▶[Una historia de Steve Goss:] Hace unos años, yo estaba experimentando un conflicto intenso con una persona en el ministerio. Por cierto, el conflicto en sí no es malo, es inevitable; lo que importa es cómo manejas el conflicto. Yo tenía todas las ganas del mundo de demostrar que yo tenía la razón, que yo sabía más. Quería que la gente se pusiera de mi lado. Pero Dios pacientemente me decía que lo que realmente importaba era mi carácter y cómo manejaba la situación. Por ese tiempo se me taponó la nariz y dormí mal durante varias noches porque no lograba destaponarla. Al final decidí ir al médico para que me recetara algo. Me tocó un doctor nuevo que no había visto antes, así que, antes de revisar mi nariz, decidió hacer una revisión general. Me midió todo y lo tecleó en su ordenador. Luego dijo: «Hmm, vamos a ver si logramos acortar tus brazos — extiéndelos otra vez...». Los midió nuevamente y dijo: «No, aun son demasiado largos». Le dije: «Siempre han sido así. ¿Hay algún problema?» Él me explicó que tener los brazos excesivamente largos es uno de los indicadores de padecer el síndrome de Marfan, que causa excesiva flexibilidad muscular. Puede ser un problema porque, con el tiempo, los músculos del corazón llegan a ser tan flexibles que no funcionan bien, y eso puede ser fatal. Así que dijo: «Bueno, te voy a pedir una cita en el hospital para una revisión del corazón». Tecleó de nuevo en su ordenador y me entregó un formulario para la cita. Yo le pregunté: «Pero ¿y mi nariz?». «Ah, se despejará en unos días».

Así que me hicieron una revisión del corazón. Me acostaron ante una gran pantalla y me hicieron una ecografía. Escuché el sonido de mi corazón por los altavoces —parecía relinchar y sonaba muy mal. Había también una enorme imagen de mi corazón en una pantalla. Mientras estaba acostado, viendo y escuchando mi corazón, sentí que Dios me decía: «En medio de esta situación de conflicto, lo único que me importa es tu corazón». No había ningún problema médico en mi corazón. Y debía asegurarme de que tampoco hubiese ningún problema espiritual. Debía continuar humillándome ante Dios y ante los demás.

Jesús se humilló a sí mismo y vemos el resultado:

> ▶«Por eso Dios le exaltó hasta lo sumo y le otorgó el nombre que es sobre todo nombre, para que ante el nombre de Jesús se doble toda rodilla en el cielo y en la tierra y debajo de la tierra, y toda lengua confiese que Jesucristo es el Señor, para gloria de Dios Padre». (Filipenses 2:9-11)

Y a medida que nos rebajemos más y más, y decidamos colocarnos por debajo de los demás, experimentaremos más y más de la gracia de Dios de forma sobrenatural, y será él quien nos levante.

Santiago 4:10 promete: «Humillaos delante del Señor, y él os exaltará». ¡Vale más que Dios nos levante en sus brazos, que depender de cualquier esfuerzo propio para que nuestras vidas tengan valor!

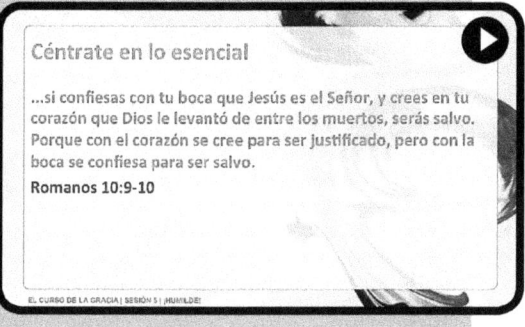

**Céntrate en lo esencial**

...si confiesas con tu boca que Jesús es el Señor, y crees en tu corazón que Dios le levantó de entre los muertos, serás salvo. Porque con el corazón se cree para ser justificado, pero con la boca se confiesa para ser salvo.

Romanos 10:9-10

## ▶ Céntrate en lo esencial

¡Cuán fácil nos es convertirnos en el hermano mayor! [Steve Goss dice:] Cuando, de adolescente, conocí a Cristo, tenía mucha sed de la verdad. Compré un montón de libros cristianos y los devoré. Todavía tengo algunos de ellos; al revisarlos podrás ver que en varios sitios escribí «DD» en el margen. ¿Qué quería decir con DD? Cuando los miro ahora, me doy cuenta de que lo apunté junto a los párrafos que no entendía, por lo que se podría pensar que «DD» representaba «duda». Pero no, significaba «Doctrinalmente Dudoso». Incluso ese adolescente recién convertido había captado la idea de que debía sospechar de lo que otros decían, revisarlo y ponerlo a prueba para asegurarse de que no hubiera error. ¡Y yo me sentía capacitado para marcar todo aquello que no entendía con «DD»!

Como cristiano en crecimiento, yo había asimilado la idea de que debía tener mucho cuidado con otros cristianos que yo no conocía o que tuviesen un trasfondo distinto. Lo cual implicaba que sólo NOSOTROS teníamos las creencias correctas.

¡Menuda arrogancia! En lugar de acercarnos con gracia, levantamos barreras de «verdad» que los demás deben saltar. La división se ha convertido en parte de nuestro ADN.

Un barco echó sus anclas en una isla remota. Al llegar a la orilla, la tripulación se encontró con el superviviente de un naufragio. Él les dijo: «¡Cuánto me alegro! ¡He estado solo en esta isla durante diez años!»

Entonces le preguntaron: «Si estás solo en la isla ¿por qué hay tres chozas?»

El superviviente dijo: «Ah, es que yo vivo en una y voy a la iglesia en la otra».

«¿Y la tercera choza?» le preguntaron.

«Esa es mi antigua iglesia».

¿De qué secciones de la iglesia te enseñaron a desconfiar? Puede que incluso creas que si alguien pertenece a una cierta rama de la Iglesia, o cree o practica ciertas cosas, no puede ser cristiano.

¿Alguna vez has comprobado por ti mismo lo que te han

dicho, con el espíritu de considerar a los demás como superiores a ti mismo?

## ¿Qué te hace cristiano?

▶ «... si confiesas con tu boca que Jesús es el Señor, y crees en tu corazón que Dios le levantó de entre los muertos, serás salvo. Porque con el corazón se cree para ser justificado, pero con la boca se confiesa para ser salvo». (Romanos 10:9-10)

▶ ¡Eso es todo! Es como este coche. No es de ensueño, pero tiene lo necesario para llevarte de A a B — ¡apenas! Sí, le faltan algunas partes, pero cumple su función. Los fariseos querían continuar ampliando la ley, pero ésta se puede resumir diciendo: «Amarás a Dios, amarás al prójimo». ¡Listo! Aun así somos tentados a ampliar el significado de ser cristiano, cuando en realidad es muy sencillo.

¿Es importante tener una buena teología? ¡Por supuesto! Pero a menudo terminamos sintiendo que somos salvos por una buena teología. En Juan 5:39-40, Jesús dice a los fariseos: «Vosotros estudiáis con diligencia las Escrituras porque pensáis que en ellas halláis la vida eterna. ¡Y son ellas las que dan testimonio en mi favor! Sin embargo, vosotros no queréis venir a mí para tener esa vida». Es posible tener un enfoque tan obsesivo en cuanto a la verdad de la Palabra de Dios escrita, que nos perdemos a Aquel que es la Verdad, la Palabra viva de Dios.

¿Alguien se atrevería a decir que su iglesia en particular tiene una teología correcta al 100%? ▶ Al final de los tiempos, al mirar atrás a nuestras creencias actuales, todos sacudiremos la cabeza y diremos: «¡vaya!».

## Reconozcamos que nadie tiene un conocimiento completo

La teología es un esfuerzo humano por entender la verdad de Dios. En los últimos 10 años mi teología ha cambiado. Lo que no ha cambiado es la verdad. No sé tú, pero yo no quiero comprometerme en exclusiva con una teología en particular. Sin embargo, estoy absolutamente comprometido con la verdad.

¿Qué crees que le interesa más a Jesús, lo que alguien cree sobre el pan y el vino, o si amamos a nuestro prójimo de corazón? ¿Le interesa más lo que alguien cree sobre el versículo en el Nuevo Testamento que menciona un período de mil años, o si estamos dispuestos a perdonar como Dios nos ha perdonado?

Cuando explotó el movimiento carismático, hubo opiniones muy diferentes sobre el ejercicio de los dones espirituales. Algunas iglesias decían que no podías estar seguro de ser cristiano a menos que hubiera evidencia de que habías hablado en lenguas. Otras iglesias decían que hablar en lenguas era evidencia de que ¡no eras cristiano! ¿Qué dice la Biblia? «¿Hablan todos en lenguas?» (1 Corintios 12:30) se pregunta Pablo, una pregunta retórica a la que la respuesta clara es «No». Unos párrafos más adelante dice, «procurad los dones espirituales». (1 Corintios 14:01), los cuales claramente incluyen las lenguas. Luego, en 1 Corintios 14:39, dice: « Así que, hermanos míos, procuren el don de profetizar, y no prohíban que se hable en lenguas». He buscado esa frase en el texto original griego — «no prohíban que se hable en lenguas». ¿Qué significa en realidad? ¡Pues que no prohíban que se hable en lenguas!

Pero por encima de todo él deja claro en 1 Corintios 13 — justo en medio de dos capítulos sobre dones espirituales — que lo más importante es el amor. Lo importante no es tanto si hablas en lenguas o no, o lo «correcta» que sea tu posición al respecto, si no tienes amor no tienes nada.

¿Estoy diciendo que debes tolerar cosas que suceden en partes de la Iglesia que claramente contradicen la Biblia? No, en absoluto. Cuando Jesús estuvo cara a cara con la mujer sorprendida en adulterio, dijo explícitamente que él no la condenaba, pero tampoco aprobó su conducta errada. Él no fingió que el pecado no fuese un problema. Él dijo claramente: «Ahora vete, y no vuelvas a pecar». Sin embargo, su intención no era condenar a la mujer, si no motivarla a vivir una vida recta. Y aunque parezca contradictorio, la gracia es la que lo logra.

▶Si la doctrina es lo más importante para ti, incluso si tienes la razón, te equivocas. Si tienes la seguridad de quién eres en Cristo, no necesitas probar que tienes la razón, no tienes que argumentar. Puedes simplemente rebajarte ante los demás y amarles.

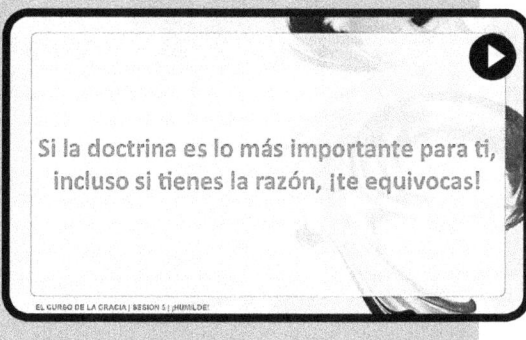

Si la doctrina es lo más importante para ti, incluso si tienes la razón, ¡te equivocas!

## Acércate con gracia y verdad

Pero ¿qué ocurre con la verdad? Una vez más, no estamos diciendo que la verdad no es importante. Es de vital importancia. ▶Juan 1:14 nos dice que Jesús vino «lleno de gracia y de verdad». Necesitamos tanto de la gracia como de la verdad. La pregunta es: ¿con cuál de ellas damos el primer paso?

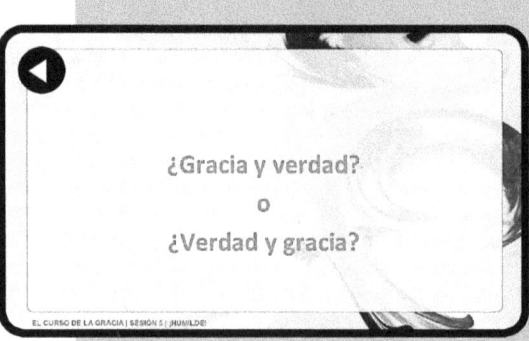

Para los fariseos, la verdad era lo más importante. Y esa es nuestra tendencia si no tenemos cuidado: «Tú deberías hacer esto». Verdad. «Los cristianos no deben hacer eso». Verdad. «Debes comportarse así». Buen consejo. Jesús, por otro lado, siempre mantuvo un equilibrio entre la verdad y la gracia. Y el primer paso lo daba con la gracia.

En la historia, la Iglesia occidental no ha seguido su ejemplo. Como los fariseos, hemos enfatizado la verdad por encima de la gracia. En consecuencia, las iglesias se han dividido, vez tras vez. Con frecuencia hay una gran desconfianza mutua entre las diferentes facciones de la Iglesia. No hay humildad mutua — de hecho, puede que ni se hablen. Sin embargo, todos ellos son hijos de Dios.

La clave de la unidad es la humildad. La falta de unidad viene del orgullo.

A menudo la gente dice que vive en una zona particularmente oscura y dura hacia el evangelio. A veces quieren saber cómo hacer frente a los espíritus malignos que se oponen a la iglesia local. Puede que yo sea capaz de revelarles cuál es el principal espíritu que se opone a la iglesia en su zona. ¿Quieres saber cuál es? Si existe una gran falta de unidad a causa del orgullo ¡es el Espíritu Santo el que se opone!

▶¿Qué? Santiago 4:6 lo deja muy claro: «Dios se opone a los orgullosos, pero da gracia a los humildes».

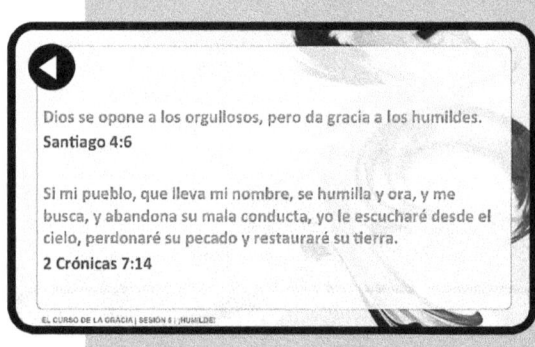

Si queremos que la Iglesia crezca y que llegue a la gente que nos rodea, es fácil culparle al enemigo por nuestro fracaso. Pero él está derrotado. Es probable que el problema tenga que ver con nosotros. ¿Por qué darle tanto crédito al enemigo? Más bien pensemos en la necesidad de reconciliarnos con Dios. ▶Él dice:

> «Si mi pueblo, que lleva mi nombre, se humilla y ora, y me busca, y abandona su mala conducta, yo le escucharé desde el cielo, perdonaré su pecado y restauraré su tierra». (2 Crónicas 7:14)

Todos podemos tomar un paso en esa dirección, tomando la decisión de humillarnos delante de Dios y delante de los demás. Si lo hacemos, la gracia de Dios saldrá a nuestro encuentro.

Oremos:

Padre, por favor revélanos de qué forma estamos siendo orgullosos, y las mentiras que están detrás de eso. Gracias. Amén.

## PAUSA PARA LA REFLEXIÓN 3

**OBJETIVO:**

**CONSIDERAR LAS IMPLICACIONES PRÁCTICAS DE SER UNO CON NUESTROS HERMANOS Y HERMANAS EN CRISTO.**

▶ **PREGUNTAS (EN LA PÁG 76 DE LA GUÍA DEL PARTICIPANTE):**

CUANDO TE ENCUENTRAS CON ALGUIEN QUE CONFIESA CON SU BOCA QUE JESÚS ES EL SEÑOR, Y CREE EN SU CORAZÓN QUE DIOS LE LEVANTÓ DE ENTRE LOS MUERTOS (VER ROMANOS 10:9-10), PERO QUE TIENE CREENCIAS DISTINTAS A LAS TUYAS EN OTROS ASUNTOS, ¿CÓMO DEBERÍAS ACERCARTE A ÉL? SI SE ESFUERZA POR CONVENCERTE DE QUE SU OPINIÓN ES LA CORRECTA, ¿CUÁL DEBERÍA SER TU ACTITUD?

SI TU IGLESIA SE HUMILLASE ANTE OTROS CRISTIANOS DE TU ÁREA, ¿CÓMO SERÍA? ¿QUÉ PAPEL TOMARÍAS TÚ EN ELLO?

▶ Busca la *Lista de Mentiras* al final de la *Guía del Participante*, y toma unos minutos para escuchar a Dios y permitir que te revele las mentiras que han alimentado tu orgullo. ¿Has sentido la necesidad de compararte con otros para sentirte mejor? ¿Has sentido la necesidad de enfatizar la doctrina y la teología «correctas»?

No hagas caso a pensamientos tales como: «No necesito hacer esto. Esto es una pérdida de tiempo». Esas también son mentiras. ¡Puede que necesites apuntarlas como expresiones de orgullo!

 **TESTIMONIO**

Pídele a Dios que te dé la oportunidad de mostrarle amor a alguien esta semana de una manera que sólo él pueda ver.

 **PARA LA PRÓXIMA SEMANA**

Recita la Declaración de Humildad y Unidad (en la página siguiente y en la página 77 de la *Guía del Participante*) todos los días para comprometerte a responder a la oración de Jesús en Juan 17:20-23.

# Declaración de Humildad y Unidad

Señor Jesús,

Me uno a Ti en tu oración al Padre pidiéndote que tus hijos sean uno — porque, como Tú, quiero que el mundo crea que el Padre te envió. Tú has dicho en Tu Palabra que, donde hay unidad, Tú mandas bendición y vida y yo quiero ver el cumplimiento pleno de esa bendición.

Al igual que Tú — el gran Rey de Reyes — te humillaste tomando la condición de esclavo, hasta la humillación y agonía de la muerte en la cruz, renuncio a mis ridículas pretensiones de ser justo en mis propias fuerzas y me humillo ante Ti. Tú eres el centro, Señor, y no yo.

Escojo también humillarme delante de mis hermanos y hermanas en Cristo y acercarme a ellos no sólo con verdad, sino con gracia — del mismo modo que Tú te acercas a mí. Escojo considerarles más importantes que yo y poner sus intereses por encima de los míos. Reconozco que sin amor sincero, todo lo que yo haga no es más que un metal que resuena o un címbalo que retiñe. Incluso si mi doctrina y tradición cristiana fuesen correctas al 100%, sin amor no valen nada en absoluto.

Señor, estoy deseoso de mantener la unidad del Espíritu en el vínculo de la paz. Por eso te pido que me llenes nuevamente de tu Espíritu Santo, y que me dirijas en amor. Elijo ser una persona que busca la paz y no los errores de los demás. Escojo las relaciones por encima de las reglas. Elijo el amor por encima de la ley. Escojo ser real y auténtico por encima de ser correcto y tener la razón.

Muéstrame cómo puedo servir y bendecir de manera práctica a quienes Tú has llamado a las diferentes partes de Tu Iglesia.

Oro en el nombre Jesús, manso y humilde, a quien Dios exaltó hasta lo sumo y le dio el nombre que es sobre todo nombre.

Amén.

(Ver Salmo 133, Juan 1:14-17, Juan 17:20-23, 1 Corintios 13, Efesios 4:1-7, Filipenses 2:1-11)

# LOS PASOS PARA EXPERIMENTAR LA GRACIA DE DIOS

# Los Pasos para experimentar la Gracia de Dios

### VERSÍCULO CLAVE:

Santiago 4:7: Así que someteos a Dios. Resistid al diablo, y él huirá de vosotros.

### OBJETIVO:

Guiar a los participantes por un proceso de arrepentimiento para que puedan resolver sus conflictos personales y espirituales al someterse a Dios y resistir al diablo, y que así puedan entender más profundamente la gracia de Dios en sus vidas.

### VERDAD CLAVE:

Cristo nos ha hecho libres (Gálatas 5:1), pero no podemos experimentar esa libertad sin arrepentimiento genuino.

La confesión (reconocer que lo que hemos hecho está mal) es el primer paso hacia el arrepentimiento, pero como vimos en la Sesión 3, no basta por sí sola.

Debemos someternos a Dios y resistir al diablo. Debemos también tomar decisiones con respecto a lo que creemos y cómo vivimos, y hacer los cambios pertinentes. Si queremos crecer en Cristo debemos renunciar a las mentiras que hemos creído, y a cualquier pecado en nuestra vida y proclamar nuestra decisión de creer que lo que Dios dice es verdad, y vivir de acuerdo a ello.

## Notas para el Líder

Las notas de esta sección son diferentes a las demás del curso porque en su mayoría se dirigen al líder de la sesión, en lugar de ser un guión. Sin embargo, la sesión termina con una charla de 10 minutos sobre la renovación de la mente, y sí hay un guión para esto. Te recomendamos leer las notas y las instrucciones de la sesión a fondo antes de dirigirla.

La presentación de Power Point incluye las oraciones y las declaraciones que tu grupo recitará en voz alta. Cada participante necesitará su propia copia de *Los Pasos para experimentar la Gracia de Dios*, la cual empieza en la página 89 de su *Guía del Participante*. Tú también necesitarás una copia, ya que Los pasos en sí no están incluidos en esta *Guía del Líder*. Los números de las páginas en las notas a continuación se refieren a la *Guía del Participante*.

Recomendamos que todo aquel que haga el *Curso de la Gracia* haga *Los Pasos hacia la Libertad en Cristo* antes de hacer *Los Pasos para experimentar la Gracia de Dios*, en la medida de lo posible.

El proceso es sencillo y directo: los participantes le piden al Espíritu Santo que les muestre las áreas de su vida en las que necesitan arrepentimiento, y se arrepienten. Te animamos a hacerlo tú mismo antes de guiar a otros en él. El poder compartir con tu grupo tu propia experiencia al hacer Los Pasos les da la seguridad de que no les estás pidiendo que hagan algo que tú no hayas hecho primero.

Sugerimos un horario para el retiro en la página 193.

# Introducción

¡Nos emociona ver a la gente hacer *Los Pasos para experimentar la Gracia de Dios*! Es un proceso respetuoso y tranquilo, sin drama, pero puede marcar una diferencia enorme en sus vidas. No necesitas ponerte nervioso sobre dirigir el proceso. Eres simplemente un facilitador en un encuentro entre la persona que busca libertad y Jesús, el Admirable Consejero.

*Los Pasos para experimentar la Gracia de Dios* tiene las siguientes características:

- Se reproducen fácilmente porque no requiere de expertos – puede guiarlo cualquier cristiano con cierta madurez que camina en libertad.

- Produce resultados que perduran porque son las personas mismas las que toman las decisiones y asumen su responsabilidad personal, en lugar de que el pastor o el consejero lo haga por ellos.

- Involucra la mente de las personas.

- Su enfoque es Cristo y el arrepentimiento. El tema principal no es Satanás, es Dios y nuestro caminar con él. Los seis pasos cubren seis áreas críticas entre nosotros y Dios.

*Los Pasos para experimentar la Gracia de Dios* ¡no liberan a nadie! Quien les libera es Cristo. Lo que les hace libres es su respuesta a él en arrepentimiento y fe.

## Diferentes maneras de hacer *Los Pasos*

Se da la oportunidad a los participantes de hacer *Los Pasos hacia experimentar la Gracia de Dios* entre las sesiones 5 y 6. Hay dos maneras distintas de hacerlo y necesitas decidir con bastante antelación cuál de ellas funciona mejor en tu situación particular.

### 1. En una cita individual

Esto es ideal. En esta opción una persona hace *Los Pasos* con la ayuda de un «facilitador» y el apoyo en oración de un intercesor. La sesión generalmente dura de tres a cuatro horas. Es muy edificante cuando la gente de una iglesia o grupo pequeño están dispuestos a confesar sus pecados unos a otros y orar unos por otros (Santiago 5:16). Generalmente ni los facilitadores ni los intercesores necesitan destrezas especiales aparte de cierta madurez en Cristo y un entendimiento de los principios bíblicos de la libertad. Sin embargo, les será de ayuda haber asistido al taller de *Ayudar a otros a encontrar la Libertad en Cristo* (ver pág 23) o haber leído *Discipulado en Consejería*, de Neil Anderson.

### 2. Como grupo en un retiro

Funciona bien hacer *Los Pasos* en grupo durante un retiro de un día o de fin de semana. Esto permite que todos hagan *Los Pasos* simultáneamente, y a la vez permite que la gente tenga tiempo suficiente para tratar cualquier asunto que el Espíritu Santo revele. Lo mejor es reservar un sitio alejado del edificio de la iglesia e incluir tiempos de alabanza. Necesitarás líderes disponibles en caso de que algún participante pueda necesitar ayuda en algún momento. Puede ser útil ofrecer la Sesión 9 del *Curso de*

*Discipulado* (Perdonar de corazón) durante el retiro, justo antes de guiar al grupo en el Paso 4 del perdón.

Incluso si escoges hacer *Los Pasos* en grupo, debes ofrecer la opción de las citas individuales. Recomendamos, por ejemplo, que los líderes del curso hagan citas individuales. También encontrarás que aquellos que luchan con asuntos más profundos no tendrán tiempo para procesarlo todo en el retiro o les costará hacerlo y necesitarán una cita individual. Tendrás que estar pendiente y ver cómo les va y, si es necesario, hacer arreglos para una cita.

## Cómo guiar a una persona por *Los Pasos para experimentar la Gracia de Dios*

### 1. Preparación

La persona debe haber rellenado el Historial Personal Confidencial antes de la cita. Lo encontrarás en el apéndice del libro *Discipulado en Consejería* de Neil Anderson o en la página web http://www.ficminternational.org/content/recursos-español. Para encontrarlo selecciona la última opción «Ayudar a Otros Encontrar Libertad en Cristo». Tienes permiso para hacer copias del historial y adaptarlo a tus necesidades. No olvides que algunas personas no se sentirán libres para compartir ciertas cosas por escrito, por lo que surgirá más información durante la cita. El Historial Personal Confidencial provee información importante sobre su vida física, mental, emocional y espiritual. Sin embargo, su función primordial es preparar a la persona para su cita.

Anímales a prepararse para la cita completando la *Lista de Mentiras* al final de la *Guía del Participante* (especialmente que rellenen la columna de «verdad») a medida que escuchen las enseñanzas de cada semana y el Espíritu Santo se las revele.

Escoge un sitio cómodo y privado, y aparta varias horas. Ten a mano una caja de pañuelos y vasos de agua. Haz pausas frecuentes. Te recomendamos que pidas a la persona que firme la Declaración de Entendimiento. Este documento confirma, por razones legales, que la persona comprende que el facilitador no es un psicólogo o un consejero profesional.

### 2. El proceso de *Los Pasos hacia experimentar la Gracia de Dios*

El enfoque principal de *Los Pasos* es la relación de la persona con Dios. Este proceso se diferencia de la mayoría de los acercamientos de consejería en que la persona que ora es la misma que busca ayuda, y ora al Único que puede ayudarle.

Recomendamos que además del facilitador y la persona que busca libertad, esté presente un intercesor.

Explica a la persona lo que estamos haciendo y por qué lo hacemos. Termina los seis pasos en una sesión. Puede que no tengan necesidad de cada paso pero queremos hacerlos todos sistemáticamente por si surge algo. Haz que reciten cada oración y cada declaración en voz alta. Pídeles que compartan cualquier oposición mental o incomodidad física que experimenten. Cuando lo hagan, agradéceles por compartirlo. Una vez que lo reconocen, simplemente se prosigue. Generalmente hay poca oposición.

El Paso 4 del perdón es generalmente el paso más crítico. Todos tenemos al menos una persona, si no más, a quienes necesitamos perdonar. La falta de perdón es la puerta principal de entrada de Satanás en la Iglesia. Si no ayudamos a que la persona perdone de corazón, no le podemos ayudar a ser libre.

Cuando ores y preguntes a Dios a quién debes perdonar, confía en que Dios revelará a su mente los nombres de las personas. Si dicen: «Bueno, es que no hay nadie», responde con la pregunta: «¿Qué tal si me compartes los nombres que te vienen a la mente ahora mismo?» Generalmente surgirán varios nombres que deben apuntar en una hoja de papel. Es normal que surjan nombres que sorprendan a la persona. Y es normal que durante el proceso del perdón surjan memorias dolorosas que la persona ya había olvidado.

Explica lo que es el perdón y cómo perdonar. Hay un breve resumen en la *Guía del Participante* en las páginas 106 a 109. Una vez que hayan completado la lista con los nombres, pregúntales si quieren perdonar a esas personas por su propio bien. El perdón es primordialmente un asunto entre ellos y su Padre Celestial. La reconciliación puede ocurrir o no.

Cuando haya terminado todo el proceso, pide a la persona que se siente cómodamente y cierre los ojos. Pregúntale: «¿Qué escuchas en tu mente? ¿Está en silencio?» Después de una pausa, generalmente responden con una sonrisa de alivio: «Nada. Por fin mi mente está en paz».

## 3. Sigue apuntando hacia la verdad

Conseguir la libertad en Cristo es una cosa, mantenerla es otra. Pablo dice en Gálatas 5:1 que «Cristo nos libertó para que vivamos en libertad. Por lo tanto, manteneos firmes y no os sometáis nuevamente al yugo de esclavitud».

La renovación de la mente es un asunto clave. Enséñales sobre la renovación de la mente, incluida en las páginas 17 y 18 de esta *Guía del Líder*. Háblales de los asuntos más importantes que hayan surgido durante la cita para ayudarles a descubrir las mentiras.

La mayoría de la gente atrapada en un conflicto espiritual tiene un concepto distorsionado de Dios y de sí mismos. Les será de ayuda poder determinar cuáles son sus creencias falsas. Los cristianos derrotados a menudo tienen un concepto distorsionado de los dos reinos. Creen que están atrapados entre dos poderes iguales y opuestos. El malo — Satanás — está de un lado, y el bueno — Dios — está del otro, y «pobrecito» yo, estoy atrapado en la mitad. Esto es absolutamente falso, y estarán derrotados mientras crean eso. La verdad es que Dios es omnipresente, omnipotente y omnisciente. Satanás es un enemigo vencido y nosotros estamos vivos en Cristo, sentados con él a la diestra del Padre, el trono de máximo poder y autoridad del universo.

Las personas se beneficiarán enormemente de tu esfuerzo continuado por animarles a: identificar mentiras, encontrar versículos bíblicos que afirman la verdad; desarrollar *Demoledores de Fortalezas* y perseverar con ellos (uno a uno) durante 40 días.

# Cómo guiar a un grupo por *Los Pasos para experimentar la Gracia de Dios*

Encontrarás un horario sugerido para el retiro de un día en la página 193 para ayudarte en la planificación.

Te recomendamos buscar un sitio agradable, lejos de la iglesia, en la medida de lo posible. Tendrás que proveer la comida o pedir que la gente prepare su comida y la traiga de casa — querrás mantener un clima de quietud durante la hora de la comida y sugerimos que la gente no se aleje del lugar de retiro.

El salón que utilices debe ser lo suficientemente grande para que los participantes puedan tener cierto grado de privacidad. Pide a los participantes que se distribuyan y dejen espacio entre ellos. Te ayudará tener música instrumental tranquila de fondo para que la gente pueda orar en voz alta sin sentir que los demás le escuchan.

Cada participante necesitará un lápiz y la *Guía del Participante*, la cual contiene *Los Pasos para experimentar la Gracia de Dios*. Una libreta puede ser útil.

Necesitarás un ordenador (computadora) y un monitor de televisión o un proyector para mostrar el Power Point con todas las oraciones y declaraciones. La presentación de Power Point está incluida en el CD que viene con esta *Guía del Líder*.

En algunas ocasiones las personas necesitarán atención individual para aquellos pasos que les cueste más. Ten a disposición algunos líderes cuya función es estar presentes y disponibles para quienes necesiten ayuda (uno por cada diez participantes). Deberán ser cristianos maduros que han hecho *Los Pasos*.

Comienza con oración y luego explica cómo funcionará la sesión. El grupo recitará varias oraciones juntos y en voz alta. Luego pasarán un tiempo a solas con Dios. Asegúrales que no se pedirá a nadie que comparta algo con el grupo o con otra persona. Es simplemente un encuentro con Dios.

Explica al grupo que algunos entrarán en contacto con dolor muy real, y que las lágrimas son algo normal y común. Algunos tendrán pocos asuntos que tratar en algún paso, mientras que otros tendrán muchos. Puedes sugerir que quienes tengan poco que tratar en un paso, ocupen el tiempo orando por los demás: que el Espíritu Santo revele todo lo que haga falta, y que los intentos de Satanás de obstaculizar sean anulados. Si la persona tiene demasiado que tratar en un Paso y no termina en el tiempo dado, asegúrale que podrá terminar más tarde, preferiblemente en una cita individual.

Comienza cada Paso con una breve explicación de lo que trata. Haz que todos reciten la oración juntos, y luego dales tiempo a solas con Dios para tratar con lo que el Espíritu Santo les revele. Espera a que todos hayan terminado ese Paso y estén listos para continuar, antes de pasar al siguiente Paso.

Las notas a continuación son para orientarte en el proceso. Están escritas desde el punto de vista del líder hablando al grupo, y su propósito es darte los puntos principales cuando presentas cada parte del proceso. Está ligado a las diapositivas del Power Point aunque las imágenes de la presentación no aparecen. Encontrarás más información en la *Guía del Participante*.

Explica los pasos y entonces pide al grupo que recite en voz alta y todos juntos la oración al inicio de cada Paso. Luego permíteles tener un tiempo a solas con Dios.

# Notas Para El Líder Del Grupo

(Para cada Paso, estas notas ofrecen la introducción y luego una lista de viñetas (•) con cada cosa que hay que hacer.)

## Introducción

Este proceso se basa en Santiago 4:7: «Así que someteos a Dios. Resistid al diablo, y él huirá de vosotros». Vas a pedir al Espíritu Santo que te revele cualquier punto de apoyo que el enemigo tiene en tu vida por pecado del pasado. A medida que él te lo muestre, simplemente te arrepientes y renuncias a él para quitarle al enemigo el derecho a influenciarte.

Habiéndote sometido a Dios (en arrepentimiento), al final del proceso le ordenarás al enemigo que salga de tu presencia. Porque habrás resuelto los asuntos que el Espíritu Santo te ha revelado, el enemigo no tendrá otra opción que huir de ti.

Este proceso es tranquilo y respetuoso. Tú tienes el control y el resultado depende de ti. Se da entre tú y Dios. Si tratas con todo lo que el Espíritu Santo te muestra, serás libre en Cristo y podrás experimentar aún más su gracia.

Te advertimos que el enemigo intentará engañarte con ideas tales como «Esto no funciona», «No puedo hacerlo», e incluso: «Tengo que salir de aquí». Si eso te sucede, simplemente reconoce de dónde viene esa idea y dile al enemigo que abandone tu presencia. Pide ayuda si la necesitas.

En algunos pasos puede que tengas mucho trabajo, y en otros no tanto. Variará de persona a persona dependiendo de su trasfondo. Si te sobra tiempo, por favor utilízalo para orar por aquellos que tienen más trabajo en ese Paso: pide al Espíritu Santo que continúe revelando la verdad y pide a Dios que impida que el enemigo interfiera en el proceso. Por otro lado, si ves que no te da tiempo a completar un Paso, podrás regresar a él y terminarlo en casa o en una cita individual. El proceso no es una única oportunidad, siempre puedes regresar a él cuando quieras o cuando surja algo más que necesitas tratar.

## Oración inicial y declaración

Antes de comenzar con *Los Pasos*, quizá quieres revisar la introducción en las páginas 90 y 91 de tu *Guía del Participante*. Para comenzar, recitemos juntos en voz alta la oración y la declaración inicial en la página 91. La oración se dirige a Dios. La declaración se dirige a todo el mundo espiritual... Dios, ángeles, demonios... que estén escuchando. [Esta oración y todas las demás que se recitarán en voz alta aparecen en las diapositivas de Power Point incluidas en el CD.]

## Paso 1 — Renunciamos a las mentiras y escogemos la verdad

Este Paso nos da la oportunidad de proclamar unas verdades poderosas sobre nuestra relación con Dios el padre, Dios el Hijo, y Dios el Espíritu Santo al declarar en voz alta la verdad de quiénes somos ahora como hijos preciosos de Dios. También renunciaremos a las mentiras que hemos creído.

Al proclamar estas verdades, te darás cuenta de que te cuesta creer algunas de ellas más que otras. Si es así, apúntalas en tu *Lista de Mentiras* al final de tu *Guía del Participante.*

Puede que tengas ya varias mentiras apuntadas que surgieron durante las primeras cinco sesiones del *Curso de la Gracia.*

- Leer la oración inicial en la página 91 juntos y en voz alta.

- Declarar las afirmaciones sobre la verdad juntos y en voz alta (páginas 92 y 93).

- Pedir que cada uno tome un tiempo a solas para revisar las afirmaciones cuidadosamente y marcar aquellas que le cuesta creer o asimilar. A continuación las escriben en la *Lista de Mentiras* bajo la columna de «Verdades» en las páginas 118 a 120. Luego piden al Espíritu Santo que les revele la mentira que le corresponde, es decir, aquello que sienten como verdad en este momento, y lo apuntan en la columna de «Mentiras».

- Rellenar la tabla de las páginas 118 y completar la *Lista de Mentiras.*

- Después de haber completado la *Lista de Mentiras*, pedir que reciten la oración de la página 95 por cada mentira y verdad que hayan apuntado.

- Permitir tiempo suficiente para que puedan hacerlo de corazón. Al darse cuenta de cómo estas mentiras han controlado sus vidas, puede que salten las lágrimas. Asegúrales nuevamente que es bueno permitir que surjan las emociones, expresarlas y entregarlas al Señor en oración.

## Paso 2 — Falsas Expectativas

La primera parte del Paso 2 permite que cada participante pida al Espíritu Santo que le revele cómo ha permitido que normas falsas y malsanas, y expectativas ajenas le controlen. Estas se tratan mediante la oración correspondiente.

La segunda parte trata las creencias erróneas que los participantes han desarrollado sobre quién es Dios — llegando a verle como un amo severo, difícil de complacer y nunca satisfecho con lo que hacen. Tienen la oportunidad de renunciar a esas mentiras y proclamar las verdades sobre su Padre celestial.

En la parte final tomamos tiempo para procesar estas asombrosas verdades sobre nuestro Padre y nos comprometemos a creer la verdad sobre Dios, sin importar cómo lo hayamos percibido anteriormente.

- Leer la oración inicial en la página 91 juntos y en voz alta.

- Pedir que cada persona tome un tiempo a solas con Dios meditando sobre las áreas descritas en las páginas 96 y 97. Cuando el Espíritu Santo se lo revele, pueden apuntar cada expectativa bajo la cual han vivido en el área correspondiente. Quizá quieran apuntar estas falsas expectativas en una hoja aparte para poder romperla al final, simbolizando su decisión de confiar solamente en Jesús para la aceptación del Padre.

- Pedir que usen la oración en la página 97 para renunciar a cada expectativa falsa que hayan marcado o apuntado.

- Cuando todos hayan terminado la oración, recitan juntos y en voz alta las verdades de «Mi padre Dios» en la página 98, renunciando a la mentira y afirmando la verdad sobre su carácter. Se lee de izquierda a derecha, comenzando cada vez con «Renuncio a...» y a continuación: «Acepto con gozo...».

- Pedir que revisen la lista que acaban de leer y que marquen cualquier verdad que les cuesta aceptar. Pueden usar la oración en la página 99 para confesar y arrepentirse de las mentiras que han creído sobre Dios el Padre. También deben apuntarlas en la *Lista de Mentiras*.

## Paso 3 — Confesar el pecado

Confesión significa literalmente «decir la misma cosa» o «estar de acuerdo con». Cuando confesamos nuestros pecados a Dios, decimos que él tiene la razón al determinar que lo que hemos hecho está mal. Estamos de acuerdo con él. Admitimos que él tiene la razón y nosotros no. Y también estamos de acuerdo con él en que en Cristo nuestros pecados ya han sido perdonados.

1 Juan 1:9 es un versículo fantástico porque nos promete: «Si confesamos nuestros pecados, Dios, que es fiel y justo, nos los perdonará y nos limpiará de toda maldad».

Podemos acercarnos a Dios con humildad y libertad para reconocer nuestros pecados porque Dios es misericordioso y está lleno de gracia, es lento para la ira y grande en misericordia. «Por lo tanto, ya no hay ninguna condenación para los que están unidos a Cristo Jesús» (Romanos 8:1).

Un hecho en la vida es que cuando nos creemos mentiras, con el tiempo, terminamos pecando.

En este paso, veremos siete áreas de pecado que son muy comunes para quienes les cuesta vivir en la gracia de Dios. También hay una sección para tratar específicamente con problemas de orgullo.

Una vez que hemos confesado nuestro pecado y nos hemos apropiado de la verdad de quién somos en Cristo, concluimos declarando la verdad de nuestros nuevos nombres en Cristo.

- Comenzar leyendo juntos y en voz alta la oración en la página 99. Los participantes leen la lista en las páginas 101 a 103 y marcan aquellos que el Espíritu Santo les muestra. Pueden añadir alguna que no aparezca en la lista.

- Pedir que usen la oración en la página 103 para confesar a Dios, uno por uno, los pecados de su lista.

- Seguir con el área del orgullo. Leer la oración en la página 103 juntos y en voz alta. Meditar sobre la lista en las páginas 103, apuntando las áreas en las que se dan cuenta de que han tenido una actitud orgullosa. Al terminar, cada uno puede recitar la oración de la página 103, mencionando cada área donde el orgullo seguramente estorbaba en su relación con Dios.

- Invitar al Espíritu Santo a que confirme la verdad de su nueva identidad en Cristo al darles un nuevo nombre en su corazón. Leer juntos y en voz alta la oración de las página 104. Tomar un tiempo a solas con Dios para leer y declarar la lista de nombres, con la expectativa de que él revele algún nombre en especial. Puede que él les dé alguno que no está incluido en la lista pero que llegará a su corazón.

- Para terminar, pedir a los participantes que usen la oración en la página 105 a solas, para declarar su nuevo nombre o nombres.

## Paso 4 — El perdón

[Te animamos a presentar la Sesión 9 — *Perdonar de corazón* — del *Curso de Discipulado de Libertad en Cristo* antes de guiarles por este Paso].

El Paso 4 trata el perdón. Puede que sea el paso más liberador de todos a medida que los participantes permiten que Dios les muestre las personas que les han herido, presionado a conformarse a algo, abusado física, verbal, emocional, o sexualmente, o que de alguna manera les han intentado controlar. A menudo, a quien más les cuesta perdonar es a sí mismos. Muchos han creído la mentira de que merecían un castigo por lo que hicieron, por lo que se castigaron a sí mismos en lugar de recibir el perdón de Dios en Cristo, quien cargó con nuestro castigo.

- Recitar juntos la oración inicial de la página 107. Pídeles que tomen un tiempo para apuntar los nombres de las personas que el Espíritu Santo les traiga a la mente — sin preocuparse en ese momento por lo que hicieron. Simplemente tienen que hacer una lista.

- Resaltar brevemente:
    o   Es un asunto entre tú y Dios, no entre tú y la persona que te hizo daño.
    o   Perdonas para tu propio beneficio.

- Cuando terminen su lista, pedir que reciten la oración del perdón que está en la página 108 por cada persona en la lista. Recomiéndales que guarden la sección de «...lo cual me hizo sentir...». Las palabras que se repiten a menudo revelan fortalezas que necesitarán tratar más adelante, por ejemplo: sucio, insignificante, rechazado. Permite que traten con su lista de nombres. Si el tiempo asignado no basta, recuérdales que pueden terminarlo en casa o puede que quieran solicitar una cita individual.

- Después de perdonar a cada persona de su lista, pedir que oren la bendición de la página 109 sobre cada nombre, incluyendo el suyo propio.

## Paso 5 — Libertad del temor

Los participantes harán dos ejercicios en este Paso. El primero trata de identificar tres cosas: temores malsanos que los controlan; las mentiras que dan fuego a ese temor; el antídoto para los dos, que es la verdad. El propósito es que cada uno se dé cuenta de que detrás de todo temor malsano hay por lo menos una mentira. Generalmente tendrá que ver con un concepto equivocado de Dios o de quién somos en Cristo. El reconocer e identificar con claridad la mentira, saca a la luz lo que es... ¡un engaño! Si podemos encontrar una verdad de la Palabra de Dios que contrarresta esa mentira, habremos tomado un gran paso hacia librarnos de ese temor.

El segundo ejercicio de este Paso trata específicamente el temor al hombre.

- Recitar juntos y en voz alta la oración de la página 109.

- Revisar las sugerencias de la página 110. Puede que les ayude a reconocer algunos de los temores que han obstaculizado su caminar de fe. Pueden marcar las que corresponden o apuntar otras que no aparecen en la lista pero que el Espíritu Santo les revele.

- Ir a la página 111. Pedir que apunten los temores que han marcado en la primera columna. Pueden usar una hoja aparte si les hace falta. Dar tiempo para que puedan discernir acerca de las mentiras que han permitido que el temor les controle y para apuntarlas en la segunda columna. Anímales a rellenar la tercera columna con las verdades correspondientes.

- Recitar la oración de la página 111 por cada uno de los temores que han apuntado, mencionando la mentira y las maneras en que el temor ha afectado su comportamiento.

- En la segunda parte de este Paso, piden al Espíritu Santo que les muestre cómo les ha controlado el temor al hombre. Proverbios 29:25 dice «Temer a los hombres resulta una trampa, pero el que confía en el Señor sale bien librado». Temer a la gente inevitablemente nos lleva a intentar agradarles — y eso es esclavitud.

- Recitar juntos y en voz alta la oración de la página 112. Pedir que marquen cualquier área que el Espíritu Santo les revele en la lista de las páginas 112-113.

- Cada uno, a solas, usa la oración en la página 113 para resolver todas las maneras en que el temor al hombre les ha controlado.

- Para terminar este Paso, reunir al grupo para recitar juntos y en voz alta la oración de la página 114.

## Paso 6 — Nos rendimos a Dios

Es difícil abandonarnos completamente en manos de otra persona, aún cuando es Dios. En este último Paso tenemos la oportunidad de revisar todas las áreas que hemos retenido de Dios, y de escoger rendirlas. Hay una lista de distintas áreas de nuestra vida para ayudarnos. Muchas de ellas son bendiciones que Dios se deleita en darnos, como expresión de su amor paternal hacia nosotros sus hijos. Permanecemos en libertad cuando las reconocemos como regalos y no como derechos.

Es bueno tomarse el tiempo en este Paso. ¡Es una decisión de peso, rendir control de cada área de nuestra vida! Los participantes deben hacerlo a solas y no deben sentirse presionados — debe ser una decisión libre y personal.

- Recitar juntos y en voz alta la oración de la página 114.

- Pedir que los participantes revisen las listas de la página 115 y marquen cualquier derecho que han sentido como suyo y al cual se han aferrado.

- A solas, cada persona recita la oración de la página 116 con la lista de los derechos que escogen rendir ante Dios.

- Para terminar, leer juntos y en voz alta las declaraciones de las páginas 116-117.
- Finalmente, al final de *Los Pasos para experimentar la Gracia de Dios*, orad juntos como grupo la oración y declaración final de la página 117.

## Observaciones Finales

Aquí querrás decir algo como:

«Cierra tus ojos y quédate quieto y en silencio un momento» [Pausa]

¿Hay silencio y quietud en tu mente? ¿Hay una sensación de paz?

Puede que te sientas eufórico... o simplemente cansado. Recuerda que el propósito de este proceso no es sentirte bien sino reclamar tu libertad en Cristo. Si has tratado de corazón con todo lo que el Espíritu Santo te ha mostrado, entonces has reclamado tu libertad. Ahora necesitas concentrarte en caminar en ella.

Puede que en los siguientes días, semanas, meses y años el Señor te muestre más cosas que tratar — pero ahora ya sabes qué hacer. Donde quiera que estés, puedes simplemente renunciar a lo malo y seguir caminando.

Mientras tanto, prepárate para esforzarte en mantener la libertad que has recobrado.

[Ahora es buen momento para un descanso antes de continuar con la charla «Renueva tu mente».]

## Renueva tu mente

▶ No os contentéis sólo con escuchar la palabra, pues así os engañáis a vosotros mismos. Llevadla a la práctica. El que escucha la palabra pero no la pone en práctica es como el que se mira la cara en un espejo y, después de mirarse, se va y se olvida en seguida de cómo es. Pero quien se fija atentamente en la ley perfecta que da libertad, y persevera en ella, no olvidando lo que ha oído sino haciéndolo, recibirá bendición al practicarla.
(Santiago 1:22-25)

Santiago dice que sería ridículo que alguien se mirase detenidamente en un espejo y luego, al apartarse, se olvidase de su cara. ¡Que conste que algunos preferiríamos olvidarla!

De hecho, es muy fácil ver la Palabra de Dios y estar de acuerdo intelectualmente con ella, pero continuar con nuestras vidas sin que nos afecte en modo alguno. ¿Cuántos libros sobre la vida cristiana has leído? o ¿a cuántas conferencias has asistido y has pensado, «Estupendo. Esto va a cambiar mi vida» pero el efecto ha durado un par de días o de semanas?

Pero Santiago dice que, si nos fijamos atentamente en la ley perfecta que da libertad, y si continuamos practicándola, sin olvidar lo que hemos oído, recibiremos bendición.

Ahora bien, has invertido bastante tiempo en el *Curso de la Gracia*. Tu tiempo es precioso. Esperamos que hayas trabajado con Dios y que te hayas apropiado de algunas verdades. Al acercarnos a la sesión final, la pregunta es, ¿marcará una diferencia duradera en tu vida o será un bonito curso que hiciste? ¿Vas a tomar en serio tu responsabilidad de sumergirte en la Palabra de Dios o vas a marcharte, continuar con tu vida y con el tiempo olvidar lo que has aprendido?

Todos tenemos diferentes trasfondos familiares, diferentes experiencias de vida y diferentes conceptos del mundo. Todos hemos desarrollado inconscientemente un conjunto de creencias. Puede que no seamos totalmente conscientes de ellas, pero están ahí. Y muchas de ellas no coinciden con la Palabra de Dios. Me he dado cuenta de que el proceso de madurar como cristiano tiene que ver con descubrir mis creencias erróneas y remplazarlas con la verdad. Es por eso que puedo tomar buenas decisiones basadas en un fundamento sólido.

Hemos enfatizado mucho en la verdad y en las mentiras. ¿Por qué? Porque Jesús dijo que conocer la verdad nos hace libres. Pero él no se refiere simplemente al conocimiento intelectual, que mira la Palabra pero no la aplica. Antes de decir que realmente **conoces** la verdad, necesitas haberla asimilado en tu corazón. Y ese camino, de la cabeza al corazón, puede parecer muy largo.

Puede que el problema central sea que estamos en medio de una batalla por nuestras mentes. Una batalla entre el Espíritu de Verdad y el Padre de la Mentira. En *Los Pasos para experimentar la Gracia de Dios* has tenido la oportunidad de arrancar los puntos de apoyo del enemigo, particularmente en las áreas de culpa, vergüenza, temor y orgullo. Te has librado de esos perros que colgaban de tu pierna y has cerrado la puerta a otros perros al someterte a Dios mediante la confesión y el arrepentimiento, y al resistir al enemigo para que él tenga que huir de ti (Santiago 4:7).

Una vez que hayas tratado con todo punto de apoyo del enemigo, una fortaleza mental es simplemente una manera de pensar que se ha convertido en hábito. ¿Se puede romper un hábito? Por supuesto — pero requiere un esfuerzo durante un tiempo. Como mencioné anteriormente, formar o romper un hábito lleva aproximadamente 6 semanas o 40 días.

Por lo tanto, ahora mismo deberías estar en una buena posición para aferrarte a la verdad en tu corazón y no sólo en tu cabeza. Sin embargo, el proceso de renovar tu mente para ser transformado lleva tiempo.

Espero que Dios te haya revelado varias creencias erróneas que has desarrollado con los años. Échale un vistazo a tu *Lista de Mentiras*.

Revisemos el proceso que mencionamos en la cuarta sesión y al que hemos llamado ▶«Demoledor de Fortalezas». Ésta es una manera muy práctica y efectiva de renovar tu mente. Tienes un bosquejo en las páginas 58-59 de tu *Guía del Participante* (al final de la Sesión 4) que incluye un par de ejemplos. Ambos ejemplos tienen que ver con temores, pero una fortaleza es cualquier cosa que tiene control sobre ti — puede ser un pecado que se ha convertido en hábito o una creencia muy arraigada (por ejemplo, creer que eres repulsivo o que eres un fracaso).

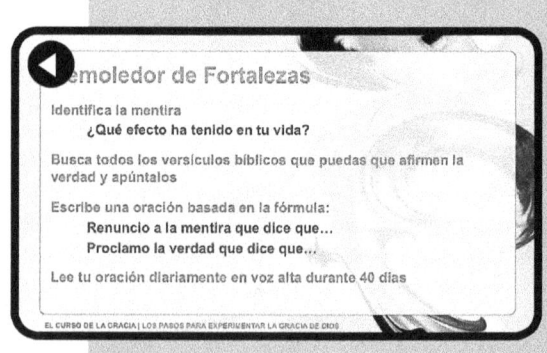

▶Antes de nada, necesitas identificar la mentira que hay detrás de la fortaleza. Intenta describirla de la manera más concisa. No hagas caso de tus sentimientos durante este proceso. Sólo enfócate en la Palabra de Dios. Pide ayuda si te está costando mucho. Por definición, las mentiras que existen detrás de las fortalezas, a nivel de sentimientos, parecen como si fueran la verdad, y ese es el problema.

▶Cuando pienses en la mentira, piensa en el efecto que esa mentira ha tenido en tu vida. Tomar consciencia de los efectos negativos debe motivarte a romper la fortaleza.

▶A continuación, busca todos los versículos bíblicos que puedas que afirmen la verdad y apúntalos. Necesitarás una buena concordancia o un pastor dispuesto a ayudarte.

▶Escribe una oración/declaración basada en la fórmula:

Renuncio a la mentira que dice que... (por ejemplo) soy repulsivo.

Declaro la verdad que dice que... (por ejemplo) he sido lavado en la sangre de Jesús, que soy puro y santo, y que puedo acercarme confiadamente a Dios.

▶Finalmente, recita la oración/declaración en voz alta durante 40 días, recordando que Jesús es la Verdad, y que si Dios lo dice, es la verdad para ti.

Si algunos han comenzado su «Demoledor de Fortalezas» al final de la Sesión 4, ya habrán avanzado un buen trecho hacia los 40 días. A menudo, al repetir tu declaración por la mañana sentirás que estás perdiendo el tiempo. Puede que lo sientas hasta el momento en que la fortaleza caiga. Hagas lo que hagas, ¡no te des por vencido!

Ed Silvoso cuenta lo que sucede al demoler una pared de cemento armado. La pared aguanta con firmeza 10, 15, 30 e incluso 35 golpes de la bola demoledora sin mostrar señal alguna de debilitarse. Así puede parecer que ocurre cuando repites tu «Demoledor de Fortalezas» día tras día. Sin embargo, cada día que renuncias a la mentira y te comprometes a la verdad sí que marca una diferencia. La pared de cemento puede parecer firme hasta, incluso ▶37 golpes. Pero, tarde o temprano, (digamos, tras el golpe 38) aparecen grietas. Con el siguiente golpe, las grietas se hacen más grandes hasta que, finalmente, ▶la pared se derrumba. Aunque sólo los tres últimos golpes parecen haber tenido resultado, sin los 37 anteriores, la pared no se hubiese desplomado.

Por lo tanto, persevera hasta que hayas completado el total de 40 días, sin olvidar que durante la mayor parte de esos días tendrás la impresión de estar perdiendo el tiempo, porque la mentira, a nivel de sentimientos, todavía parecerá la verdad. Te aseguro que si perseveras, derrumbarás la fortaleza.

> Pero quien se fija atentamente en la ley perfecta que da libertad, y persevera en ella, no olvidando lo que ha oído sino haciéndolo, recibirá bendición al practicarla.
> (Santiago 1:25)

No hagas más de un «Demoledor de Fortalezas» al mismo tiempo. El proceso de renovar tu mente es una maratón y no una carrera de sprint. ¿Cuál es la mentira que más prevalece que ha surgido durante el curso? Comienza con esa. Cuando hayas derrumbado esa, haz la siguiente. Y así sucesivamente.

Aquellos que asimilan bien el proceso pueden hacer 6, 7, e incluso 8 Demoledores de Fortalezas al año. Y de este modo experimentan una transformación total al aferrarse a la verdad de la Palabra de Dios en su corazón y no sólo en su cabeza.

Échale un vistazo a tu *Lista de Mentiras*. Imagínate la diferencia que marcaría en tu vida el que algunas de esas cosas ya no te afectasen. ¡A por ellas! ▶

# Retiro — Horario sugerido

Si escoges el formato de un retiro para que tu grupo haga *Los Pasos para experimentar la Gracia de Dios*, te sugerimos esta distribución del tiempo. El tener un horario y distribuirlo antes del retiro será útil para que los participantes puedan planificar y hacer los arreglos necesarios, sea de trabajo o de cuidado de niños.

Siéntete libre de cambiarlo y adaptarlo al fluir de los horarios de tu cultura. Por ejemplo, en muchas partes de España la gente tiene dos horas de descanso al mediodía, de 13:00 a 15:00 o de 14:00 a 16:00, porque esa es la hora de la comida principal y la cultura requiere un tiempo relajado de «sobremesa».

| Hora | Actividad | Duración |
|---|---|---|
| 9.45 | Bienvenida y alabanza | |
| 10.10 | Introducción/oración/declaración | (15 minutos) |
| 10.25 | El Paso 1: Renunciar a las mentiras y escoger la verdad | (40 minutos) |
| 11.05 | El Paso 2: Falsas Expectativas | (35 minutos) |
| 11.40 | Descanso | (20 minutos) |
| 12.00 | El Paso 3: Confesión de pecado | (50 minutos) |
| 12.50 | Comida | |
| 13.50 | El Paso 4: El perdón | (40 minutos)* |
| 14.30 | El Paso 5: Libres del temor | (50 minutos) |
| 15.20 | El Paso 6: Rendirse a Dios | (30 minutos) |
| 15.50 | Descanso | (20 minutos) |
| 16.10 | Renovar tu mente — charla | (15 minutos) |
| 16.25 | Alabanza y clausura | |

* Si puedes, incluye la enseñanza sobre el perdón del *Curso de Discipulado* (Sesión 9) justo antes del Paso 4. Dura 40 minutos. Por ejemplo, puedes recortar 15 minutos del tiempo de la comida para que el horario no se alargue más de 30 minutos adicionales.

# Sesión 6:
# ¡FRUCTÍFERO!

# Sesión 6: ¡FRUCTÍFERO!

### VERSÍCULO CENTRAL:

Juan 15:5: Yo soy la vid y vosotros las ramas. El que permanece en mí, como yo en él, dará mucho fruto; separados de mí no podéis hacer nada.

### OBJETIVO:

Ayudar a la gente a cambiar su enfoque de «trabajar en el ministerio» a «permanecer en la vid» lo cual, aunque parezca contradictorio, resultará en un ministerio más eficaz.

### VERDAD CLAVE:

Si queremos dar mucho fruto, necesitamos centrarnos en nuestra cercanía a Jesús, no en ser fructíferos.

## Notas del líder

Esta sesión final debe eliminar de una vez por todas la idea de que este curso promueve una gracia «barata». Aquí se presenta la idea, aunque sea incómoda, de que se llega a dar mucho fruto cuando pasamos primero por el quebranto.

Será difícil para algunos comprender cómo Dios puede permitir acontecimientos en nuestras vidas que nos causan dolor y dificultad. Es importante ayudarles a ver que, si Dios lo permite, con el paso del tiempo nos daremos cuenta de que era para nuestro bien y para cumplir sus propósitos.

Es importante evitar que la gente piense que todo lo malo que sucede proviene de Dios. No podemos ignorar los efectos del pecado en el mundo y el hecho de que tenemos un enemigo, Satanás.

Gran parte de esta sesión se basa en historias personales. Por definición, cualquiera que esté dando mucho fruto en un ministerio ha pasado por experiencias de quebranto. Comparte tus propias historias dentro de lo que te sea posible.

Al acercarnos al final del curso, enfatiza la importancia de la renovación continua de la mente y recomienda el «Demoledor de Fortalezas» a quienes aún no lo hayan probado. Verás que la sección «Para las próximas semanas» trata este tema.

### HORARIO PARA GRUPO PEQUEÑO:

| | | |
|---|---|---|
| Bienvenida | 5 minutos | 0:05 |
| Alabanza, oración y declaración | 5 minutos | 0:10 |
| Palabra 1ª parte | 20 minutos | 0:30 |
| Pausa para la reflexión 1 | 10 minutos | 0:40 |
| Palabra 2ª parte | 20 minutos | 1:00 |
| Pausa para la reflexión 2 | 20 minutos | 1:20 |
| Palabra 3ª parte | 20 minutos | 1:40 |
| Pausa para la reflexión 3 | 15 minutos | 1:55 |
| Palabra 4ª parte | 5 minutos | 2:00 |

 # BIENVENIDA

Si estuvieses escribiendo un libro sobre tu vida, ¿qué título le darías al próximo capítulo?

 # ALABANZA

Tema sugerido: El Reino de Dios. 1 Crónicas 29:10-13, Apocalipsis 19:6-9

Puedes pedir que dos personas lean los textos en voz alta.

A continuación invita a la gente a alabar a Dios porque su glorioso Reino vendrá un día en toda su plenitud y estaremos presente en las bodas del Cordero.

 # ORACIÓN Y DECLARACIÓN

**Padre nuestro, ¡venga Tu reino! ¡Sea hecha Tu voluntad! Me arrepiento por intentar llevar a cabo los propósitos de Tu reino en mis propias fuerzas. Por favor, enséñame a depender del poder de Tu vida en mí. Decido que mi meta más alta sea el conocerte a Ti. Amén.**

**Soy una rama de la vid verdadera, Jesús, un portador de su Vida. Decido permanecer en él para poder dar mucho fruto.**

## PALABRA

### Introducción

Un grupo de expertos en religiones del mundo, durante una conferencia, se preguntaban si la fe cristiana tenía algo que la diferenciase de las demás religiones. Debatieron durante un buen tiempo sin encontrar algo en lo cual se pusiesen de acuerdo. Entonces C.S. Lewis entró y preguntó qué discutían. Después de oír el tema de su debate, Lewis respondió: «Ah, eso es fácil. Es la gracia».

Esperamos que tu valoración de la gracia haya aumentado así como tu comprensión de aquellas cosas que nos impiden operar en la gracia. Nuestro deseo es que veas cómo Dios arranca la culpa, la vergüenza, el temor y el orgullo de raíz para que tu única motivación sea el amor. A medida que eso sucede, la pregunta clave es ¿cómo lograr que mi vida tenga sentido para la eternidad? ¿Cómo puedo dar mucho fruto?

### ¿Cómo podemos dar fruto?

En esta sesión veremos que la clave para vivir dando mucho fruto es caminar en la gracia de Dios. Veremos también que, como casi todo lo que tiene que ver con la gracia, funciona exactamente al revés de lo esperado.

[Steve Goss dice:] En una conferencia conocí a un hombre que quería que su vida fuera realmente fructífera. Dijo que sentía el llamado de Dios a iniciar un ministerio cristiano. Había observado el vertiginoso crecimiento del ministerio de Libertad en Cristo en el Reino Unido y quería saber: «¿Cómo lo hiciste?»

Yo respondí: «Realmente no lo sé. Simplemente sucedió. Si Dios quiere que hagas algo similar, él lo hará — mantente unido a él y coopera con él».

Insatisfecho con mi respuesta, después de la conferencia me envió un e-mail pidiéndome de nuevo que le dijera, paso a paso, cómo crear un ministerio como el de LEC.

Me esforcé en pensar cómo ayudarle. Evidentemente pude haberle dado un consejo práctico como «reúne gente madura para tu junta directiva» o «pon en práctica una estrategia básica». Pero percibía que este hombre sentía que su valor dependía de «desarrollar un ministerio» y que estaba intentando lograrlo en sus propias fuerzas.

Así que le respondí escribiéndole lo mismo que le dije cuando nos conocimos, agregando que es cuando perseveramos en las dificultades que Dios nos prepara para un futuro ministerio.

¡No he vuelto a oír de él!

▶Muchos de nosotros compartimos esa misma pregunta: ¿Cómo podemos dar fruto y seguir dando fruto? ¿Cómo lograr que nuestra vida tenga sentido y valor para la eternidad?

Previamente en el curso hemos visto la advertencia de Pablo en 1 Corintios 3:11-15 — que los creyentes pueden construir sobre la base que Jesús estableció, o bien con madera, heno y paja que arden y no valen para nada, o bien con oro, plata y piedras preciosas, que duran eternamente. Hemos visto también que, cuando miramos el exterior de una persona, no podemos apreciar a simple vista con qué material construye, porque esto es una cuestión del corazón, de la motivación.

▶Imagínate que Jesús te invita a tomar un café con él en la cafetería de la esquina a las 10:00 de la mañana. ¿Cómo te sentirías? ¿Emocionado? ¿Asustado? ¿Curioso? ¿Nervioso? Y cuando te sentaras frente a él, ¿qué sería lo primero que te diría? Tu respuesta a estas preguntas depende del concepto que tengas de Jesús.

Rich Miller dice: «Durante gran parte de mi vida cristiana he sentido que decepcionaba a Dios. Me imaginaba al Señor Jesús tomando un sorbo de café, mirándome directamente a los ojos, y preguntándome (mientras sacudía lentamente la cabeza): ¿Cuándo aprenderás a hacer las cosas bien? ¿Cuándo pondrás en orden tu vida?».

A estas alturas del *Curso de la Gracia*, esperamos que sepas que Jesús no diría nada parecido. Aunque es arriesgado poner palabras en la boca de Jesús, basado en las Escrituras, esto es lo que me imagino que Jesús te diría: «Que Dios nuestro Padre te conceda gracia y paz». Eso es lo que Pablo escribió a los santos en Éfeso.

Encontrarás expresiones similares al inicio de casi todas

las cartas de Pablo. Pero no son meramente el saludo de la época (el Siglo I), equivalente a «Hola, ¿qué tal?» No. Son una bendición. ¿Quieres disponerte a recibir la bendición de gracia y paz en este momento? Dios te conceda gracia y paz. El favor inmerecido de Dios, su bendición, su deleite, su bienvenida. Y su shalom — llenura, bienestar, satisfacción, paz. Sólo cuando caminamos en gracia y paz somos fructíferos de verdad.

## Nuestra responsabilidad es «permanecer en la vid»

▶ ¿Cómo podemos entonces dar fruto para Jesús? Hacia el final de su vida en la tierra, Jesús dio una de sus enseñanzas más importantes, la cual responde a nuestra pregunta:

> «Yo soy la vid verdadera, y mi Padre es el labrador. Toda rama que en mí no da fruto, la corta; pero toda rama que da fruto la poda para que dé más fruto todavía. Vosotros ya estáis limpios por la palabra que os he comunicado. Permaneced en mí, y yo permaneceré en vosotros. Así como ninguna rama puede dar fruto por sí misma, sino que tiene que permanecer en la vid, así tampoco vosotros podéis dar fruto si no permanecéis en mí. Yo soy la vid y vosotros sois las ramas. El que permanece en mí, como yo en él, dará mucho fruto; separados de mí nada podéis hacer». (Juan 15:1-5).

Si alguna vez te paseas por un viñedo, te puedo asegurar que nunca oirás a las ramas gruñendo y gimiendo,

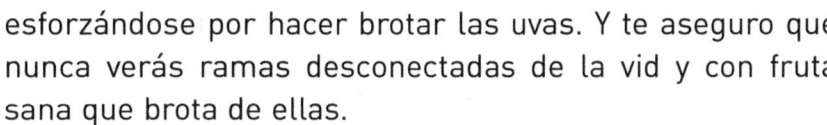

esforzándose por hacer brotar las uvas. Y te aseguro que nunca verás ramas desconectadas de la vid y con fruta sana que brota de ellas.

## Dos leyes del viñedo

▶Las ramas no dan fruto porque se esfuercen mucho. Nosotros tampoco.

Las ramas que no están unidas a la vid no dan fruto y no lo podrán dar. Estas son las dos leyes irrefutables del viñedo.

¿Cuál es la única responsabilidad de la rama? Nuestra reacción natural sería decir: «¡Dar fruto!» ¡No! Es vivir en, conectarse a, permanecer en, habitar en la vid. El labrador sabe que si se asegura de que la planta esté sana, y que las ramas estén firmemente conectadas a la vid, entonces ésta dará fruto.

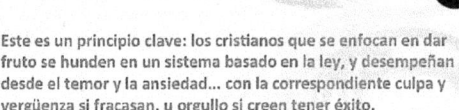

▶Este es un principio clave: los cristianos que se enfocan en dar fruto se hunden en un sistema basado en la ley, y desempeñan desde el temor y la ansiedad... con la correspondiente culpa y vergüenza si fracasan, u orgullo si creen tener éxito.

▶Pero los cristianos que se enfocan simplemente en permanecer en Jesús, entran en una vida de «descanso en la gracia» y, paradójicamente, dan mucho fruto.

Creo que necesitamos pasar por una secuencia de etapas en nuestro entendimiento de quién es Jesús. Primero, él es nuestro Salvador y siempre será nuestro Salvador. Pero no es suficiente conocer a Jesús como Salvador, aunque es el punto de partida esencial para todos nosotros. En segundo lugar, él es nuestro Señor, nuestro Amo, y tenemos que llegar a rendirnos delante de él como nuestro Señor. Pero no es suficiente conocerle como Señor, aunque él es el Señor y siempre será el Señor. Necesitamos una tercera comprensión de Jesús: Él es nuestra Vida (Colosenses 3:3).

▶Entonces tenemos que mantenernos conectados a él.

Jesús mismo fue un ejemplo para nosotros. Él es el Hijo de Dios. Toda la creación fue creada por medio de él. Sin embargo, cuando decidió renunciar a toda la gloria del cielo y venir a esta tierra, asumió una actitud que es sorprendente e incluso impactante:

> «Ciertamente os aseguro que el hijo no puede hacer nada por su propia cuenta, sino solamente lo que ve que su padre hace, porque cualquier cosa que hace el padre, la hace también el hijo». (Juan 5:19)

En el versículo 30 del mismo capítulo, añadió: «No puedo hacer nada por mi propia cuenta».

A pesar de que él era Dios, una vez tras otra Jesús dejó claro que él no vivía o ministraba desde su propia deidad. Vivía en plena dependencia del Padre, con la energía y en el poder del Espíritu Santo. De hecho, estaba modelando la manera que Dios quiere que vivan sus hijos — es decir, nosotros: Conscientes de que apartados de él no podemos hacer absolutamente nada.

Seguramente has oído que Martín Lutero tenía tanto que hacer un día que se levantó tres horas antes de lo habitual para orar. ¿Cómo te sientes al oír eso? Culpable, seguramente. ¿Alguien ha intentado seguir su ejemplo? Yo lo he intentado. ¡Y no aguanté ni 40 minutos! ¿Cuántos sentimos que deberíamos orar más? Seguramente todos.

Veamos el acercamiento de Jesús hacia la oración. Para él era un estilo de vida. Él también se levantaba temprano, caminaba por las montañas y hablaba con su Padre. No era una vida de oración formal y rígida. Supongo que habría momentos de silencio prolongado, como suele suceder entre gente que se conoce bien — un silencio cómodo. Era una relación cercana de amor entre el Padre y su Hijo. El Hijo descansa en la seguridad del amor y la aceptación del Padre, y no tiene que trabajar para ganárselos. Su trabajo lo motiva el amor por el Padre.

No creo que en este momento Dios te esté pidiendo que te levantes tres horas más temprano. Pero le encantaría que te acercases a él sólo porque quieres — sin agenda ni programa — aunque fuese durante 10 minutos. Al hacerlo captarás la verdad cada vez más, como lo hicieron Jesús y Lutero, la verdad que dice que sin Dios no puedes hacer absolutamente nada de valor eterno.

Y si con el tiempo te levantas temprano a orar no será por culpa o por cumplir con un deber, sino porque has comprendido una verdad y porque disfrutas pasando tiempo con Dios. Tu enfoque no será el fruto — cuántas horas de oración puedes lograr — sino la Vid Verdadera. Y, paradójicamente, ¡darás mucho fruto!

## Descansa en él

Jesús nos hizo esta propuesta, especialmente a quienes a veces nos sentimos abrumados por las exigencias y cansados de intentar cumplir con las expectativas:

▶ «Venid a mí todos los que estáis cansados y agobiados, y yo os daré descanso. Llevad mi yugo y aprended de mí, pues yo soy apacible y humilde de corazón, y encontrareis descanso para vuestra alma. Porque mi yugo es fácil y mi carga es ligera». (Mateo 11:28-30)

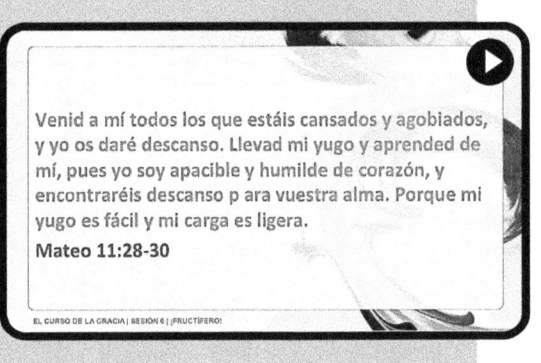

¡Qué asombrosa propuesta de gracia! ¿Te imaginas a algún dios de otra religión haciendo esta propuesta? Dios no quiere que nos agotemos viviendo bajo una pesada carga religiosa. Él quiere que descansemos de ese tipo de vida. Él nos ofrece un yugo verdaderamente fácil y una carga realmente ligera. Como hemos visto, como Cristianos, no hay nada que Dios nos obligue a hacer. Absolutamente nada.

▶ Sin embargo, la imagen que Jesús da al ofrecernos descanso es la de dos bueyes arando la tierra. ¿No crees que suena más a un trabajo duro que al descanso?

No quiero que te hagas la idea de que la vida cristiana es de color de rosa; que flotas por la vida cantando melodías celestiales y escuchando la voz de Dios en todo momento.

El descanso al que se refiere no significa acostarse y rascarse la barriga, no. Es un descanso interno en medio del trabajo con Jesús en sus campos de cosecha. Es un descanso basado en la fe y la dependencia de Dios. Nuestro enfoque no es dar fruto sino permanecer en la

Vid, cultivar nuestra relación de confianza con Jesús. La idea es que descansemos de nuestras obras para que la obra de Dios sea hecha.

▶¿Te has fijado en lo que dijo Jesús al final del pasaje de Juan 15? No dijo «separados de mí os irá bastante bien». Ni tampoco dijo «separados de mí vosotros no lograréis gran cosa». Él dijo: «separados de mí no podéis hacer **nada**».

Eso sí, seguro que puedes levantarte de la cama, tomar el desayuno, cepillarte los dientes, vestirte, ir al trabajo, ganarte la vida, criar una familia, envejecer, jubilarte y morir sin Jesús. Millones de personas lo hacen cada día. Entonces ¿qué quiso decir Jesús con «separados de mí no podéis hacer nada»? Simplemente que no puedes hacer nada de valor eterno a menos que dependas completamente de él, a menos que provenga de una posición de descanso en su poder.

## Los principios del descanso

### Descansa y luego trabaja

Dios siempre ha querido que su pueblo comprenda que el descanso es clave. Considera la creación: Dios trabajó seis días y después descansó el séptimo día. ¿Pero qué ocurrió con Adán? Justo lo contrario. Él fue creado en el sexto día, así que el primer día completo de la vida de Adán fue el séptimo, en el que Dios descansó. Todo estaba hecho. Todo lo necesario, Adán lo tenía al alcance de su mano. No había nada por lo cual preocuparse.

Entonces Adán descansó primero y luego Dios le puso a trabajar cuidando de los animales y del jardín. Y ese es el principio bajo el cual Dios quiere que trabajemos. Descansamos, luego trabajamos. Su intención no es que trabajemos duramente y luego descansemos para recuperarnos. Es al revés. Del descanso sale el ministerio fructífero.

▶Si quieres dar fruto que permanece... si quieres tener un impacto sobre este planeta que dure eternamente... si quieres alinearte con los propósitos del Reino de Dios para tu vida, tu familia, tu mundo... todo esto tiene que comenzar con el descanso en la Vid Verdadera, Jesucristo, quien es nuestra Vida misma.

## PAUSA PARA LA REFLEXIÓN 1

OBJETIVO:

COMENZAR A EXPLORAR EL CONCEPTO DE COMPLETA DEPENDENCIA DEL PADRE

▶ PREGUNTAS (EN LA PÁGINA 82 DE LA GUÍA DEL PARTICIPANTE):

¿DE QUÉ MANERAS DEMOSTRÓ JESÚS SU TOTAL DEPENDENCIA DEL PADRE DURANTE SU VIDA EN LA TIERRA?

¿CÓMO CAMBIARÍAN NUESTRAS VIDAS SI DEPENDIÉSEMOS COMPLETAMENTE DE DIOS?

### No intentes controlar los sucesos

▶¿Cómo podemos saber si estamos apoyándonos en nuestras propias fuerzas para dar fruto?

▶En la última sesión vimos que el orgullo es poner nuestra confianza en algo o alguien aparte de Jesús, así que esa es una señal de que estamos trabajando desde nuestra fuerza. También hay otro problema, el control.

▶El hombre que buscaba ansiosamente comenzar un ministerio estaba intentando controlar los acontecimientos. No dudo que este hombre hubiera escuchado de Dios que quería que comenzase un ministerio, pero entonces su papel debía ser permanecer en la vid y dejar que Dios lo llevase a cabo, en lugar de esforzarse por hacerlo él.

[Rich Miller cuenta:] En la primavera del 2006 me nombraron presidente de Libertad en Cristo EEUU. Cuando recibí esa noticia, si no hubiese tenido público alrededor, ¡me habría encogido en posición fetal en alguna esquina! El ministerio estaba atravesando un momento muy difícil en ese momento. El verano y el otoño siguientes experimenté taquicardias. Cuando sentía las palpitaciones, corría al doctor o a urgencias del hospital (bajo instrucciones del médico) pero ¡siempre paraban antes de que llegase!

Con el tiempo mi corazón enloqueció... 195 palpitaciones por minuto durante 3 horas y media. La ambulancia me recogió e intentaron pararlas con todos los medicamentos habidos y por haber. Me diagnosticaron taquicardia ventricular (una condición que podía ser peligrosa) y finalmente me aplicaron corriente eléctrica para estabilizar el ritmo del corazón.

Los doctores decidieron implantarme un marcapasos. Durante la espera para la cirugía, las presiones del ministerio aumentaron, y mi frustración aumentó con ellas porque era incapaz de hacer algo al respecto. Estaba fuera de mi control y eso no me gustaba nada. Recuerdo haberle gritado al Señor: «¡NO TENGO TIEMPO PARA ESTO!» El Señor tenía otros planes.

Acostado en mi cama, frustrado y enfadado, rumiando las ocho grandes crisis en el ministerio, el Señor me habló claramente. «¿Por qué no me las entregas todas?» ¡Bua! Vaya idea más radical. Entonces imaginé que tenía ocho pelotas de tenis sobre mi pecho, una por cada crisis. Agarré una y se la tiré al Señor. «Yo me la llevo», dijo. Entonces tiré las demás de una en una hasta que todas estaban en sus manos. Las circunstancias no habían cambiado, pero yo había cambiado. Y 13 meses después de ese momento de quebranto y rendición, el Señor resolvió cada una de esas ocho crisis.

## No intentes controlar a la gente

▶A veces también intentamos controlar a la gente. Los fariseos tenían celo de Dios, e intentaban ganarse su favor imponiendo interpretaciones estrictas de la ley sobre todos. Llegaban al extremo de espiar a la gente, intentando pillarles en adulterio para exponerles en público y castigarles. El hermano mayor (de la parábola) recordó a su padre todas sus buenas obras y lo duro que trabajaba, pero en efecto intentaba controlar al padre, usando sus buenas obras para lograr que el padre lo bendijese.

Quienes se dan cuenta de que apartados de Dios no pueden hacer nada, no necesitan controlar ni las situaciones ni a la gente. Descansan sabiendo que su Padre Dios es digno de confianza para encargarse de aquellas personas y situaciones que están fuera de su esfera de control. Saben que Dios dispone todas las cosas para su bien (Romanos 8:28).

El orgullo y el control comunican a Dios — «Soy yo quien lo lleva a cabo. Y lo haré a mi modo, en mi tiempo y en mis fuerzas». — como una «declaración de independencia». Ellos nos impiden experimentar la plenitud de la provisión y la bendición de Dios.

## La vida de reposo en la gracia

▶¿Cómo entramos entonces en la vida de reposo en la gracia?

Recuerdo una época de mi vida de intensa búsqueda del Señor... cuando anhelaba su presencia y su voluntad más que nunca antes. Recuerdo haber orado, esperando que mi oración abriese la puerta a una dimensión espiritual nueva y refrescante. Le dije: «Señor, me arrepiento de todo aquello en mi vida que Te desagrada. Rechazo todo aquello que no refleja Tu gloria y bondad». Levanté la cabeza, esperando sinceramente haber subido a una nueva dimensión de espiritualidad. Y recuerdo la respuesta clara de mi Padre celestial: «hijo mío, no es así de fácil».

Dios tiene la razón, por supuesto. No es fácil. Nuestra inclinación natural es no permanecer en la vid y no depender completamente de Jesús, sino apoyarnos en nuestras propias fuerzas y habilidades. Mientras aún creamos tener otra idea brillante, otro truco que sacar de la manga, otro talento o habilidad en la cual apoyarnos, otra área de experiencia de la cual depender, será en ello en lo que pongamos nuestra confianza. Pero ese no es el camino hacia el reposo ni hacia dar mucho fruto.

## Calma y aquieta tu alma

▶Veamos el ejemplo de alguien que lo ha hecho. El Rey David escribió un hermoso salmo con solo tres versos, el Salmo 131:

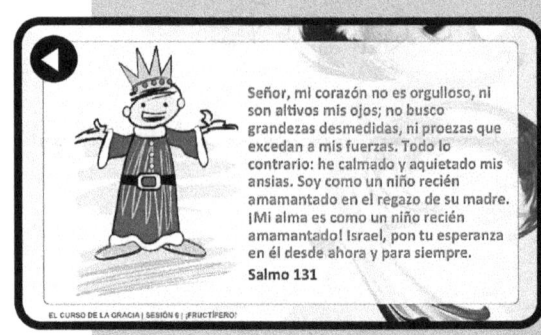

> Señor, mi corazón no es orgulloso, ni son altivos mis ojos; no busco grandezas desmedidas, ni proezas que excedan a mis fuerzas. Todo lo contrario: he calmado y aquietado mis ansias. Soy como un niño recién amamantado en el regazo de su madre. ¡Mi alma es como un niño recién amamantado! Israel, pon tu esperanza en él desde ahora y para siempre.

Estamos hablando del rey David. El mismo que se enfrentó al gigante en un duelo que excedía sus fuerzas. ¿Qué quiere decir, entonces? No es que no haga proezas ni logre grandeza. Sólo que reconoce que si creería poder lograrlo en sus propias fuerzas, sería orgullo.

▶Dice que el antídoto para el orgullo es calmar y aquietar sus ansias. David reconoce que dentro de él hay una parte — esa parte humana que llamaríamos la «carne» — que llora y reclama constantemente como un bebé amamantado. Nuestra carne siempre llora — por temor o vergüenza o culpa, o porque quiere satisfacer sus impulsos y ceder a la tentación, o porque quiere controlar a las personas o las circunstancias. Eso es ansia.

¿Cómo aprendió entonces David a calmar y aquietar su alma? Fue ungido rey cuando aún era joven. Pasaron años antes de que se convirtiese en rey, y se vio sumergido en un escenario de pesadilla. Pasó años en el desierto, huyendo, mientras el rey Saúl le buscaba para matarle. David aprendió que Dios era verdadero y que podía confiar en que él cumpliría sus promesas. Aprendió que Dios es bueno y que tiene planes para un futuro lleno de esperanza. Que él llevará a cabo esos planes a su tiempo y cuando estemos listos.

Como David, necesitamos aprender a calmar y aquietar nuestras ansias; llegar al punto de completa dependencia de Dios. Cuando nos sintamos culpables, debemos dejar nuestro pecado a los pies de la cruz y olvidarlo. Cuando nos sintamos avergonzados, debemos reconocer que somos nuevas criaturas con un nuevo nombre. Cuando los impulsos carnales surjan, necesitamos saber que sólo producen ataduras y que podemos optar por no ceder a ellos. Cuando amenace el temor, debemos recordar que sólo Dios merece nuestro temor, y que él está a nuestro favor. Cuando nos tiente el orgullo, recordar que no podemos hacer absolutamente nada separados de Dios. Se trata de optar por la verdad y rechazar las mentiras.

## La puerta del quebranto

¿Cómo, entonces, trata Dios con el orgullo y el control que él odia, y cómo nos lleva al reposo en la gracia? Me gustaría poder darte una buena noticia. Bueno, en realidad es una buena noticia, sólo que la noticia no es del todo fácil.

▶Su tratamiento pasa por llevarnos al quebranto para enseñarnos nuestra absoluta dependencia de él, porque separados de él no podemos hacer nada de valor eterno. Para muchos de nosotros, lo peor que nos podría pasar es llegar a ser completamente dependientes de otros — al envejecer o enfermar gravemente, por ejemplo. Sin embargo, Jesús quiere que aprendamos a depender de él, y en su gracia trabaja en nosotros con cariño y cuidado. Pero, aún así, puede ser muy doloroso.

Hay un proceso que todo hijo de Dios debe pasar... sin excepción... para entrar en el reposo de Dios. Es un proceso de cortar y machetear todo egocentrismo e independencia de la carne. Jesús lo llamó «podar». Hebreos 12 lo llama «disciplina». Y el autor de esa carta nos urge a ser diligentes y entrar en el reposo de Dios. No es fácil. Y no es nada divertido. De hecho, es doloroso, por lo cual requiere diligencia y perseverancia... no darse por vencido. Pero es la puerta de entrada hacia la vida de descanso en la gracia. Y te aseguro que merece la pena.

Echemos un vistazo a Hebreos 12:

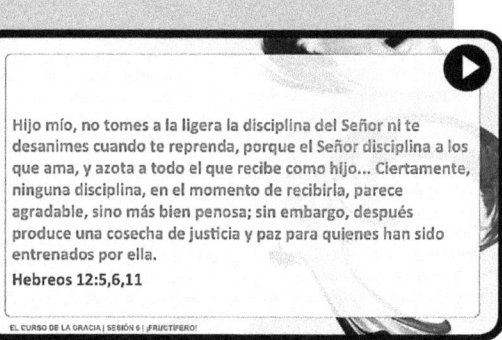

> ▶«Hijo mío, no tomes a la ligera la disciplina del Señor ni te desanimes cuando te reprenda, porque el Señor disciplina a los que ama, y azota a todo el que recibe como hijo... Ciertamente, ninguna disciplina, en el momento de recibirla, parece agradable, sino más bien penosa; sin embargo, después produce una cosecha de justicia y paz para quienes han sido entrenados por ella». (Hebreos 12:5-6, 11)

Uf. No me gusta esa palabra — azota. Azotar es lo que le

hicieron a Jesús con el látigo antes de su crucifixión. ¿Es esa medida tan fuerte la que Dios usa con nosotros? Si. Las fortalezas de autosuficiencia, independencia, autocomplacencia y egoísmo son fuertes y están muy arraigadas. Derrumbarlas requiere medidas fuertes. El tratamiento que Dios usa es disciplina en amor, llevarnos al punto del quebranto. Él quiere que veamos — y nosotros **necesitamos** ver — cuán inútiles son nuestros propios esfuerzos, y cuán dependientes de él somos en realidad. Necesitamos aprender… no sólo en nuestra cabeza, sino en nuestro corazón… que apartados de Jesús no podemos hacer absolutamente nada de valor eterno. Necesitamos descubrir que Jesús es nuestra Vida.

Te puede sorprender que el escritor de Hebreos deja claro que incluso Jesús tuvo que aprender obediencia mediante las dificultades: «Aunque era Hijo, mediante el sufrimiento aprendió a obedecer» (Hebreos 5:8). No hay atajos, pero cuando comprendemos que las situaciones difíciles nos ayudan a crecer y dar fruto, podemos aprender a acogerlas y sobrellevarlas aunque no las disfrutemos.

Permíteme compartir algo que Dios ha hecho para tratar con mi orgullo. [Si puedes, comparte alguna anécdota propia en lugar de esta de Steve Goss.]

Yo formaba parte del equipo de liderazgo de una iglesia pequeña, y una señora del equipo había recibido una palabra de Dios que le costaba mucho compartir porque era muy fuerte. Esto es lo que escribí en mi diario de oración:

> Anoche llegó Sandra a la reunión de líderes. Resulta que ha recibido una palabra de Dios que le ha causado molestia y agonía desde el domingo. La idea principal es que Dios está afligido por nuestra iglesia por la dureza de nuestros corazones.
>
> Además tenía una palabra para cada uno de nosotros. La mía era tener una «santidad prepotente», no dejar ver mis debilidades, dar la impresión de que nadie puede ser tan santo como yo. Y esto aparentemente causaba desánimo a los cristianos y repelía a los no creyentes.

Estupefacto, recuerdo haber respondido algo como: «Gracias, Sandra. No lo veo del mismo modo pero voy a orar al respecto». Entonces miré a los demás líderes, seguro que me respaldarían y me asegurarían que yo no era así para nada. Pero ¡todos evitaron mi mirada! Nadie sintió la necesidad de corregir o modificar aunque fuera un poquito lo que Sandra había dicho.

Permíteme leer algo más de mi diario:

> Zoe y yo hablamos esta noche y llegamos a la conclusión de que nos han enseñado a creer que «yo puedo solo» — y, de cierto modo, es verdad. Como gente capaz solemos apoyarnos en nuestros propios recursos. Como resultado, casi nunca pedimos ayuda porque no creemos necesitarla; no dejamos que la gente se acerque porque no creemos tener necesidades; con gusto doy consejo sabio pero nunca parezco necesitarlo...
>
> Creo que todavía no nos damos cuenta de cuánto le ofende a Dios esta actitud. Esa noche nos arrepentimos y oramos para que Dios rompiese las fortalezas de orgullo, independencia y autosuficiencia en nosotros.

Recuerdo que allí comenzó un período en el que me di cuenta progresivamente de cuán orgulloso había sido. Pasé horas en oración de arrepentimiento delante de Dios. A menudo terminaba postrado en el suelo ante él.

Escribí en mi diario:

> Me he dado cuenta de que mi relación con Jesús es débil y que gran parte de mi vida cristiana se ha centrado en hacerme sentir bien — impresionar a otros, levantarme a mí mismo.
>
> Me siento completamente débil e indefenso, contento y emocionado.

▶Es curioso que cuando te das cuenta de tu debilidad e incapacidad, y te abandonas a la misericordia de Dios, de repente éste parece ser el lugar correcto. Te da la impresión de haber llegado a casa. Como el hermano menor cuando regresó y cayó en los brazos de su padre.

Y ¿sabes qué? Cada vez que se rompe nuestra autosuficiencia empedernida, la puerta a una habitación de nuestra vida que había estado cerrada bajo llave al amor de Dios, de repente se abre y su presencia la inunda.

El orgullo precede al fracaso, literalmente. Porque Dios se opone al orgulloso (Santiago 4:6). Es por eso que Dios, en su amor, de manera intencional e implacable, permite acontecimientos que nos superan, que nos arrancan de nuestra comodidad y nos lanzan a ámbitos donde no somos capaces de arreglárnoslas. ¿Por qué? Porque no somos capaces de experimentar el poder de Dios en nuestras vidas a menos que lleguemos al límite de nosotros mismos. No entendemos que Jesús es todo lo que necesitamos hasta que Jesús es todo lo que tenemos.

Cualquiera que sea el instrumento de demolición que Dios use en nuestras vidas — pérdida de reputación, malos entendidos, injusticia, problemas de salud, tensiones de trabajo, conflictos familiares o dificultades económicas — estará hecho a la medida para tratar con el orgullo y control en nuestras vidas. La meta de Dios es eliminar todo aquello que ha tomado su lugar. Dios, en su amor constante, se propone atraernos de vuelta a él. Quiere rescatarnos de todo apego que nos aleja de él y restaurar la intimidad de nuestra relación con él.

El apóstol Pablo había recibido revelaciones asombrosas de la verdad de Dios que fácilmente lo podían haber convertido en un hombre orgulloso. Sin embargo, encontró una profundidad de reposo en la gracia que pocos han alcanzado. Él nos dice cómo:

> ▶ Para evitar que me volviera presumido por estas sublimes revelaciones, una espina me fue clavada en el cuerpo, es decir, un mensajero de Satanás, para que me atormentara. Tres veces le rogué al Señor que me la quitara; pero él me dijo: «Te basta con mi gracia, pues mi poder se perfecciona en la debilidad.» Por lo tanto, gustosamente haré más bien alarde de mis debilidades, para que permanezca sobre mí el poder de Cristo. Por eso me regocijo en las debilidades, los insultos, las privaciones, las persecuciones y las dificultades que sufro por Cristo; porque cuando soy débil, entonces soy fuerte. (2 Corintios 12:7-10)

Por lo tanto... si quieres enorgullecerte de algo, ¡haz alarde de tus debilidades!

# PAUSA PARA LA REFLEXIÓN 2

OBJETIVO:

DARSE CUENTA DE QUE LA PUERTA DE ENTRADA PARA DAR MUCHO FRUTO ES EL QUEBRANTO.

▶PREGUNTAS (EN LA PÁG 85 DE LA GUÍA DEL PARTICIPANTE):

SI QUIERES, COMPARTE CON EL GRUPO UNA OCASIÓN EN LA QUE EXPERIMENTASTE QUEBRANTO. ¿PRODUJO DESPUÉS ALGÚN FRUTO EN TU CARÁCTER O EN TU VIDA?

¿CÓMO TE SIENTES SOBRE LA POSIBILIDAD DE QUE DIOS TRAIGA A TU VIDA MOMENTOS DIFÍCILES?

¿CÓMO CREES QUE PABLO PODÍA REGOCIJARSE EN «DEBILIDADES, INSULTOS, PRIVACIONES, PERSECUCIONES Y DIFICULTADES» (2 CORINTIOS 12:10)? ¿CREES QUE LO DICE EN SERIO?

▶Un hombre soñó que recorría su vida con Jesús como si fuera pisadas en la arena. Casi siempre había dos pares de pisadas mientras caminaban juntos. Pero había momentos de gran dificultad donde sólo había un par de pisadas. El hombre preguntó: «Señor, ¿por qué me dejaste solo durante los tiempos difíciles?»

«Hijo mío», dijo el Señor, «yo no te abandoné. ▶¡Pensé que podía levantarte el ánimo saltando a la pata coja durante un rato!»

## Volar como las águilas

▶ Las águilas son pájaros enormes. Pueden llegar a medir 2,75 m de envergadura y pesar más de 11 Kg. Ese es el peso de un perro mediano, como un cocker spaniel. Si has visto volar a un águila, sabes que vuelan muy alto — imagínate la energía necesaria para levantar a un pájaro tan grande hasta esa altura. Enorme, ¿no?

▶ Seguro que sabes cómo suben las águilas a esas alturas. Simplemente saltan de un lugar alto, encuentran aire caliente que sube y dan vueltas en él. Tienen un mecanismo que bloquea las alas en una posición para que no tengan que gastar energía al volar a esas alturas. El aire caliente lo hace todo.

> ▶ Incluso los jóvenes se cansan, se fatigan,
> y los muchachos tropiezan y caen;
> pero los que confían en él
> renovarán sus fuerzas;
> volarán como las águilas:
> correrán y no se fatigarán,
> caminarán y no se cansarán. (Isaías 40:30-31)

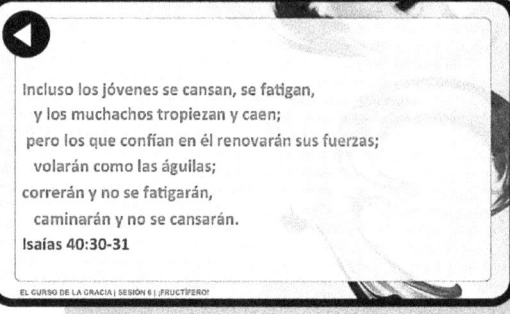

Descansar es esperar en Dios, buscar el aire caliente, por decirlo de algún modo. La palabra hebrea traducida aquí como «confiar» da la idea de «juntar, reunir», así como se juntan y entrelazan los cordones de una cuerda para hacerla más fuerte. Cuando confiamos y esperamos en Dios, de cierto modo nos juntamos y entrelazamos con él.

▶ Es una imagen maravillosa de cómo Dios quiere que estemos con él. Al bloquear las alas y confiar en él, él renueva nuestras fuerzas y nos levanta en vuelo.

Una manera práctica de esperar en Dios, en lugar de adelantarnos, es apartar un espacio en nuestro proceso de toma de decisiones para permitir que Dios nos dirija. ¿Necesitas tomar una decisión? Si puedes, postérgala unos días, incluso una semana, e invita a Dios a revelar su plan, en caso de que contradiga el tuyo.

[Nuevamente, puede que tengas una historia personal que reemplace esta de Steve Goss:]

Permíteme compartir otra experiencia de quebranto de mi propia vida, esta vez algo más reciente.

Mi naturaleza es «hacer». Me encanta tener una montaña

de cosas que hacer y fácilmente puedo dejarme llevar por la adrenalina. Es entonces cuando soy capaz de adelantarme y seguir en mis propias fuerzas, terminando estresado y sobrecargado. Pero si no tengo suficientes cosas que hacer, mi interior gime, sintiéndome perdido e inquieto. Esta no es una manera sana de vivir e impide entrar en el descanso del Señor. El Señor ha estado tratando conmigo en esta área con suavidad, y me bendijo con una temporada muy difícil. La temporada más difícil de mi vida hasta la fecha. Duró aproximadamente dos años.

Zoe, mi esposa, se desplomó una noche, sin explicación. Por un momento pensé que había muerto. No se podía levantar. Llamé a la ambulancia que la llevó al hospital. Entonces comenzaron una seria de análisis para entender qué había pasado y cuál podría ser la causa. Eliminaron varios diagnósticos, uno por uno, lo cual era un alivio. Pero ella no recobraba sus fuerzas, y si se extralimitaba un poco, sufría una recaída. Ella estaba muy cansada, se sentía enferma, sufría dolores de cabeza. Cada vez que recaía, empeoraba, hasta que ya no podía salir de casa. Quizá cada dos o tres días podía arrastrarse 45 metros hasta el buzón de correos, y nada más. Finalmente, le diagnosticaron el síndrome de fatiga crónica. No nos trajo consuelo pues es una enfermedad sumamente debilitante y los doctores no tienen mucho éxito con el tratamiento.

Estaba en mis manos mantener el hogar y la familia. La situación era tensa pero en cierto modo yo funciono bien bajo presión... Pero tuve que reducir mis compromisos ministeriales. Casi no aceptaba invitaciones a dar charlas y entrenamientos. Recorté mucho mi tiempo en la oficina. Y no lo vas a creer... Dios fue capaz de mantenerlo todo e incluso desarrollar el ministerio sin mí.

Durante esta temporada una de nuestras intercesoras me envió una palabra que escuchó del Señor para mí:

> ¿Acaso no soy tu esperanza? Si no hubiera ministerio, ¿seguiría siendo tu esperanza y tu gozo? ¿Si lo perdieras todo, acaso yo bastaría? Esta es una pregunta difícil para mis amados. A menudo creen que necesitan ser mis esclavos para agradarme, cuando es su corazón lo que yo anhelo.

▶ Ciertamente esta es una pregunta difícil. Si lo perdieras todo, ¿acaso Jesús bastaría?

Poco después, durante los dos años de la enfermedad de Zoe, fui a Portugal a conocer a Samuel Paulo, un pastor interesado en comenzar LEC allí. Podía ver que era un hombre increíblemente ocupado, dirigía una iglesia activa, coordinaba a los evangélicos del país, dirigía proyectos para alimentar a los pobres de la ciudad y para ayudar a niños de África. De vuelta del aeropuerto al final del viaje, le dije: «Por favor, no comiences LEC por obligación, solamente si sientes el llamado a hacerlo». Él me respondió: «No te preocupes, no lo haré». Y me contó su historia.

Me contó que había tenido una época en la que había trabajado compulsivamente, obsesionado con hacerlo todo, empujando su matrimonio y su ministerio al borde del colapso. Finalmente, a solas con Dios, escuchó a Jesús preguntarle: «si no tuvieses estos ministerios, ¿acaso yo bastaría?»

Al escucharle decir eso ¡sentí un escalofrío! Él fue honesto y me contó que su respuesta había sido: «Pues no, Señor, no bastarías». Fue entonces cuando supe que mi respuesta sincera era exactamente la misma.

▶ Samuel trabajó en ello y ahora puede decir «Sí, Jesús, tú bastas». Sigue siendo una persona muy ocupada a cargo de muchas cosas, pero en su interior está en paz. Hace solamente lo que el Padre le pide hacer. Y me alegro de que el Padre le pidiera — después de unos años — que iniciara LEC en Portugal. Están viendo gran fruto en un sitio difícil.

La enfermedad de Zoe duró dos años, pero se recuperó

completamente. Ambos aprendimos a depender del Señor de manera más profunda durante ese tiempo. Sé que me sería muy difícil perder este ministerio, pero al fin puedo decir: sí, Señor Jesús, tú bastas.

> Peligros, dudas y aflicción
> yo he tenido aquí.
> su gracia siempre me libró
> y me guiará hasta el fin.   (Himno «Sublime Gracia»)

## ¡No hay límite!

Me encanta que se vea tan claramente la mano de Dios en el desarrollo de LEC. Sé que yo no lo hubiera podido hacer. Siendo testigo de ello, sé que no tiene sentido que yo intente controlar las circunstancias. También sé que no hay límite en cuanto al fruto que puede dar en el futuro, porque no depende de mí, sino de Dios mismo.

▶ Todo lo puedo en Cristo que me fortalece.  (Filipenses 4:13)

▶ Entonces, ¿cuál es el fruto que Dios quiere ver en tu vida? Solemos pensar en términos de ministerio — aquellas cosas que podemos hacer. Y ciertamente hay obras que Dios ha preparado para ti desde antes de que nacieras. Aún no las has descubierto todas.

Da igual cuán grandes e imposibles de lograr te parezcan, si Dios está detrás de ellas, es absolutamente posible lograrlas.

Pero a Dios le interesa mucho más cómo eres en tu interior que lo que haces en el exterior. Él se fija en el corazón. El fruto del Espíritu no es el ministerio hacia fuera. Es amor, alegría, paz, paciencia, amabilidad, bondad, fidelidad, humildad y dominio propio. Todos estos son aspectos del **carácter** de una persona. La manera en que Dios trabaja es hermosa — cuando desarrollas esos aspectos de carácter en tu interior, rebosarán en las cosas que haces hacia fuera.

En Mateo 16:21 vemos un momento crítico en el ministerio de Jesús. Dios le revela a Simón Pedro quién es Jesús.

> Desde ese momento, Jesús empieza a explicar a sus discípulos que él deberá ir a Jerusalén y sufrir muchas penalidades a manos de los ancianos, escribas y fariseos. Que debe morir y ser levantado al tercer día.

Entonces Pedro intenta controlar a Jesús y decirle que se equivoca. Vamos a ver — se te acaba de revelar que éste es Dios mismo y tú le dices que se equivoca? ¡Menuda arrogancia!

Jesús le reprende severamente y continua su enseñanza. Les acaba de decir que va a morir. Con esa imagen de su muerte en la cruz en la mente, él les dice:

> ▶«Si alguien quiere ser mi discípulo, tiene que negarse a sí mismo, tomar su cruz y seguirme. Porque el que quiera salvar su vida, la perderá; pero el que pierda su vida por mi causa, la encontrará». (Mateo 16:24-25)

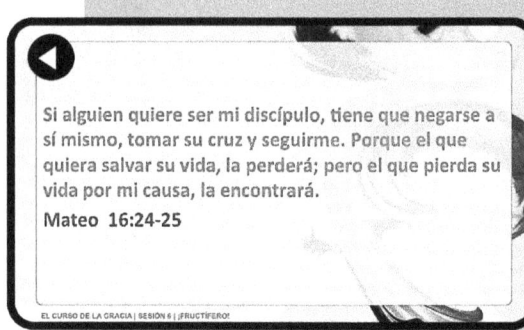

Te invito en este momento a comprometerte radicalmente con Dios.

Padre, lo dejo absolutamente todo a Tus pies — mi salud, mi pasado, mi presente, mi futuro, mi dinero y mis propiedades, mi familia, mi ministerio. Afirmo que estoy dispuesto a convertirme en tu esclavo. Me rindo a Jesús como Señor, es decir, el Jefe de mi vida y reconozco que Tú eres mi Vida. Amén.

Una rendición de este tipo no puede ser forzada, debe ser una decisión absolutamente libre, porque es lo que quieres.

▶Afortunadamente no tienes que hacerlo en tus propias fuerzas. Puedes venir a él en absoluta debilidad y abandonarte en sus brazos, haciéndole saber que dependes completamente de él. Esa es la posición en la que deberías estar siempre. Él siempre estará disponible. Él nunca te abandonará. Él nunca te llevará más allá de lo que puedes aguantar en él. Él llenará tu vida de bondades que te asombrarán.

¡Qué Dios tan maravilloso!

Pero es esencial que tomes responsabilidad por aquellas cosas que Dios dice que te toca hacer a ti. Él no las hará por ti. Sólo tú puedes perdonar. Sólo tú puedes renovar tu mente con la verdad de la Palabra — y una estrategia continua de «demoler fortalezas» te ayudará a hacerlo.

## PAUSA PARA LA REFLEXIÓN 3

**OBJETIVO:**

DAR A LOS PARTICIPANTES LA OPORTUNIDAD DE COMPARTIR CÓMO LES HA IMPACTADO *EL CURSO DE LA GRACIA*

▶ **PREGUNTAS (EN LA PÁGINA 86 DE LA GUÍA DEL PARTICIPANTE):**

AL LLEGAR AL FINAL DEL CURSO, COMPARTE CON EL GRUPO LO QUE HAS APRENDIDO SOBRE LA GRACIA DE DIOS Y QUÉ IMPACTO HA TENIDO EN TI.

## ▶Cierre

Dietrich Bonhoeffer creó el término «gracia barata» para describir a alguien que quiere disfrutar de todos los beneficios del reino de Dios sin pagar el precio del discipulado de corazón, que implica cargar nuestra cruz y seguir a Cristo. Esperamos que te hayas dado cuenta de que vivir en la gracia no lleva a la pereza ni a ser permisivos con el pecado. Si alguien tiene esa manera de pensar, no están experimentando la verdadera gracia de Dios.

La verdadera gracia no es tímida ni tibia ni permisiva ni indiferente. La verdadera gracia es sólida, poderosa, liberadora y fortalecedora.

Recordemos lo que significa la gracia de Dios cada día de nuestras vidas.

▶Él pagó un precio sumamente alto para que tu culpa fuese saldada completamente, para que quedases completamente libre de culpa. Por su gracia el veredicto sobre ti es: ¡No culpable!

▶ Se ha dado un intercambio asombroso. Jesús se hizo pecado por ti y a cambio tú te convertiste en justicia de Dios. Eres santo hasta la médula. De hecho, eres una nueva creación y has recibido un nombre nuevo. ¡La vergüenza ha desaparecido!

▶ Ya no necesitas tener temores malsanos. Por su gracia, estás a salvo y seguro en las manos del Omnipotente Dios y él te ama.

▶ En cualquier momento puedes acercarte y abandonarte a su misericordia. Es bueno recordar que tú no puedes hacer nada de valor eterno en tu propias fuerzas, pero que nada es imposible para él.

No olvides que por su gracia, no tienes que arrastrarte en su presencia. Ni siquiera tienes que bajar la cabeza y mirar al suelo.

▶ Aquí estás, un hijo o una hija del Dios viviente, vestido con una túnica lujosa, con tus sandalias, con el anillo de autoridad en tu dedo.

Y Dios mismo te observa. ¿Para ver cómo lo fastidias todo? No. Él te observa por una sola razón; porque se deleita en ti. Te mira con ojos de puro amor.

Tú le preguntas: «Dios, ¿qué quieres que haga por ti?». Y él te responde: «Hay cosas que puedes hacer. Pero lo que realmente quiero es tu **corazón**».

La gracia de Dios te ha salvado. Has entrado a su gracia mediante la fe. Ahora te toca crecer en la gracia y el conocimiento de nuestro Señor y Salvador Jesucristo. Es por la gracia de Dios que permaneces. Por la gracia de Dios eres quien eres, y yo soy quien soy. La bendición de Dios sobre ti hoy es «gracia y paz».

¿Te parece que la gracia es importante para Dios? Obviamente lo es. De hecho, las últimas palabras que Dios nos dirige en su Palabra son las palabras de despedida de este *Curso de la Gracia*:

> Que la gracia del Señor Jesús sea con todos. Amén.
> (Apocalipsis 22:21)

¡Amén!

 ## TESTIMONIO

Para muchos, el obstáculo para hacerse cristianos es creer que nunca podrían dar la talla frente a las expectativas de Dios. ¿Qué les dirías tú?

 ## PARA LA PRÓXIMA SEMANA

Muchos hemos vuelto de un curso o una conferencia cristiana sintiendo que ese evento iba a cambiar nuestras vidas, pero poco tiempo después nos hemos dado cuenta de que en realidad poco o nada ha cambiado. Si quieres ser transformado por la verdad que has escuchado en este curso, solo hay un modo de hacerlo — mediante la renovación de tu mente (Romanos 12:2). Por lo tanto, en las próximas semanas, repasa tu *Lista de Mentiras*. Aparta tiempo para encontrar las verdades correspondientes a esas mentiras. Desarrolla un «Demoledor de Fortalezas» para cada área clave donde tu mente no se alinea con la verdad de Dios. Trabaja en ellos, uno a uno, y persevera en ellos durante 40 días.

# Libertad en Cristo alrededor del mundo

Libertad en Cristo es un ministerio que provee recursos y existe para servir a la Iglesia. Nuestro papel es equipar a los líderes de iglesias alrededor del mundo con herramientas y recursos que les ayuden a hacer discípulos (no sólo convertidos), y a guiar a las personas, matrimonios y ministerios hacia la libertad en Cristo. Confiamos en que Dios levanta a las personas para llevar este acercamiento de discipulado a cualquier país donde Él quiera establecerlo. Para más información sobre los países en los que trabajamos y cómo contactar con las oficinas locales, visita nuestra página web — www.FICMinternational.org.

## EL CURSO DE LIBERTAD EN CRISTO

## ¿TE FRUSTRA QUE A TANTOS CRISTIANOS LES CUESTE ASIMILAR LAS VERDADES BÍBLICAS BÁSICAS Y APLICARLAS A SU VIDA DIARIA?

**Prueba el *Curso de Discipulado* de Libertad en Cristo.**

- Explica lo que Jesús ha hecho de modo que el cristiano pueda integrarlo en su vida diaria.
- Explica la batalla del creyente frente al mundo, la carne y el diablo y cómo salir vencedor.
- Ayuda al creyente a apoderarse de la autoridad que ahora tiene en Cristo para resolver conflictos personales y espirituales.
- Da poder al cristiano para tomar responsabilidad personal para vivir en libertad y así madurar y dar fruto.

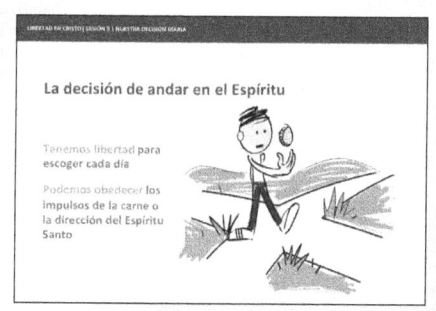  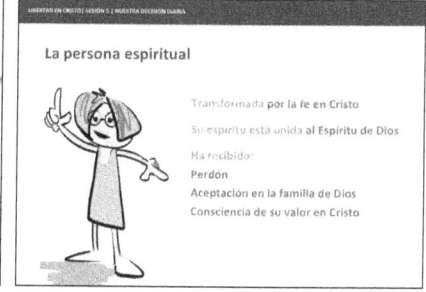

El *Curso de Discipulado de Libertad en Cristo* ofrece a cualquier iglesia una manera sencilla de implementar un discipulado eficaz. Provee enseñanza clara y concisa — cada una de las 13 sesiones trata un par de puntos clave — tanto para los cristianos maduros como para los recién convertidos.

Alrededor del mundo, más de 300.000 personas lo han hecho en aproximadamente 6.000 iglesias. Es lo suficientemente flexible para usarse en diferentes formatos. La mayoría lo utiliza como un recurso para grupos pequeños, a menudo como seguimiento a cursos de introducción a la fe como Alpha.

¡Haz discípulos, no sólo convertidos!

**Para más información, visita nuestras páginas web:**
www.libertadencristo.org

www.ingramcontent.com/pod-product-compliance
Lightning Source LLC
Chambersburg PA
CBHW081520160426
43194CB00013B/2480